风景园林学"十四五"江苏省重点学科
国家自然科学基金项目"景观基因视野下的多尺度中东铁路工业遗产景观空间图式语言体系构建及应用研究"(项目编号：52008280)
国家自然科学基金青年项目"空间人文视域下大运河(苏南段)文化遗产的公众感知多维测度研究"(项目编号：52308029)

遗产廊道视野下的中东铁路工业遗产价值评价研究

高 飞 司道光 著

东南大学出版社
SOUTHEAST UNIVERSITY PRESS
·南京·

图书在版编目(CIP)数据

遗产廊道视野下的中东铁路工业遗产价值评价研究 / 高飞，司道光著. — 南京：东南大学出版社，2024.5
 ISBN 978-7-5766-1129-8

Ⅰ.①遗… Ⅱ.①高… ②司… Ⅲ.①铁路沿线－古建筑－文化遗产－研究－东北地区 Ⅳ.①K928.713

中国国家版本馆CIP数据核字(2023)第252869号

责任编辑：朱震霞　　责任校对：子雪莲　　封面设计：顾晓阳　　责任印制：周荣虎

遗产廊道视野下的中东铁路工业遗产价值评价研究

YICHAN LANGDAO SHIYE XIA DE ZHONGDONG TIELU GONGYE YICHAN JIAZHI PINGJIA YANJIU

著　　者：高　飞　司道光
出版发行：东南大学出版社
社　　址：南京市四牌楼2号　邮编：210096
出 版 人：白云飞
网　　址：http://www.seupress.com
电子邮箱：press@seupress.com
经　　销：全国各地新华书店
印　　刷：广东虎彩云印刷有限公司
开　　本：700 mm×1100 mm　1/16
印　　张：17.5
字　　数：360千字
版　　次：2024年5月第1版
印　　次：2024年5月第1次印刷
书　　号：ISBN 978-7-5766-1129-8
定　　价：65.00元

本社图书若有印装质量问题，请直接与营销部调换。电话(传真)：025-83791830

目　录

第1章　绪论 ··· 001
1.1　研究背景、目的和意义 ··· 001
- 1.1.1　研究背景 ··· 001
- 1.1.2　研究目的 ··· 004
- 1.1.3　研究意义 ··· 005

1.2　国内外研究综述 ··· 007
- 1.2.1　遗产价值评价研究综述 ··· 007
- 1.2.2　线性遗产价值评价综述 ··· 016
- 1.2.3　中东铁路工业遗产研究 ··· 019
- 1.2.4　中东铁路工业遗产研究综述简析 ··· 023

1.3　相关概念和研究内容 ··· 026
- 1.3.1　概念界定 ··· 026
- 1.3.2　研究内容 ··· 029

1.4　研究方法和框架 ··· 030
- 1.4.1　研究方法 ··· 030
- 1.4.2　研究框架 ··· 037

第2章　工业遗产基础研究和理论框架搭建 ··· 038
2.1　遗产廊道理论 ··· 038
- 2.1.1　概念和特点 ··· 038
- 2.1.2　构成要素和标准 ··· 040
- 2.1.3　遗产廊道本土化拓展 ··· 041

2.2　工业遗产价值评价基础理论 ··· 043
- 2.2.1　系统论 ··· 044

2.2.2　评价学 …………………………………………………………… 046
　　2.2.3　价值哲学 ………………………………………………………… 047
2.3　中东铁路工业遗产廊道 ……………………………………………………… 049
　　2.3.1　构建理论 …………………………………………………………… 050
　　2.3.2　构建关键问题 ……………………………………………………… 052
　　2.3.3　廊道构成要素 ……………………………………………………… 053
　　2.3.4　构建步骤 …………………………………………………………… 054
2.4　中东铁路工业遗产价值评价理论框架搭建 ………………………………… 055
　　2.4.1　价值评价的目标和所在系统 ……………………………………… 056
　　2.4.2　价值评价主客体阐释 ……………………………………………… 057
　　2.4.3　价值评价研究层次和价值构成 …………………………………… 061
　　2.4.4　价值评价理论框架 ………………………………………………… 064

第3章　中东铁路工业遗产价值主客体和价值构成 …………………………… 068

3.1　价值形成的语境 ……………………………………………………………… 068
　　3.1.1　中东铁路的产生 …………………………………………………… 069
　　3.1.2　中东铁路的修建 …………………………………………………… 072
　　3.1.3　中东铁路的文化传播 ……………………………………………… 074
3.2　价值客体的特征提炼 ………………………………………………………… 082
　　3.2.1　空间分布的线性化 ………………………………………………… 084
　　3.2.2　遗产文化的多元性 ………………………………………………… 087
　　3.2.3　遗产类型的多样化 ………………………………………………… 090
　　3.2.4　遗产功能的活态性 ………………………………………………… 094
　　3.2.5　遗产审美的艺术性 ………………………………………………… 103
3.3　价值主体的需求分析 ………………………………………………………… 105
　　3.3.1　利益相关者理论 …………………………………………………… 106
　　3.3.2　价值主体选取 ……………………………………………………… 107
　　3.3.3　权力属性现状 ……………………………………………………… 108
　　3.3.4　建立权力属性模型 ………………………………………………… 110
　　3.3.5　价值主体需求确定 ………………………………………………… 112
3.4　中东铁路工业遗产价值构成 ………………………………………………… 117
　　3.4.1　价值构成共性研究 ………………………………………………… 119

3.4.2　价值构成研究角度 …………………………………………… 121
　　3.4.3　多维价值构成和阐释 ………………………………………… 123
　　3.4.4　价值之间的关系 ……………………………………………… 130
　　3.4.5　整体价值关联 ………………………………………………… 133

第4章　中东铁路工业遗产价值评价指标体系和模型构建 …………… 134
4.1　价值评价指标的选取及体系的优化 ………………………………… 135
　　4.1.1　价值评价指标的针对性 ……………………………………… 135
　　4.1.2　价值评价指标选取 …………………………………………… 145
　　4.1.3　价值评价指标体系的优化 …………………………………… 151
4.2　价值评价模型的选择与操作 ………………………………………… 164
　　4.2.1　价值评价模型的选择 ………………………………………… 165
　　4.2.2　结构方程模型 ………………………………………………… 167
　　4.2.3　结构方程模型的软件操作 …………………………………… 170
4.3　价值评价结构方程模型构建 ………………………………………… 172
　　4.3.1　结构方程模型设定 …………………………………………… 173
　　4.3.2　数据收集和分析 ……………………………………………… 176
　　4.3.3　结果分析和权重确定 ………………………………………… 185

第5章　中东铁路工业遗产价值评价应用研究 …………………………… 190
5.1　中东铁路工业遗产层级价值评价 …………………………………… 191
　　5.1.1　单体层次价值评价 …………………………………………… 191
　　5.1.2　站点层次价值评价 …………………………………………… 194
　　5.1.3　城镇层次价值评价 …………………………………………… 207
5.2　中东铁路工业遗产整体价值评价 …………………………………… 217
　　5.2.1　国内外遗产领域整体价值认知体系 ………………………… 218
　　5.2.2　时序—区域框架下的价值评价方法与过程 ………………… 223
　　5.2.3　时序—区域框架下的整体价值评价结果 …………………… 228
　　5.2.4　主题框架下的价值评价方法与过程 ………………………… 233
　　5.2.5　主题框架下的整体价值评价结果 …………………………… 236
5.3　中东铁路工业遗产廊道构建 ………………………………………… 241

5.3.1　整体层级构建 …………………………………………… 242
　　5.3.2　城镇层次构建 …………………………………………… 247
　　5.3.3　站点层次构建 …………………………………………… 249
　　5.3.4　单体层次保护措施 ……………………………………… 250

附录 ……………………………………………………………… 252
　　附录1　中东铁路站点清单(截止到2016年) ………………… 252
　　附录2　中东铁路工业遗产类型统计(截止到2016年) ……… 255
　　附录3　指标体系正式分析调研问卷 ………………………… 258

参考文献 ………………………………………………………… 261

后记 ……………………………………………………………… 269

第1章
绪　论

1.1　研究背景、目的和意义

1.1.1　研究背景

(1) 以价值为核心的遗产保护　现代遗产保护思潮兴起之前，人们对遗产的价值感知较为模糊。19世纪开始，风格性修复运动(Stylistic Restoration)带来了对遗产价值认知的普遍关注。随着时代的进步和发展，遗产价值认知日益多元化，从最初的使用价值扩展到后来的情感价值、历史价值等。20世纪初以来，一些关于遗产保护的国际会议开始不断强调遗产价值。例如1933年的《雅典宪章》倡议妥善保存有历史价值的古建筑，并且提出遗产可以引起普遍兴趣和教育人民；1964年的《威尼斯宪章》将价值阐释为遗产保护的基本认知；《实施世界遗产公约操作指南》(简称《操作指南》)所描述的遗产价值可以归纳为情感价值、文化价值、使用价值。这些法规说明西方国家对遗产价值的认知，经历了一个由内而外、由表及里、由小到大、由浅入深的，循序渐进且不断上升的遗产价值认知过程。

目前遗产保护研究更为注重遗产的文化内质和含义，其保护的目的在于保护遗产的价值，所以，对遗产价值的认知和评价已经成为保护的重要基础。价值问题是遗产保护的核心问题，这一点在学术界已经达成共识。遗产的价值，也表现了遗产对于人们物质与精神等需求的满足，价值决定遗产是否有保护的必要，并且确定用哪种方式来进行保护。因此，遗产保护是以价值为导向的，其主要内容就是对遗产价值的理解和评价，以价值为核心的遗产保护也被认为是打破以往传统，迎合新形势的新思路。随着对遗产价值认识的不断深入，逐步形成了系统的价值认知体系，这个体系是对遗产进行价值评价的基础。价值认知和评价是对遗产进行分级的重要标准，同时也是遴选遗产的关键因素。遗产管理活动中，价值是联系利益相关者的核心，各方面的遗产管理者都需要围绕价值进行工作。在对遗产保护进行干预的时候，对遗产价值的认定和阐释，是遗产保护规划的管理和决策的重要参考。当前遗产保护以价值为核心，具有巨大的优势和整合力度。目前遗产保护工作主要归纳为几个主要的环节：兴趣、保护、规划与管理、干预。上述四个环节虽然都互相具有一定的联系，但是目前是无序的，缺少核心，从而导致整体缺乏系统性，进而影响到遗产保护的进展。用价值来作为遗产保护的核心，这种方法已经被很多发达国家所采用，并且在现代文化遗产保护运动中得到了广泛的认同，目的是与社会形成互动关系，发挥价值的整合作用。

（2）整体性保护理念的缺失 中东铁路是沙俄在中国领土上修建的一条铁路，其目的是通过掠夺中国资源来完成侵略进而控制远东。中东铁路全长2 489 km，1897年8月开始动工，1903年7月通车。全程分为三段，以哈尔滨为中心，东西两侧的端点分别为绥芬河与满洲里，南端点为大连（见图1-1）。中东铁路沿线依据不同的等级标准，规格化地设计和修建了许多建筑，类型丰富，包括车站、工区、机车库、教堂等，数量过千，至今仍然伫立在中东铁路沿线。修筑完工的中东铁路工业遗产以现在观点来看，铁路沿线采用标准定型设计，配备了大量的公共和民用建筑，是一条珍贵的工业文化景观线。

中东铁路工业遗产属于一种线性文化遗产，其属于客观存在的遗产种类，在同类遗产中具有代表性、唯一性。我国遗产保护层次分为文物保护单位、历史文化街区、历史文化名城三个层次，依据层次和对象的不同来确定相应的保护准则。从层次中可以发现，这个体系存在着明显的不足，对于横跨几千公里的遗产区域，我国并没有针对性的保护层次，这也造成了中东铁路工业遗产大尺度区域整体性保护理念的缺失。

并且，由于人们没有意识到中东铁路工业遗产价值的重要性，加之受到管理保护思维落后等宏观与微观的力量冲击，中东铁路工业遗产正面临逐步被废弃的困境。新建的哈齐和牡绥等客运专线与中东铁路老线并行，在修建之时对区间内的铁路工业遗产造成了巨大的难以挽回的损坏，这种破坏在中东铁路沿线不是个别现象。沿线小城镇人口大量流失也使得中东铁路工业遗产走向没落。另外，中东铁路经营和管理本身也存在诸多问题，如铁路配套设施经营不完善、管理和保护职责混淆、铁路遗产责任和职能落实不到位，这些都为中东铁路工业遗产的保护带来很多困难，整体中东铁路工业遗产的保护状况堪忧（如图1-2所示）。目前中东铁路沿线的上千个工业遗产,急需完整的保护理念,这也成为中东铁路工业遗产需要引入遗产廊道视野来解决保护问题的最佳理由之一。

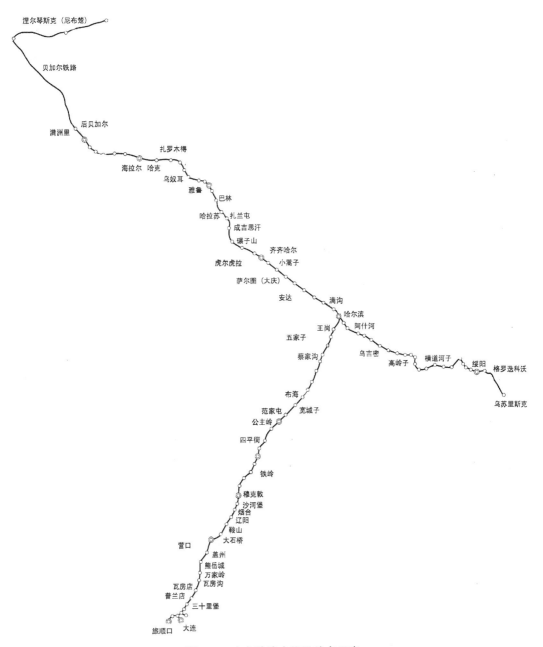

图1-1 中东铁路全线及站点示意

a) 哈尔滨被拆毁的中东铁路住宅　　　　　　b) 山底站被拆毁的铁路浴池

图1-2　被拆毁的中东铁路工业遗产

（3）研究价值评价对中东铁路工业遗产保护工作的意义　　近年来随着对京杭运河申遗的成功，中东铁路也正有序开展工业遗产保护、城镇规划等工作。众所周知，价值评价是开展所有保护工作的依据和基础，在过去的很长一段时间内，中东铁路工业遗产的保护相比较来说更加倾向于历史价值的保护和物质上的静态保存。国际上对于价值认知已经扩展到多元化，然而中东铁路工业遗产目前并没有较为完善合理的价值评价法规政策等，实践中也存在为保护而保护、失去价值焦点的现象，导致后续的维护和管理实施等呈现出没有重点的状态，所以中东铁路工业遗产的价值评价研究还存在很大的进步空间。从可以看到的研究成果来说，关于中东铁路工业遗产的价值认知和阐释并不系统。目前来看，通过全面性的、整体性的实地调查完成的基础研究并不多，对于中东铁路工业遗产进行整体多层次的价值评价的研究还在少数，仅有的研究多是围绕工业遗产单体所进行的。并且，中东铁路工业遗产存在的形式多样，价值呈现出不同的特色，保存状况也不相同。而且，中东铁路沿线各地区在自然、社会发展上存在差异，现有价值评价体系与标准并不完全适用于此。所以，迫切需要在遗产廊道理论体系的指引下，针对中东铁路工业遗产进行价值评价研究。

1.1.2　研究目的

遗产是历史进程的产物，与当时的社会和经济条件相匹配，同时具有独特且明显的价值。中东铁路经过一百多年的建设、运营和管理，对中国东北地区政治、经济、社会和自然环境产生了巨大而又深远的影响。中东铁路工业遗产，作为价值载体，散布于铁路沿线，在当地乃至全国都具有独特的价值，是中东铁路所属文化空间内文化特质的展现方式之一,体现了区域的历史发展特点,需要给予保护。而遗产廊道的视野,有助于完整、全面地认识中东铁路工业遗产的价值和意义,并指导其保护和传承工作。

遗产廊道是一种整体性、区域性的大尺度保护方法,在中国目前已有诸多应用,也为中东铁路工业遗产的整合带来了新的研究方向。通过考察和实证,中东铁路符合遗产廊道的特性,而中东铁路工业遗产作为中东铁路遗产廊道遗产系统中的核心遗产资源,其价值评价的研究是中东铁路作为遗产廊道得到有效保护并可持续发展的基础。本书立足于风景园林学科,利用遗产廊道的理论,结合对中东铁路沿线工业遗产清单的调研和整理,建立适合中东铁路工业遗产的价值评价体系,其研究目的主要有以下几点:

(1) **对中东铁路工业遗产进行有序整理和分析** 本书对中东铁路沿线进行实地调研和资料收集,对中东铁路工业遗产的存留情况进行细致的统计和分析,并且得出清单。清单是根据中东铁路沿线的站点和遗产类型进行统计的,一方面为了更好地评价中东铁路单体工业遗产;另一方面也可为其他中东铁路工业遗产方面的研究提供基础的数据。

(2) **对中东铁路工业遗产价值成因以及价值构成进行分析** 中东铁路工业遗产的复杂性决定了价值构成的多样性。通过对作为价值载体的中东铁路工业遗产进行历史语境、构成及特征等的分析,可以得出其价值的成因,并确定价值构成的导向性。同时,依据国内外遗产价值研究,对众多文献资料中的价值评价指标进行统计分析,选择出现频率较高的价值指标,然后结合中东铁路工业遗产的文化线路和遗产廊道属性,得到科学的价值构成。

(3) **为构建中东铁路工业遗产廊道提供依据** 价值评价是遗产廊道构建的核心步骤。中东铁路工业遗产廊道的构建,并不是单一遗产点的集合,而是承载了相同的信息、有着共同主题并表现着共同价值体系的有机系统,这个整体见证了中东铁路的历史发展演变进程。中东铁路工业遗产廊道通过整体的方法对东北地区的遗产系统、自然系统、支持系统等进行多方面、多层次的保护,期望对中东铁路沿线的区域发展起战略性导向作用。

1.1.3 研究意义

保护遗产的本质内涵在于传承,当代人只是这进程中的一环,最终目的是要留住历史过往的痕迹。研究遗产廊道视野下的中东铁路工业遗产价值评价,其意义主要有以下几点:

（1）为中东铁路工业遗产后续研究奠定基础　在中东铁路工业遗产保护工作中，建筑单体的保护以及修复工作已经有序开展，如横道河子机车库修复等，但是相关研究缺乏从景观学科角度进行的中东铁路工业遗产沿线的数据调研以及清单整理工作，随之而来的是相关后续分析的匮乏。因为中东铁路工业遗产廊道的构建是从区域的角度进行整体性的保护，可以跟大运河一样采用层次性的构建。通过多层次整理中东铁路工业遗产的分类以及逐层进行价值评价，对工业遗产的有效利用和可持续发展有着巨大的效用，并且价值评价的结果也将会为中东铁路工业遗产廊道的保护和管理规划的研究和实践工作提供依据，并为中东铁路后续研究提供一些相关的方法和数据支持。

（2）为制定中东铁路工业遗产保护规划提供参考　目前，面对这样一个重要的人类工程遗产，中东铁路的全线却几乎没有整体的、系统的保护措施。目前的保护仅仅是基于地方政府开发旅游的目的、针对单一城镇层次的保护，如横道河子等城镇有相关的保护规划的实施。这些实施和手段对于中东铁路这个庞大的体系来说，效果微乎其微。国内相关遗产廊道构建实践所取得的良好成效，为中东铁路工业遗产制定相应的保护规划提供了借鉴的思路。

（3）完善我国大尺度整体保护规划中的价值评价的研究　我国历史保护体系上存在一些问题。目前我国相关的文物保护法规等体系，如《文物保护法》等，其所保护的对象是文物保护单位、历史文化街区、名镇等。中东铁路工业遗产因其所具有的大尺度、大区域的个性，将其作为文物保护单位显然是不合适的，又不能将其作为历史文化名城、街区、村镇等。所以，在国内相关法规中，这类线性且庞大的文化遗产的归属是一个现存的盲点，伴随而来的是大尺度保护对象的价值评价也十分缺乏。所以，本书的研究可以完善大尺度整体保护规划中价值评价的研究。

（4）为国内其他铁路工业遗产提供价值评价的方法和思路　我国拥有着数量巨大的遗产资源。丝绸之路、京杭大运河等，都在世界遗产之中有着举足轻重的地位，也是非常典型的线性遗产。再比如滇越铁路、京张铁路这种典型的铁路工业遗产，这种线性遗产自身的整体性保护已经成为一个研究的关注点。借鉴美国的遗产保护体系可以看出，遗产廊道对于线性遗产的整体化、区域化研究是非常有效的。遗产廊道视野下的中东铁路工业遗产价值评价研究，可以为今后相应铁路工业遗产的研究提供一些思路和方法。

1.2 国内外研究综述

1.2.1 遗产价值评价研究综述

遗产价值评价属于认知范畴,也是遗产保护前期必须开展的工作之一。价值评价不是照葫芦画瓢的模仿过程,而是取决于对遗产自身内在价值的恰当理解,其政策也是基于对遗产内在的文化资源及相关价值进行调查、记录和定义的关键过程。遗产首要的概念就是真实性,其含义是形态、质料等因素都真实存在的遗产,在《奈良真实性文件》中有论述。其余以《威尼斯宪章》以及《保护世界文化和自然遗产公约》为首的国际公约和条例也都形成了一系列价值评价的标准,所以无论是西方发达国家或是国内,都对遗产价值评价有着不同的看法和角度,并且出台了相应的法规。下面针对界定的保护对象、核心内容及价值类型进行较为系统的梳理(表1-1)。

表1-1 国内法规条例的相关价值认知标准

法规	保护对象	核心内容	价值提出
《中华人民共和国文物保护法》(1982,2007)	文物	文物的基本概念、价值	明确文物包含的三大价值
《中国文物古迹保护准则》(2000)	文物古迹	价值评估标准	重申文物保护法中所包含的历史、科学、艺术价值
《中国文物古迹保护准则》(2015)	文物古迹	价值评估标准	在明确文物具有三大价值的同时,还确认其具有社会、文化价值
《全国重点文物保护单位保护规划编制要求》(2005)及《全国重点文物保护单位保护规划编制审批办法》(2004)	重点文物保护单位	具体的编制要求和审批方法	在评价文物价值的时候,指出文物价值包含三大价值以及社会、文化价值,主要是对社会、文化方面的积淀和影响力等
《历史文化名城名镇名村保护条例》(2008)	名城、名镇、街区、文物保护单位	具体规范和导则	指出其价值包含历史、科学和艺术价值,并对真实性、完整性进行强调,同时认定其具有一定的保护价值

我国现行的遗产保护法规主要是文保法,其中提及遗产制定的部分程序还属于政府行为,目前没有形成明确的遗产申报和提名程序。所以,其中涉及价值评价的专家论证、遗产审议方式都没有具体的落实指标,同时也使得遗产保护存在不透明性,与其他社会领域存在着一定的隔阂。例如,没有针对工业遗产门类的相关法规,也没有针对像中东铁路、大运河这样巨系统的复杂遗产的相关法规。我国惯常

的价值标准的表现形式,是结合对价值类型的描述直接演变至评价打分表格中的选项,但是因为不同遗产由于其历史内涵的不同,会产生相异的评价标准。而价值类型的描述,也可以根据具体情况进行细分,然后再进行更为细致具体的评价,这一步骤主要是由于评价目的的不同而导致的。在确定遗产类型之后,可根据遗产价值类型和标准来重新确定评价标准,有利于对遗产价值的深化凝练。我国现行的保护制度中的价值评价方法标准仅提供了三大价值,而与实际遗产的具体联系,如情感价值、精神寄托等,由于涉及遗产地的环境与人为的感受,在相关法规中都没有提及。

在对国内相关法规的价值认知进行梳理之后,针对国际上的宪章、宣言等的价值认定标准进行统计和分析,从中可以看出,国际上对价值认定标准的趋势变化和关于遗产保护的法规和保护制度正在逐步完善,其中所包含的价值评价体系也在逐渐趋于成熟(见表1-2)。

表1-2 国际宪章等的价值认知标准汇总

机构	宪章等	针对对象	价值类型
历史纪念物建筑师及技师国际协会(ICOM),1931	《关于历史性纪念物修复的雅典宪章》	纪念物	艺术价值、历史价值和科学价值
联合国科教文组织(UNESCO),1954	《关于发生武装冲突时保护文化财产的公约》《海牙公约》	文化财产	历史价值、艺术价值、考古价值
UNESCO,1962	《关于保护景观和遗址的风貌与特性的建议》	景观与遗址	艺术价值或文化价值
历史纪念物建筑师及技师国际协会,1964	《关于古迹遗址保护与修复的国际宪章》(《威尼斯宪章》)	历史古迹	文化意义
UNESCO,1968	《关于保护受到公共或私人工程危害的文化财产的建议》	文化财产	历史、科学、艺术或建筑价值
UNESCO,1972	《保护世界文化和自然遗产公约》	文化或自然遗产	基于历史、艺术、科学、审美、人种学或人类学角度,具有突出普遍价值
UNESCO,1972	《关于在国家一级保护文化和自然遗产的建议》	文化遗产和自然遗产	在考古、艺术或科学方面具有特殊价值,在考古、历史、人种或人类学方面因其重要性而具有特殊价值,在美学、科学、保护、自然风貌或在其与人类自然的共同产物的关系方面具有特殊价值

续表

机构	宪章等	针对对象	价值类型
欧洲建筑遗产大会,1975	《阿姆斯特丹宣言》	建筑遗产	文化价值,具有历史和文化意义
UNESCO,1976	《关于历史地区的保护及其当代作用的建议》《内罗毕建议》)	历史和建筑(包括本地的)地区	从考古、建筑、史前史、历史、艺术和社会文化的角度,具有凝聚力和价值
国际古迹遗址理事会(ICOMOS),1978	《国际古迹遗址理事会章程》	古迹、遗址、建筑群	历史、艺术、科学、社会、人类学
ICOMOS,1987	《保护历史城镇与城区宪章》(《华盛顿宪章》)	城市、城镇以及历史中心或居住区,自然和人造环境	传统的城市文化价值
日本政府文化事务部、UNESCO	《奈良真实性文件》	文化遗产	文化多样性与遗产多样性,文化价值,价值与真实性
ICOMOS 澳大利亚国家委员会,1999	《巴拉宪章》	所有类型的文化遗产地	文化重要性(对人们具有美学、历史、科学、社会和精神价值),与遗产意义、文化遗产价值具有相同含义
ICOMOS,1999	《铁路作为世界遗产地》(*Railways as World Heritage Sites*)	铁路	创造性工程,产生于技术革新,反作用于科技进步;代表性,价值突出或是保存的少数案例,展示社会经济发展历程
国际工业遗产保护联合会(TICCIH),2003	《关于工业遗产的下塔吉尔宪章》	工业遗产	历史、科技、社会、美学、建筑或技术科学的价值
ICOMOS,2005	《西安宣言》	古建筑、古遗址和历史区域的周边环境	社会、精神、历史、艺术、审美、自然、科学或者其他文化层面存在的价值
ICOMOS,2008	2008版《操作指南》中"突出的普遍价值的描述"	世界文化与自然遗产	突出的普遍价值的评价标准
中国古迹遗址保护协会(ICOMOS CHINA),中国国家文物局,2011	《关于大运河遗产保护的无锡建议》	工业文化遗存	历史学、社会学、建筑学和科技、审美价值

从表 1-2 中可以看出,价值保护一直是国外相关法规和报告中关注的重点。然而,工业遗产作为上述文件中关注较少的遗产类型,在国内只有大运河、都江堰等前期案例,亟须进行深入的探索和研究。

(1) 国外遗产价值评价研究 随着时代的不断进步,人们对遗产价值的认识变得越来越多元。从单纯的使用价值、"普世价值"到后续的情感价值、历史价值等。不过对于价值的认知没有形成体系，但是关于以价值认知为导向来进行保护的观点已经被人们所认同。国外关于遗产价值评价的研究众多，论题广泛，主要集中在以下几个方面：

① 世界遗产机构和领军人物的著作提供了很多关于遗产价值评价的思路。机构如 UNESCO、ICOMOS、国际文物保存与修复研究中心（ICCROM）对遗产价值进行了深入的剖析和研究。领军人物如伯纳德·费尔顿（Feilden. B. M）和里格尔（Riegl. A），两人共同奠定了遗产价值评价的基础和方向。他们认为在世界遗产突出普遍价值之外，还需要对遗产价值进行文化价值的重新定义，伯纳德·费尔顿建议在处理遗产价值的时候，应该注重文化价值和当代社会经济价值两方面；而黑格尔则对20世纪初与历史纪念物相关的不同价值做过细致的分析。英国研究学者海维森（Hewison. R）和豪顿（Holden. J）将遗产价值阐释为内涵、工具、制度三种类型。德瑞克·吉尔曼（Gillman. D）关于价值的论著较为系统，其认为价值需要被构建，不同的目的会有不同的价值阐述。将古迹价值系统进行分类的是苏联古建筑保护协会主席普鲁特森（Prutsin. O. N）。国外遗产领域的研究中较为重视经济价值的重要性，所参考的是由著名经济学家皮尔斯（Pearce. D）所提到的环境资源的经济价值体系。后来，在这个体系基础之上，世界经济合作和发展组织提出了新的体系，将选择、遗赠和存在价值列为一起。拜伦（Balen. K. V）研究后发现遗产保护中关于价值的重要因素和步骤，包括重要性、历史价值、价值类型学评价等。其中的价值类型学对中东铁路工业遗产的价值构成研究有着直接的启发性作用。

② 国外关注遗产理论的综合汇集以及遗产价值评价方面的标准。关于遗产价值的探讨从早期卡尔曼（Kalman. H）研究的建筑遗址、墨兰托（Moratto. M. J）和凯利（Kelly. R. E）研究的考古遗址以及莱普（Lipe. W. D）的文化财产，到后期比克福德（Bickford. A）的研究价值、泰勒（Taylor. K）的美学价值等，逐渐汇集为遗产价值评价体系的研究。尤为值得注意的是史密斯（Smith. L）的论著，其中关于遗产阐释的文章汇总非常全面。莱普在其论著中提出了联想或象征、科学、美学和经济四种价值；伯纳德·费尔顿所阐释的文化、情感、使用的价值类型和体系，在之后的历史建筑和遗产领域中被大量地应用。纳夫如德（Navrud. S）等人从经济学角度对遗产价值评估等方面进行了较为全面的研究，他的论著以及其他研究 CV 和 CM 模型评价遗产的文章，都很好地阐述了遗产价值的经济学内容。

③ 为国外相关遗产价值评价方法的研究。由于遗产价值的复杂性和特殊性，找到一个通用的、能够评价所有价值的方法是不现实的，几乎每个学科都有在各自

学科理论基础下的评价方法。遗产的价值评价和保护，原则上包含规划师、建筑师、遗产所有者、经济学家等。所以国际上通常的文献主要是结合遗产的不同类型、不同属性、不同作用来分别进行评价，总体分为社会文化与自然价值、经济价值两方面。社会文化与自然价值的评价方法，包含了亚瑟（Arthur. L. M）、丹尼尔（Daniel. T. C）、柏世德（Boster. R. S）等人所倡导的特征评价方法（Character assessment），图安（Tuan. T. H）等人提出的描述因子法（Descriptive inventories），布奥夫（Buhyoff. G. J）倡导的公众偏好统计法（Public preference models）等。根据遗产类型的不同，来选择合适的方法。在价值评价方法中，还可以融合数理计算方法使结果更为精确，如模糊评判和层次分析等。价值的定量评价也是研究的主要方向之一。定量评价主要是针对遗产在一定状态下的特征值的相对优劣进行分级评价，然后利用量化赋值的计算过程得到相对的比较结果，从而实现遗产的分类和排序。国外在对价值进行定量计算的时候，多采用经济学方法而不是数理的单纯计算，如文化经济等。同时，融合公众偏好也是国外注重人文研究的表现之一（见表1-3）。塞萨（Setha. L）曾经在其论文中详细地讨论了民族志方法在保护规划项目中的具体应用。国际上近十年来，如纳夫如德，马赞提（Mazzanti. M），瑟罗斯比（Throsby. D），墨兰托（Mourato. S），托尔（Torre. M. D. L）等，研究学者总结了关于定价和定量的研究方法。目前专门适用于遗产的定价评价方法，主要借鉴于相近产业的定价评估，如资源、房地产等相关方法，都是以经济学理论为基础，以宏观、微观经济学等为工具，形式比较多样。如替代市场评价法中常用的特征价格法和旅行费用法，其中特征价格法是指内隐价格模型，可以将遗产视为其他商品的特征隐含价格进而推断出遗产的价值。

表1-3 国际上遗产价值评价文献汇总

研究人员	研究内容	方法
史密斯（J. Smith）	国家首都地区文化景观遗产价值的定义和评价	—
阿尔伯尼（Alberini. A）	基于旅行费用以及有条件评价方法结合的亚美尼亚文化遗产价值评价的方法	TCM，CV
杜赫提（Doherty. R. O）	有条件价值评价方法	CV
瑞干提（Riganti. P）	基于贝尔法斯特居民调查的审美价值和服务评价	CM
龙格（Longo. A）	马里兰和巴尔的摩享乐价格法模型	HPM
阿尔伯里尼（Alberini. A）	对亚美尼亚遗产的价值评价	TCM

续表

研究人员	研究内容	方法
罗森博格(Rosenberger. R. S)	结合有条件方法的牧场开放空间价值	CV
萨拉扎(Salazar. S. D. S)	基于社会效益的阿拉伯塔更新价值评价研究	CV
里甘蒂(Riganti. P)	公众偏好对土地使用的影响——威尼斯城市更新项目的价值评价	PP
哲威尔(Jewell. B)	利用 HVM 对遗产旅游潜在的动机和需求进行分析	HVM
达尔马斯(Dalmas. L)	城市遗产的经济评价,可持续发展下的一种包容性研究方法	—
萨塔嘎嗒(Santagata. W)	那不勒斯遗产维护项目的 CV 价值评价研究	CV
拜迪特(Bedate. A. M)	艺术博物馆的经济价值评价	—
拜迪特(Bedate. A. M)	西班牙遗产使用价值评价	TCM
拜耳兹蒙特纳格罗(Báez-Montenegro. A)	基于智利瓦尔迪维亚的居民对文化遗产的支付意愿研究	CV
普尔(Poor. P. J)	对圣玛丽教堂的遗产区域价值评价	TCM
鲍克斯尔(Boxall. P)	北美土著岩石壁画游憩价值评价	CB

(注:CV——有条件评价方法;CM——选择性试法;CB——成本收益分析方法;TCM——旅行费用统计方法)

归纳总结国外对于遗产的价值研究,主要表现为以前人们对纪念物价值的重视、艺术与文物的冲突、从艺术价值到历史价值的转变、从历史价值到文化价值的转变。之所以出现这些转变的原因,主要是全球化的进程加速,出现文化和价值观同一化和人们文化多样性意识的觉醒。目前世界遗产名录中的入选遗产日益增加,却呈现着数量、地区、类型、国家的不平衡性的局面。而究其原因,是由于现有价值评价体系的局限。针对这个情况,UNESCO 将价值认知从单一的遗产类型转向综合性的遗产类型,从单一的历史价值、艺术价值等转向社会价值,其对《实施世界遗产公约操作指南》(以下简称《指南》)的新一轮修订体现了人们对价值评价局限性的思考。修订后的《指南》从文化的脆弱性来对价值进行阐述,并且提出了文化景观的新遗产类型,有助于农业景观、圣地等成为遗产入选项目,这一轮修订使得文化价值开始在遗产价值的认知中得到重视。

(2)**国内遗产价值评价研究综述** 目前国内关于遗产价值评价的研究,在充分借鉴和学习国外先进经验的基础之上取得了一定的进展。尤其是诸多学者开始关注遗产价值评价的系统性方法学在中国国情背景下的适用性。虽然遗产的价值被大多数人所承认并且接受,但仍然有对立面的研究者认为文化价值应让位于经济价值。国内对于遗产价值评价和构成层面的研究,近年来已有越来越多的学科和学者使用了不同的方法来拓展和延伸其视野。2007 年"东亚地区文物建筑保护理念、与实践国际研讨会"的《北京文件》中曾表示,遗产价值的认知必须建立在研究、调查等各种来源的基础之上,这样才能获得关于遗产及其深层次的理解。国内对于遗产价值评价的各个专门领域大多采用定性的研究方法,并且分散于诸多学科,如建筑学、历史学、人类学、经济学等,少有整合性且系统的讨论。国内对于遗产价值的研究虽然对于保护有指导作用,但是在价值评价方面仍然需要进一步探索。国内针对遗产价值评价研究的纲领性文件为《中国文物古迹保护准则》(2000)(见表 1-4)。

表 1-4 《中国文物古迹保护准则》(2000)中关于价值评价的描述

条款	具体内容
第三条	三大价值
第五条	强调文物古迹的保护,需要按照一定的步骤,并符合相关法律程序和专业准则,同时要求征集多方意见,价值评价位列保护的首位
第十一条	评估包括价值、保存状态、现状管理条件,其中还隐含着对文物古迹的历史文献和资料的整理
第十二条	文物古迹的级别,需要以上一条中的评估结果为根据,并由政府进行公布
第十三条	对文物古迹的保护规划,需要依据评估结果,并且依次选择合适的保护手段和确定保护目标

2015 年对其进行修订和补充,并提出了新的要求(见表 1-5)。新版《中国文物古迹保护准则》(以下简称《准则》)关注和强调文化价值和社会价值。但是,现行的《准则》同样存在着对遗产价值评价研究的不足,针对遗产整体保护目标,要基于对遗产价值的整体构成依据。所以,价值构成分析应在保护规划前完成。

表 1-5 《中国文物古迹保护准则》(2015)中关于价值评价的描述

条款	具体内容
第三条	第一,对三大价值补充社会、文化价值。社会价值涵盖了与人们生活所相关的教育、情感方面的范畴,同时还包括文物古迹在文化传承、社会凝聚、知识传播等方面的社会利益和效果。文化价值则涵盖了精神延续、非物质文化等方面的内涵,如古迹所表现的地方民族文化多样性、自然环境所赋予古迹的文化内在等价值。 第二,指出了多种多样的文物古迹类型可能涵盖与自然相关的价值,如文化线路、遗产运河等

续表

条款	具体内容
第四条	强调文物古迹的保护规划必须按照专业准则来进行保护,其中价值评估应放在保护的首位,同时在保护中严格执行专家评审
第十八条	明确对文物古迹评估除了2000年版本的《准则》中所提到的几个部分的内容,即价值、保存状态、现状管理条件之外,还需要对其他要素进行评估,最主要的一点就是威胁文物古迹安全因素方面的评价,以及对古迹的展陈、现状利用和研究状态的评估。以往的《准则》所提到的评估对象仅仅提到了文物古迹自身,这一版的《准则》重点强调了其所处的环境,同时评估要以对文物古迹的历史文献和资料的整理,以及对文物古迹现状的分析和踏勘为基本依据,评估以物质实物遗存为主,兼顾非物质。评估内容涵盖价值、判断现有认识是否全面、威胁要素、现有措施、价值展示、现有利用方法
第十九条	价值评价作为依据,来进行分级保护。同时,结合价值评价结果,确立保护名单,划定范围

从表1-4和表1-5中可以看出,无论是2000年版本还是2015年版本的《准则》中所提对遗产的评价包含对价值、保存状态、现状管理条件和威胁文物古迹安全因素的评估,也包括对研究和展示、利用状况的评估,2015版的《准则》对价值的重要性给予了充分的肯定。

总的来说,国内目前对遗产价值评价的研究方向可分为以下几类:

① 基于已有的国际法规条例和文献等,分析价值近些年的演变趋势,并且以经典的评估方法指导实践。如,晨暄研究了世界遗产近三十年来突出普遍价值的标准演变,对标准变化的过程进行了完整的分析,分析不同时期对于价值认知的变迁,并且对其背后的影响因素进行了揭示,其中包含针对遗产保护学科发展以及社会环境的改变等。张笑楠以大运河为例提出了一套基于ICOMOS文化品质进行价值评价的方法。这方面的研究作为国内遗产理论的先行者,为后续的学者和专家们提供了很好的借鉴,也是我国与国际先进遗产保护理念相靠拢的重要媒介。

② 遗产价值构成层面以及具体指导实践的成果。目前国内研究的价值层面的东西,多数是从价值论层面讨论价值的客观存在,比如《准则》中所提到的艺术价值等,但是却少有文献是系统性讨论价值评价体系的。价值研究急需一个完整的框架来运用价值判断确定保护管理行为。较早论及遗产价值的作者是凌波,他的文章中也提及价值生成、特性以及参考系等方面的内容,他主张遗产的本质在于统一性和多样性,文物的价值特性就是客观性和主观性,因为价值主体不同,所以价值存在着客观性,又存在认知的主观性。随后,引发了多个学者对于遗产价值构成方面的研究。例如,刘翔针对文化多样性和普遍价值进行了分析,同时将工业遗产

价值细分为历史、艺术、精神等指标项,并且对其进行量化设定打分。周尚意利用公众意愿调查法评价了绝对价值。张茵认为非使用价值在进行价值评价的时候,占很大比重,不可忽视。还有很多其他的研究也在同一时期出现。

③ 国内遗产价值评价方法的研究。遗产的概念、形式等相关知识,都是以传统或者新型的方式从西方引入,如遗产廊道理论、国家公园等。目前的阶段是,国内学者开始结合本土遗产的特征有向量化发展的趋势,已经逐步开发出适合我国国情的定量价值评价体系,同时统计学和数学模型的引入,也让遗产价值的评价过程更加科学。

朱光亚对建筑遗产评价的系统模式进行了探讨。赵勇按照聚类分析树状图对每个村镇的综合价值进行归纳和解释。戴琳琳在赵勇的研究基础上,利用因子分析法对京郊地区的 26 个村镇进行遴选和排序,为后续保护决策提供了依据。因子分析法避免一般权重的主观性影响,并且可以进行排序然后深入研究影响排序的因素,还可以进行相关性分析,在评价方法中具有一定的优势。模糊综合评价是以模糊数学为基础的综合评价方法。使用这一方法对遗产进行价值评价的如梁雪春对永嘉县历史地段的应用,他通过编程得到历史地段模糊子集。汪清蓉对佛山市大旗头古村构成了模糊评判矩阵,形成评价等级。模糊方法的关键在于模糊关系的形成,但对于最大隶属度原则还存在一定的争议。层次分析法是遗产价值评价应用较广泛的一种全面的、多目标的决策分析方法,原理是依照阶梯层次结构的约束条件等来评价方案,应用 AHP 层次结构模型进行两两比较,形成判断矩阵,得到权重,同时以专家为准,可信度较高。层次分析法采用数学方法来解决多目标并且难以全部量化的系统,将一整个复杂的系统分解成若干个因素之间简单的比较和计算的过程,并做出决策,弊端就是在判断的过程中主观判断对结果的影响很容易出现失误,并且数学计算过程较为复杂。马勇依据资源价值理论,对文化遗产地旅游资源价值采用了层次分析法来进行标准分级。黄晓燕在 2004 年对历史地段的综合价值评价也采用了这一方法,但她在程序上增加了评价人员熟悉程度的指数,并且在过程中加入问询反馈再问询的程序,使结果更为可信;阮仪三等人对大运河的整体价值进行了拆分,并且从世界遗产的角度对大运河进行了研究,为本书提供了重要的思路。张艳玲分析了客观、主观评价体系。王世仁利用定量方法,将街区价值依据重要程度来解构为不同的权重。

综上所述,国内遗产价值评价的研究大多数都在国家文物保护体系的框架之下进行,近几十年间呈现一定层次的递进和互补性。首先,保护对象不断改善,由最初的建筑单体到现在的文化景观、文化线路等大尺度、巨系统的遗产类型。但是，随着空间在范围上的不断扩大，价值认知视野却并未随之达到同步的程度，尤其是在政策层面并未得到足够的重视。其次，是价值评价研究内容的延伸。从最初单体文物的价值评价标准到现在开始对文化景观类等大尺度遗产类型进行价值评价，可以看出价值评价体系的延展性和弹性，后期的价值评价将更着重于国家向地方的政策性普及以及公众参与等层面。再次，对价值认知的变化和发展。国内的价值认识普遍从历史、艺术、科学等三个基本类型出发，尚停留在品质评判阶段，不过已经有了一个小飞跃——由最初的单纯保护，到保护和利用相结合，到现在所追求的和谐共生发展。总体而言，国内的价值评价研究扎根于对文物或者建筑等的遗产保护，目前尚未建立整体的、具有层次性的价值层面的认识，这种现象导致了现有的大尺度以及多层次价值评价体系在保护规划中的缺失，所以遗产价值评价的研究任重而道远。

1.2.2　线性遗产价值评价综述

对于线性遗产的研究，世界各国都有适合自己国情的先进理念。如美国在20世纪50年代结合绿道提出的遗产廊道相关管理保护规划，欧洲在1996年成立的专门研究文化线路的国际组织等，可以看出世界线性遗产由静态到动态、由单体到整体的保护趋势。对线性遗产的价值研究分为文化线路价值研究以及遗产廊道价值研究两个部分。

（1）文化线路价值研究　在不同的遗产背景之下，国际范围有着不同的线性遗产名称，如欧洲所崇尚的是文化线路理念、美国则使用遗产廊道理念等。国外文化线路研究已经发展较为成熟，自遗产领域确立了文化线路理念之后，遗产研究领域的学者对文化遗产的关注点已经从单一的建筑本体，扩展到了建筑所依附的自然环境，进而延伸到了隐含在建筑和环境背后的文化过程。文化线路委员会(CIIC)的成立标志着文化线路已经成为遗产界的共识，其理念的成型与拓展参考了很多文化基础理论的研究，包括文化地理学、文化生态学等。马德里举办的文化线路会议(1994)对文化线路给出了明确的定义，认为文化线路是作为一个整体来研究的，其整体大于各个组成部分价值的简单相加之和。同时，文化线路重视区域和区域之间的文化对话、交流、传播、融合，带有多维度、多功能、多价值的属性。《文化线路宪章》(2008)的通过，也代表着文化线路理念开始延伸到世界各个遗产领域。国外相关研究大多是将文化线路与实际的案例相结合进行申遗，这些申报的材料也将成为全世界的经典案例，作为范本给其他国家提供借鉴和实践指导。

相关机构和研究人员对于文化线路遗产价值评价的补充研究也颇有成效。目前国际古迹遗址理事会、意大利的国际文化财产保护与修复研究中心、美国的盖蒂研究所(Getty Research Institute)是国际上遗产价值研究的主要机构。在关于遗产价值提炼方面,ICOMOS有两个连贯性很强的报告文件值得关注,分别是2004年的《填补空白——未来行动计划》(*The World Heritage List: Filling the Gaps-an Action Plan for the Future*)和2008年的《什么是突出普遍价值》(*What is OUV?*)。前者提出了遗产类型、时序区域、主题三个对遗产价值认识的框架。遗产类型价值认识框架是对固有的以类型划分的遗产价值体系,如乡土、宗教等,而时序区域、主题研究方法已经超越了最初对遗产的定义以及评估标准,反映了从整体对文化空间和遗产价值的认知。后者对前者提出的研究方法和框架进行了更进一步的论证。这两个文件在遗产价值的阐释方面有着巨大的贡献,首先是提出了新概念,归纳了全球内一些过去受到忽略、现在需要补充的遗产类型;其次是建立了遗产价值分析和评估体系的技术路线,并且在这个评估体系的基础上,阐释了突出普遍价值以及其三大组成要素——价值标准、真实性和完整性、保护管理保障。这两个文件代表了世界文化遗产的共识,也就是以遗产价值保护为核心导向的遗产保护管理和利用。

近十年国内对文化线路的研究在迅速地发展。《无锡倡议》中提到伴随着遗产保护的内在不断延展,遗产形态开始由点状向线状和面状、由静态向动态和活态扩展,显示了国内遗产保护领域在文化线路角度上的深刻思考,紧随其后的很多专家和学者都开始进行了文化线路价值方面的研究。国内对于文化线路价值认知的研究主要包含以下几个方面:相关概念和国际文献整理、相关价值理论研究探讨和实际案例分析。

俞孔坚是较早关注文化线路的,他介绍了文化线路理论的相关研究概念和框架,标志着文化线路走进了国内学者们的研究视野。随后,一些学者开始了对文化线路的概念以及价值特性等内容进行深刻的梳理。如丁援的《无形文化线路理论研究》以及后期《文化线路——有形与无形之间》介绍了其概念的产生和发展,并且提出新的"文化线路"概念的意义,其于2015年出版的论著《中国文化线路遗产》,也分析了十条对中国历史发展产生过深远影响的文化线路。还有一些学者,如周剑虹、田燕、杨珂珂等人,都从不同层面对文化线路价值进行了分析。在这些学者的理论指导下,中国文化线路和相关遗产价值认知的理论与实践都取得了很大的成就。2014年,京杭大运河和丝绸之路长安—天山廊道的成功申遗,见证了中国在巨型遗产方面所获得的巨大成就。2015年,《中国文物古迹保护准则》的修订版历时四年完成,其中增加了文化线路、文化景观、遗产运河等类型,展示了中国在遗产领域的与时俱进。

理论探讨和实际案例层面,阮仪三对于京杭大运河的文化线路属性进行了探究,并基于此建立了价值评估框架;李国友从文化线路视野出发,对建筑文化进行了解读;王雪萍对江苏淮盐文化遗产进行了分析。国内学者都从文化线路的角度针对不同特征的地区,进行了实际的案例探讨。近年来,中国也开始兴起了对铁路文化线路进行申遗的探讨,中东铁路作为一条文化线路已经开始逐渐走入人们的关注视角。伴随着京杭大运河申遗的成功,中国的世界遗产数量已经开始居于全球第二,但是其中却没有一个席位属于铁路,所以这也加快了中东铁路整体性保护研究工作的进展。

(2) 遗产廊道价值研究　2001年,遗产廊道理论开始进入我国遗产保护研究领域。十几年来,国内对于遗产廊道的研究进行了多方面有价值的探索,但是目前仍然有待于对遗产廊道的实践层面进行深入的本土化思考,同时,针对遗产廊道的研究也缺乏相应的遗产保护法规和体制。截止到2016年对于主题为遗产廊道的文献进行搜索,整理出了458篇与遗产廊道有关的文献(如图1-3所示),其文献的主要构成如图1-4所示。可以看出2001年王志芳引入遗产廊道的理论之后,短时间之内还没有引起关注,充分说明这一点的是2002年关于遗产廊道的研究内容极少。从2003年开始直到2007年之间,文献研究数量在缓慢地递增,但总体数量还是偏少。随后2008年锐减,从2009年开始递增,在2014年达到井喷式的104篇,随后又开始锐减。可以看出国内对于遗产廊道的研究呈现反复的趋势,根据笔者的推测,与中国大运河以及其他类型遗产的申遗行动存在着一定的联系。

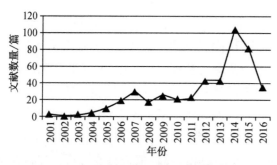

图1-3　遗产廊道近年来研究数量及趋势

图1-4　遗产廊道文献主要构成

文献中建筑科学与工程学科所占比例达到33.4%;其次是文化和旅游,分别达到27.3%和21.3%,考古占的比例也比较大,大概11.9%,自然地理学和林学为3.5%和2.6%,其余的学科研究内容较少,基本达不到2%。遗产廊道目前研究文献数量占据前列的主要有京杭大运河遗产廊道的研究团队所做的研究,其研究得较为系统。如朱强结合沿运遗产形成背景,确定沿运遗产的清单与登录,进行了江南段构建遗产廊道的尝试;奚雪松结合发生学来判断大运河遗产廊道的组成;李伟等人在研究的基础上,提出了遗产廊道保护的整体理论架构。从他们的研究中可以看出,他们对遗产廊道的研究是从整体到局部、逐渐细致化的一个过程。还有诸多学者,如陈同滨、王肖宇、陈伯超等研究的也较为全面,南京林业大学的王燕燕、张青萍等人,也都在研究遗产廊道方面做出了贡献。还有一些案例研究,如王思思等人对北京遗产廊道构建进行了实证分析,提出了其保护格局。目前我国遗产廊道的研究,仍然处于偏重实际案例的研究,研究角度和主题包括构建、价值评价以及遗产廊道与旅游利用之间的关联等方面。国内对遗产廊道的研究深入程度还远远不够,缺乏细化、深入的研究视野,还需要不断拓展研究视角。

与遗产廊道研究较为同步的是,国内相关遗产廊道价值评价的研究也同样迫切需要细化、深入的思考。目前比较成系统的研究,就是大运河遗产廊道构建中的分层次价值评价方法,也是本书的主要理论思想来源。俞孔坚最先意识到遗产廊道与文化线路之间的关系,他撰文提出京杭大运河的完全价值观,其中以国际相关文献为依据,并对国内学者的重要观点进行总结。奚雪松初步研究了大运河整体价值的评价。朱强对运河工业遗产进行评价,并解构遗产廊道价值评价的研究。同时,对于遗产廊道旅游价值的研究热度较高,旅游价值的研究是对遗产廊道进行有效维护和合理开发的基础条件。吕龙等人对遗产廊道旅游价值指标体系进行了探讨和分析,从四个方面来建立体系,并且对运河苏州段进行了实证研究。

1.2.3 中东铁路工业遗产研究

国外对中东铁路工业遗产的相关研究,主要停留在对历史表面的评述阶段,尤其集中在基础资料和历史资料上,包括图纸、文字、照片等。最为著名的为中东铁路工程局1904年出版的《中东铁路建设图集》,目前收录在圣彼得堡图书馆中,其中有大量关于中东铁路沿线铁路设施及附属建筑的图纸等;1905年出版的《中东铁路大画册》中收藏了很多关于中东铁路最初时期的建造照片等;尼罗斯所著的《东省铁路沿革史》从历史的角度对中东铁路进行了论述。这几本资料是中东铁路工业遗产研究中较为基础的历史文献,提供了全面审视中东铁路工业遗产历史的途径。

国外对铁路工业遗产的研究较多,通过对时间跨度为1994—2013年的数据库(A&HCI、SSCI等数据库)进行检索,以铁路工业遗产为主题的研究文献最初开始于1998年,在2011年达到最高值,在2006和2007两年出现空档(见图1-5)。引文的数量从2005年开始，2012年达到峰值，呈现一定上升趋势（见图1-6），但是从文献的数目上来看，研究这一方向的目前尚属少数，还需要加强研究的力度。由国际古迹遗址理事会所指定的《铁路作为世界遗产》是目前较为权威的铁路工业遗产研究成果。报告认为铁路与其他世界遗产一样，需要考察设计、材料、工艺的真实性，并且其中还列举了一些具有世界遗产潜质的铁路遗产，包括赛默林铁路、大吉岭铁路等。报告参考了世界遗产委员会对于运河和桥梁的研究，针对铁路作为工业遗产的标准提出了几个要点，如铁路是作为复杂的社会系统、技术系统而存在的，可以满足人们交流的需要，并且其科技也是铁路作为工业遗产的标准之一。但是，这项权威的铁路工业遗产研究成果中并没有列举中国铁路遗产。

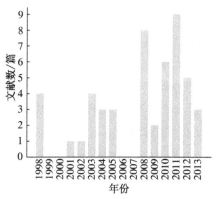

图1-5　1998—2013年文献数目图表

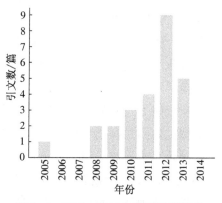

图1-6　2005—2014年引文数目图表

在国际工业遗产保护协会和国际古迹遗址理事会的理论指引下，我国在铁路工业遗产乃至工业遗产的研究领域内进行了积极的探索，如《无锡建议》对工业遗产下了明确的定义等。从性质上来看，铁路工业遗产属于工业遗产的一类；从形态来说，铁路工业遗产是一种线性的文化景观；从文化传播的角度，铁路工业遗产是文化线路的典型代表。铁路遗产的遗产类型、总数目以及复杂程度，堪比多种行业的遗产类型总和。中东铁路建筑群合并列入全国重点文物保护单位，也标志着铁路工业遗产的保护与更新已经在我国走入了正轨。

截止到2016年，中国知网上的文献多以中东铁路、滇越铁路、京张铁路等为对象进行研究，剩下多倾向于介绍国内外著名铁路遗产保护的案例等。目前中国铁路工业遗产的价值评价和认知工作已经在有序地开展中，但缺乏国家系统性的规范，理论体系也尚未完全成形。对中东铁路工业遗产关键词进行文献搜索，国内研究共搜到8 591篇论文（见图1-7），论文涉及多种角度，作者多为东北地区学者，主要集中在东北地区的各大高校以及人文社科研究所等,典型的机构有哈尔滨工业大学、沈阳建筑大学等。以建筑学科中的"中东铁路工业遗产"为关键词搜索到了1 498篇,具体研究内容分布如表1-6所示。

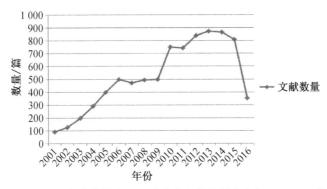

图 1-7 国内中东铁路工业遗产论文的数量分布(2001—2016)

表 1-6 国内中东铁路工业遗产论文的主题分布(2001—2016)

归纳总结	关键	研究内容
价值评价	价值描述	城镇价值、非使用价值、完整性保护等
	价值层级	整体价值、定性描述价值、价值调研分析、价值量化、价值方法等
	价值评价	多为建筑单体的价值评价等
	价值评价方法	专家调查法、AHP法等
景观特征	景观特色、特征	景观格局、景观要素、功能构成、形态特征、景观特征、景观特色、景观形态演变、景观形态演进等
	景观更新、再生	景观更新、景观改造等
文化	文化空间	建筑群文化空间、民俗性、文明转型、现代转型、近代化探索、地域性等
	建筑文化	语义研究、建筑文化梳理、文化解读、中东铁路建筑文化、近代城市文化等
	非物质文化	建筑形态的民俗性、非物质文化遗产等
遗产分布和构成	遗产分类、类型学	遗产要素、遗产系统和层级等
	遗产分布	遗产分布现状、遗产调研等
	遗产特征	特征识别与保护、基本特征等

续表

归纳总结	关键	研究内容
保护修复	保护	保护与开发、保护与利用、保护与更新等
	修复	保护修复技术、更新技术等
	冻害与机理	寒地文物建筑冻害研究、不同结构类型冻害研究等
按照遗产功能分类	站房建筑	再生设计、再生现状等
	宗教建筑	东正教建筑等
	住宅建筑等类型	居住建筑形态、职工住宅等
按照遗产构造分类进行的研究	木材	木材构筑形态
	砖	砖构筑形态
	石制	石材构筑形态特征
	金属	金属构筑形态特征
城镇规划	城镇空间形态	城镇空间、城镇形态、城镇空间类型、城镇建筑与规划研究、名城文化价值特色、城市平面形态等
	城镇保护规划	保护规划设计、实施等
	城镇规划研究方法	旅游开发潜力评价、空间句法、城镇复兴等
街区规划	街区空间形态	街道景观特色
	街区规划、街区空间形态	街区保护更新
	街区保护更新方法	视觉词袋模型、旅游IPA分析法等
不同建造技术的研究	建筑墙体	墙体类型（砌筑类等）、墙体构造、构造工艺、热工类型等
	保温采暖技术	采暖、保温
	材料应用技术	木材料、金属材料等
审美	特征、感知	景观视觉特征等审美方面的研究
实证研究	以单一遗产个体为对象	景观设计、景观保护与更新、保护性开发等
实证研究	以站点为对象	一面坡、扎兰屯、横道河子、昂昂溪等
	以遗产类型为对象	住宅建筑、公用建筑等
图集	中东铁路工业遗产图集摄影	以图说史、一手调研资料汇编等，如武国庆所著书中包含有大量历史和现状精美照片等

通过以上研究可以看出,关于中东铁路工业遗产的研究类型、学科、方法均多种多样,多从建筑文化、技术角度入手,如刘松茯分析了中东铁路中心城市哈尔滨的现代转型模式,并针对中东铁路遗产的冻害和机理进行了研究;李国友、刘大平对横道河子建筑景观以及机车库建筑形态等进行研究,并立足于文化线路视野,对中东铁路沿线的建筑文化进行全方位的探讨;赵天宇等人以中东铁路花园住宅街区为例探讨历史街区复兴规划设计;唐岳兴运用定量分析研究中东铁路沿线城镇的旅游综合开发潜力;张军对中东铁路建筑遗产进行了价值评价研究;季宪、张陆琛等人从景观特征等角度对中东铁路干线的遗产和自然景观特征进行研究等。

从各类学者的研究中可以得知,中东铁路工业遗产的价值评价在很多文章中均有涉猎,但是从大尺度层面开展构成、类型、价值评价等方面的研究不够系统,多层次、多维度、弹性的价值评价研究也尚不全面,亟待深入探索。

1.2.4　中东铁路工业遗产研究综述简析

从综述中可以看出,中东铁路工业遗产的价值评价研究面临着内外两方面的挑战。从内来看,中东铁路工业遗产需要从整体、国家尺度上来衡量的复杂类型、巨型的文化遗产。并且,从其构成的多元化和丰富性来看,中东铁路工业遗产在研究难度上不次于组成复杂的京杭大运河和物质遗存较少的丝绸之路,其相关研究仍然处于探索的阶段。从外来看,自2005年起各种特殊类型的遗产类型都引起了普遍的关注,但很多关注点在国内的学界认可度与世界遗产研究前沿存在着一定的差距,对中东铁路工业遗产的价值认识仍然还有很长的一段路需要走。内外两种挑战从侧面证明,中东铁路工业遗产自身所具有的独特特征是吸引人们不断去研究的原因之一。随着遗产保护综合化、系统化发展,中东铁路工业遗产的价值必然会得到更加充分的阐释。综述简析如下:

针对国内外遗产廊道及遗产价值评价的研究,总结出以下几点:其一,从众多与遗产廊道相关的文献来看,遗产廊道构建的研究都集中于实证,在价值评价层面多是针对价值的描述和单体遗产的价值评价,又或者是针对遗产廊道的旅游价值和资源价值、旅游经济等方面的价值评价方法的套用,在评价对象特征不一致的影响下,这些方法的适用性问题有待考虑。因此,根据遗产自身的特质,来形成适用于不同遗产价值的评价方法,在此架构上,进行横向和纵向的延展,才是解决本书研究问题的关键之处。此外,价值评价在遗产廊道的研究中具有层级性、弹性、多维度性、模糊性,而目前相关的研究中缺乏对价值特性的深入思考。其二,现在所能接触到的研究层面,少有系统的在遗产廊道的视野下对工业遗产价值评价进行的基础理论研究,不利于以后遗产廊道保护和管理研究工作的进展。其三,现有的价值评价多以研究者为主,对其他利益相关者的考察较少,从人类学方法进行价值评价相关研究的体系尚不完善,多以研究者自己为主导,很多价值评价的意见收集不全,造成价值评价失之偏颇的后果。其四,现有的文献针对遗产的价值评价,多忽视从整体价值上的研究,从这方面来看,对我国现有的现行遗产的定位和特色寻找十分不利,有必要从整体价值上对超大型的集合系列遗产进行探索和分析。目前需要建立起多层次、多结构的遗产价值评价框架,针对不同层次的工业遗产价值评价的方法进行归纳,开展各个维度与之相关的基础研究。

从中东铁路工业遗产相关的研究综述中可以发现,单一学科已无法满足研究的需要,需要整合多学科共同发展。随着人们认知的不断深入,现有的保护理念已经从单一的历史价值和艺术价值的保护,转变为向整体价值的保护。遗产保护现在已经是一项复杂的社会系统工程,尤其是综合性的遗产类型,如文化景观、文化线路等新类型遗产的不断出现,势必涉及多学科的参与,如多种学科的理论和技术应用(环境、传播、地理等),多种人才的需求(人类学、考古学、历史学)等,这就提出了多学科协同工作的要求。在这样的背景下,原有的孤立的研究格局已经在逐渐消失,多学科的综合研究势不可挡。19世纪,西方开始兴起遗产保护热潮,那时利益集团的目的是记录和传播历史,而现在的研究开始关注从保护到传承的目的转变以及从专业到社会性的显现。之前的遗产保护,是专业领域的技术性行为,现在已经扩展到公众参与的社会事业层次。遗产保护不能单纯依靠文保行业自身,必须依靠社会的普遍关注和广泛参与。通俗来说,遗产保护已经不是单一文保机构的任务,开始逐渐延展为普适性的社会问题,并发展到广泛的公众参与的层面。随着时间的消逝,社会公众与当地的文化遗产之间的情感联系会越来越弱,遗产价值的认知也会存在盲点,这种历史、文化和情感联系的分割,会进一步恶化。从这点上看,广泛的公众参与逐渐变成重要的未来趋势。

中东铁路工业遗产研究进展目前存在诸多问题:首先,是一手资料的缺失。中东铁路沿线城镇除核心城市如哈尔滨、沈阳、大连等有馆藏资料外,多数沿途城镇或低等级站点的资料均已经无从考证,只能咨询当地老人,资料的真实性无法保证。其次,随着哈齐客专、牡绥客专的修建,加之人们保护意识的缺失,导致中东铁路沿线的多数工业遗产遭受破坏,濒临毁灭的边缘,这些也都反映出了研究中东铁路工业遗产的紧迫性。再次,是研究方向和理论的薄弱,从现在论文数目以及研究主题中可以看出,多数是从建筑单体、建筑类型、街区城镇角度入手。以工业建筑单体为主的保护需要向更深远的层面延展,整体保护研究的学科面还没有完全打开,从遗产整体性理念保护角度进行的相关研究较少,导致价值评价领域研究还存在很大的盲点。在价值评价的过程中,很少有文献对遗产从整体价值的角度进行分析和研究,强行分割系列遗产的局部与整体,造成了认知上的偏颇,如对中东铁路工业遗产资源构成等方面,尚未深入剖析,对整体保护模式缺少完整系统的解读等。从研究上看,目前的遗产价值评价研究现状存在着一定的误区,有少部分人认为之前已经有学者或者专家得出评价结果,就没有必要重新对其进行审视。这种问题主要存在于规划方案、规划编制等过程中,认为工业遗产已经被相关部门公布了相应的保护级别和身份,就忽略了这些评价结果是否已经被补充,又或者是否符合当下的遗产保护理念,是否原来的评价结果已经不准确需要更新等问题。并且,价值评价的过程中重视评价结果大于评价过程,这种现象同样出现在规划方案和规划编制过程中。尽管对遗产的价值已经进行了阶段性的深入评价,但是在最终结果中仅仅呈现结论,没有对中间的分析、研究过程进行详细的归类和描述,以至于人们对后续的评价结果会产生怀疑。最重要的一点是,少部分人认为遗产价值评价与现状评估以及保护决策没有关联性。由于在价值评价之前,没有针对遗产进行现状评价,讨论其价值所附着的载体以及背景环境,导致现状评估的范围、内容出现偏差,影响后续保护的科学性。最后,也是非常重要的一点,在对遗产价值进行评价之前,对评价的目的没有表述清楚,即使针对不同层次的保护对象进行了价值陈述,并且得出了相对的价值评价分级,但是很多情况下仅仅是为了评价而评价,在最终的结论部分缺乏针对性,导致保护出现安排不合理等问题。

中东铁路工业遗产相关著作和文章种类繁多,内容涵盖概念界定、遗产判别、价值评价、保护管理等多个方面。从对象上看,涉及面广、研究范围较大,需要景观、规划、建筑学以及其他不同学科的研究人员进行合作。尽管不同国家对遗产的相关管理和认定各不相同,但是所有的一切都建立在对其价值进行充分认知和评价的基础上。中东铁路工业遗产的价值评价研究也需要科学、系统、严谨、有序地进行。

1.3 相关概念和研究内容

1.3.1 概念界定

（1）**铁路工业遗产** 伴随着时代的发展，遗产的概念和内涵经历了多次变化。"遗产"一词最初含义表达的是父母传下来的财产，后引申至非财产，是根据传承的意义来定义的。现在的遗产关注的是文化传承的理念，讲究的是将文化动态地传递给下一代并进行保存。直至《欧洲文化公约》中提到共同的文化遗产这种较为完善的遗产概念出现之前，遗产一直是作为历史纪念物而存在。我国遗产的概念是从相关的法律法规中引申而来的，如《中华人民共和国文物保护法》中规定了遗产的定义是具有历史、科学、艺术价值的，或者与重要历史事件有关的具有史料价值、纪念意义和教育意义的遗址和史迹。《下塔吉尔宪章》中对工业遗产的概念进行了权威界定。

铁路工业遗产是因为与铁路的联系所形成的具有共同主题的有机整体。结合铁路工业遗产的定义，中东铁路工业遗产是其中的典型案例。铁路工业遗产的客观内涵，包括了铁路工程所涉及的设施和设备等物质内涵，以及相关工业技术等非物质内涵。物质内涵如土木工程设施（轨道、路基、桥隧构筑物等）、铁路建筑及小品（相关建筑、挂钟、长凳等）、机械设施（机车、车辆）、信号设备（信号机、标志、表示器等）、机车检修仓库（水塔、车库等）等内容，都是在建筑学科之下的研究对象和内容。本书所研究的中东铁路工业遗产，也限定在其中的留存于中东铁路沿线的桥隧构筑物、铁路建筑（站房、水塔等铁路本体遗产以及相关铁路人员住宅类等城镇工业遗产等），不包含其余的设施和设备。

（2）**中东铁路工业遗产** 中东铁路工业遗产是因为与中东铁路的联系所形成的具有共同主题的有机整体。即，目前存在于中东铁路沿线且与其相关，并能反映其区域内与铁路工业功能或者历史相关等元素构成的文化载体。中东铁路干线和支线的工业遗产所属的都是中东铁路这个大系统，两者在文化进程上不是单纯孤立的，但是它们在类型、特征等方面又有着十分明显的差异。究其原因，是中东铁路前期受沙俄文化的影响较多，后期在其内涵上融合了日本文化，在这样的背景下，干线和支线工业遗产的价值取向也必然存在着差异。

基于此，本书研究对象的时间范围界定，限制在1898至1931年之间（日占之前)修建的中东铁路工业遗产(随着客专的修建,遗产正在逐渐地拆毁,本书研究统计截止的调研时间为 2015 年 3 月,之后遗产信息或有更换,不计入其中),包含铁路本体遗产(包括车站、隧道及桥梁、涵洞等相关附属设施)及当时所建设的相关铁路人员的居住场所、学校等城镇工业遗产。具体表现为原有中东铁路线路及沿线目前存在的、与中东铁路建设时期运营和发展相关的、1931 年之前修建的建构筑物。空间研究范围上,考虑到遗产廊道实施的连续性和操作的可行性,确定将中东铁路干线,即满洲里至绥芬河铁路用地范围内的中东铁路工业遗产作为本书的主要研究对象。此外,已失去交通功能、现已废弃的线路上的建构筑物工业遗产,如石头河子至治山区间已经废弃的高岭子展线、博克图站至兴安岭站区间的已经废弃的新南沟展线上的中东铁路工业遗产,还有已经失去交通功能的滨洲线松花江大桥,以及线路上现存的桥梁、隧道、涵洞等也纳入本书的研究范围,1931 年以后修建和改建的建构筑物遗产不在本书的研究范围之内。根据工业遗产的概念和定义,本书的研究只涉及有形的物质内涵工业遗产,其他如工业技术等非物质内涵的工业遗产暂时不列入研究范围。

在确定中东铁路工业遗产研究概念界定的过程中,有一个重要的问题需要讨论,那就是已经消失的遗产是否应该纳入其研究范围内。首先,需要参考的是国外先进世界遗产的价值评价,其针对遗产的保护规划管理都十分专业和严谨,对中东铁路工业遗产的研究也有着良好的借鉴的作用。如《奈良真实性文件》作为《威尼斯宪章》的补充,提出了真实性的明确概念,改变了过去遗产保护中对于真实性的认定标准。遗产保护要用尊重和实际的态度来对待遗产,如果总是单纯地对新建和复建的仿古建筑冠以各种保护恢复的名义,那么就是对遗产真实性的亵渎。

(3) 价值　不同的学科和研究领域对价值的概念都有不同的理解,主要涵盖哲学、物质、社会、经济几个范畴。价值(value)一词最初源自拉丁语 valere,其含义就是价值主体投射于客体上的东西,也表现为客体对于主体所体现出来的效用。价值是指主体结合自身的规范判断所追求并对其具有兴趣的事物,其存在和表现关乎主体对客体之间的作用、影响和联系。在人类社会中,不同的人对于价值的需要不同,导致对价值的理解也存在差异性和特殊性,这就提出了价值的问题。价值属于外部的客观世界满足人需求的关系范畴,是以人的满足程度来衡量的,归纳为一点就是,价值是人赋予的。

价值同时具备主客体多元性和单一性的特征。多元性让价值增加了存在的差异性和理解的必要性;单一性则表现在一定条件下,主体对于同一客体的价值是一元的。所以,价值在单一性的前提下是可以被评价和确认的。美国哲学家杜威曾经在著作《评价理论》中提到过,讨论价值问题会引起较大的争议,所以研究价值评价是一件十分费力而收效甚微的事情。一种普遍存在的观点是,价值被认为是有着必然性和合理性的先验存在。通过价值,可以证明艺术、科学存在的有效性。另一种普遍的观点认为,价值就是人们的主观情感的映射。在这之中,还有其他相异的意见。在遗产研究领域,价值与其定义一致,是人们所赋予遗产的一种正面特性,不同外在物质形态的遗产会产生不同的价值特性。《中华人民共和国文物保护法》说明国内遗产的价值评价主要集中于历史、艺术和科学三大价值,但是遗产价值的体现,还有诸多不同的特质,如独特性、典型性等,这类特质可以作为价值衡量的分级尺度,这点对于本书的研究有很大的帮助。

中东铁路工业遗产的价值评价中所指的价值,是在遗产廊道视野下有目的、有秩序地展开的。对于构建遗产廊道这个目标而言,判定中东铁路工业遗产(价值客体)对于人(价值主体)所要展示的积极意义和效用性是非常重要的步骤。首先,要承认中东铁路工业遗产的价值是由不同的人(价值主体)来认知的,具有主观性和时空的相对性,如何平衡价值主体之间的关系是研究的方向之一;其次,中东铁路工业遗产(价值客体)又具有绝对的目的性和客观性,是在特定的环境下对于人(价值主体)的确定意义的描述,是依据遗产廊道的视野并伴随其目的所产生的价值体系。中东铁路工业遗产是一个复杂的巨系统,其价值研究也存在特定的阶段性。

(4) **评价** 因学科和理论流派的不同,学术界对于评价概念的理解存在着一定的相异性。能力评价论认为评价是有一套基础考量的相关指标体系,通过对比来表示个人或者企业机构相关能力的一项活动;价值评价论中所提到的评价是评价主体在对评价客体认知的基础上,充分了解评价客体的属性、本质和规律,对评价客体有无价值的一个结果的反映。从语言学上来分析,"评"是判断的认知过程,"价"是测度和认知结果。"评"和"价"综合起来,就是一个相互关系的判定,价值联系的确定。评价活动包含评价主体(评价者)和评价客体(评价对象)两方面。综上所述,评价是主体按照一个主观要求的价值标准,结合所追求的目标,对客体的属性进行测定,确定客体是否能够满足主体的主观效用、是否能够满足主体需求。

对于价值评价,主要包括"价值"和"评价"。冯平在《评价论》一书中提出了评价的四种功能:判断功能、预测功能、选择功能和导向功能。判断,顾名思义,就是在结合主体需求的前提下,对客体进行评价其价值的功能;预测,是指对还未形成价值的客体进行评价;选择,是对多个客体进行排序;导向,则是判断客体对主体各个层次的作用。从这几个功能上，可以反映出中东铁路工业遗产与主体的需求的满足关系或者是在思维中对未来客体进行的价值评价。

本书的价值评价反映了中东铁路工业遗产与人需求的满足关系，价值评价的最终目的在于遗产廊道的构建，而遗产廊道构建的本质在于维系遗产的价值，所以价值评价体现在遗产廊道不同层次价值的可持续性操作。

1.3.2 研究内容

本书以中东铁路工业遗产为研究对象，按照"背景梳理—问题提出—理论探索—量化研究"的技术路线，针对遗产廊道视野，对中东铁路工业遗产的价值评价进行分析和研究，运用定量、定性等多种研究方法，来形成本书的整体研究逻辑。

第一部分为背景梳理。该部分介绍了研究背景、目的和意义，并对国内外研究进行了综述，包括线性遗产价值评价、中东铁路工业遗产和国内外遗产价值评价的相关研究几方面，并进行综述的简析，提出了主要的研究问题。并且，对书中涉及的相关概念进行了阐释和界定，概括了本书的主要研究内容。最后，论述了本书的研究方法和逻辑研究框架。

第二部分为理论研究部分，主要是针对遗产廊道视野下的中东铁路工业遗产价值评价的基础理论研究和研究框架搭建进行论述。首先，对本书所介入的研究视角——遗产廊道保护思想和理论进行全方位的解读，对其概念、特征、构成要素和判定标准进行深入的剖析，并引入欧洲文化线路思想与其进行对比，对遗产廊道的本土化展开讨论，确定中东铁路工业遗产是融合了遗产廊道和文化线路思想的遗产廊道本土化的主要应用实例。其次，根据相关研究的基本理论，对系统论、评价学、价值哲学等进行梳理。同时，结合前面的讨论，对中东铁路工业遗产廊道构建中的关键问题、构成要素、构建步骤等进行详细阐释。最后，建立了遗产廊道视野下的中东铁路工业遗产价值评价研究框架，按照目标和所在系统、价值评价主客体阐释、研究层次和价值构成的逻辑，阐释整个体系中多层次、多结构的理论研究框架，并对框架进行详细论述。本部分内容是本书的研究模型和研究框架，其作用是奠定本书的研究基础。

第三部分是本书的核心研究内容，这部分对遗产廊道视野下的中东铁路工业遗产价值主客体和价值构成进行论述。首先，从中东铁路工业遗产价值形成的历史语境着手，研究其历史背景、修建和文化传播的过程。进而，阐释其构成，对其内在的特征进行总结和提炼。同时，通过国内外相关价值构成基础研究，对中东铁路工业遗产价值构成进行理解，阐述其价值的产生、基本属性、认知的角度、价值构成以及各类不同价值之间的关系,并且提出整体价值关联,为后续的整体价值评价打下基础。其次,根据中东铁路工业遗产的特征和遗产廊道构建的目标,确定价值评价模型。具体包括选取和优化指标、确立价值评价指标体系、建立结构方程模型、确定价值权重等步骤,使最终的价值评价模型更加完善。最后,选择具体中东铁路的一段——成高子站至横道河子站对所建立的模型进行具体的实际应用。结合中东铁路工业遗产构成的多层次进行逐层价值评价,并阐释每一层次的价值排序和分级依据。单体(建构筑物)层次的价值评价研究作为站点层次的价值评价的基础数据,城镇层次的价值评价,则依靠单体层次和站点层次的价值评价结果,采用定性研究方法,来获得价值评价分级的结果。再次,本书对中东铁路工业遗产的整体层次价值进行研究。整体价值层次评价需要两方面的研究支持,一方面以上述三个层次的价值评价结果作为基础数据,另一方面要在世界遗产理论的指引下,将中东铁路工业遗产引申到更大的平台中去比较,从而得到其整体价值。本部分选取时序区域框架和主题框架之下其他同类遗产与中东铁路工业遗产进行比较。最后,依据上述研究,在评价结果基础上,提出中东铁路工业遗产廊道分层次构建的实际应用。

1.4 研究方法和框架

1.4.1 研究方法

(1) **遗产廊道视野下的价值评价方法**　这个研究方法,是将研究对象置于遗产廊道构建的过程中和遗产廊道理论的大系统之中。遗产廊道是一个整体性的巨系统,被解构为多个相互协调的层次。依据相关的文献综述和研究,对遗产廊道价值评价的四个步骤进行归类和总结如下:第一个步骤是如何确定遗产构成。对于遗产廊道所适用的遗产来说,大多是具有类型丰富、种类多样化的巨系统大型遗产,如京杭大运河等。而中东铁路,依据工业遗产的相关定义和内涵以及中东铁路干线的全线普查情况,其遗产构成层次分为遗产单体和相关站点两个层面。在遗产单体中,还要根据与铁路运营的关联性,继续划分成若干小类。由于铁路与运河的工业遗产构成本就不同,加之历史和形成背景的差异,因此两者的构成既有共性又有各自的特殊性。总的来说,遗产构成的确定,必须是在对工业遗产全线考察的基础上,收集各个遗产点的详细信息并进行统计。这一步骤是对承载价值的价值

● **第1章 绪　论**

载体的信息调查与研究,对遗产廊道的构建具有极为重要的意义。在调查的过程中,最重要的就是工业遗产的真实性以及它所具有的文化意义。在价值评价的时候,要在工业遗产真实性的基础上,对其进行价值评价,将遗产价值等级化,进而为构建不同尺度和层级的遗产廊道提供依据。第二个步骤是研究价值载体和价值构成。根据研究对象所具有的典型特征来分析价值成因,并且结合价值评价的最终目的,阐述其所具有的特征价值,为遗产的后续评价分级提供价值构成的具体分析。第三个步骤是确定价值评价的层级。工业遗产廊道,由于其大尺度的特性,出于其保护层面的复杂性、整体性、层次性,加上实际保护中行政区域的可操作性,一般分为多个层次来进行解构。如运河工业遗产廊道分为五个层级,包含工业遗产建构筑物、历史工业企业及相关单位、工业遗产地段、历史工业城镇、工业遗产区域,分别从这五个层级展开相对应的研究。每个类型的工业遗产廊道虽然分级不同,但都有一个标准,那就是要结合遗产自身的特征,确定工业遗产廊道的分级。依据其分级结果,就可以得出价值评价的层级。第四个步骤是逐层地进行价值评价。根据上述工业遗产廊道的分级,可以得出价值评价的分级层次。为了保证工业遗产廊道的完整性和层次性,每个层级依照相应的标准来得出价值评价的指标体系,采用定性或者定量的方法来进行分析。同时,每个层级是环环相扣、层层递进的。低层级的价值评价结果,可以作为高层级的价值评价的基础分析源。每个类型工业遗产的特性不同,所以即使都是层层递进的价值评价体系,但在具体操作上都不尽相同。

(2) **结构方程模型**　结构方程模型是一种常用的数理统计分析工具,是建立在协方差矩阵的基础上进行变量相互关系的研究。综合来说,结构方程模型可以对复杂问题进行深入的分析,并运用多种解决方式,如多元回归分析等方法,弥补了传统统计方法的缺陷。结构方程模型还运用了如路径分析、因子分析等方法对自变量和因变量之间的关系进行诠释。最初,结构方程模型应用于生物遗传科学,1970年在统计学领域被学者应用和推广,进而延伸出多个学科来研究复杂的影响关系,并取得了很好的研究成效。本书应用的结构方程模型,主要是应用在中东铁路工业遗产价值评价的模型,其目的是更科学地确定指标,从而减少指标的主观性,并最终得到权重。

(3) **比较研究和类型学**　比较研究法就是对事物和事物之间的相似性和差异性进行研究和判断的方法,也是世界遗产研究理论体系框架下的主要研究方法。随着不同角度研究内容的确定,中东铁路工业遗产作为一个拥有多种遗产类型的巨系统,开展其在同类事物中的横向比较是十分必要的。中东铁路工业遗产的整体价值也是通过比较研究法得来的,这是一个非常必要的研究过程。比较研究方法并无具体的定式,本书采取的是时序区域和主题框架下选取研究对象的方法。从本质上看,是基于文化地理学的相关原则,用来识别中东铁路工业遗产的文化语境,进而在一个平等的框架下进行比较。

类型学是通过总结现象并抽象提取说明现象之间的内在深层结构的一种理论,是一种用来解释事物的方法。在自然科学中是对自然属性进行分类和探讨,在社会学科则研究多样性。类型学在建筑学科上的运用,是对研究对象进行分组和归类的方法体系。对于每一个采用类型学的研究对象,通过分析关键的特征,可以建立起对研究对象全面而清晰的认识。中东铁路工业遗产具有空间上分布线性、地理位置连续、历史背景统一等特性,对其使用类型学方法是非常直观而又有效的。类型学方法在本书中主要涉及两个方面:其一是针对中东铁路工业遗产(价值客体)的类型研究,主要是指针对巨系统的遗产构成,判别其类型和分类,有助于下一步研究工作的开展,同时也是为了让价值评价的工作更加具有导向性和目的性;其二是针对价值构成的类型研究。

(4) 文化人类学方法 国内外已经有相当数量的文献从经济学科、旅游角度等进行价值阐释。而广泛涉及价值评价的学科,如建筑学、考古学等,这些学科之间的天然鸿沟无法跨越,所以导致至今未见整合性的结论。而文化人类学的方法,在遗产价值评价中引入了人类学民族志的角度,可以从整体层面宏观地掌握遗产的文化意义,并且为调研提供可应用的方法选择。本书鉴于此,采用了文化人类学的方法,可以适用于不同范围、不同复杂程度的社会调查,还可以选择研究问题的类型和研究者的角色等。在使用这些方法的时候,需要选择恰当的研究主题、研究范围用来确定时间架构,常见的质性研究方法包括认知、观察、现象学、历史、民族志、访谈等方法(如表1-7所示)。

表1-7 工业遗产价值评价中的文化人类学研究方法

方法学途径	调查范围	难度	研究问题
认知	个人	小	知觉、规律、意识、思想
观察	团体(个人)	小	可看到的行动、表象、行为
现象学	个人	小	场地、阅历、体验
历史	社会	小	社会和文化趋向
民族志	团体(个人)	中	文化动因、价值、目的、体现和意旨
访谈	个人(社会)	中	交流中所获取的遗产文化意义

● 第 1 章 绪　论

　　文化人类学的方法应用在中东铁路工业遗产价值评价中，主要是通过观察研究、访谈等方式进行遗产信息的收集，同时调查各种利益相关者和价值主体。这部分调查，主要是应用文化人类学的研究方法，针对中东铁路工业遗产价值构成、利益相关者等方面研究的信息进行收集。采用的方法有以下几种：

　　观察研究法，是主要的研究法，其重点是研究人员根据研究的目的来确定观察对象等信息。应用在本书的遗产调查上，则是研究者根据遗产廊道构建的目的，对遗产进行观察研究。在这个研究方法中，还涉及许多研究方式，包括对当地民众和利益相关者简单的走访和询问、行为记录、活动描绘、定时摄影、民族考古学手段、语言和非语言沟通的措施等。前四个研究方式都非常好理解，民族考古学手段是根据传统历史和文献，结合当地民众的民族志调查，通过对目前生活在中东铁路沿线地区人们的日常行为和活动的调查和分析，来对中东铁路工业遗产的建成环境进行充分的诠释。语言和非语言沟通的策略，则是通过一些非语言的元素，也就是中东铁路工业遗产这种固定的要素以及周围树木等来对当地遗产环境进行充分的勾勒和绘制。

　　认知研究法应用在中东铁路工业遗产的调查上，主要是将认知的过程渗透于语言和文字当中，以认知作为构建的意义来进行分析和研究。认知涉及了语言学的认知分析，可以从平时的语言中来反映遗产意义的构建。例如，通过记录当地民众对于中东铁路工业遗产不同类型建筑的命名，可以从中获取遗产的分类方式，进而描述出遗产类型的语言学图谱，获取他们对遗产的类型认知，从而理解遗产与环境之间的关系。

　　现象学方法以个人经验进行遗产地方感的重塑，进而可表明理解遗产的某种方式，现象学方法的独特地方在于其认识论，主张研究对象无法从个人的感知之上剥离开来。遗产理论中的地方理念的流行，说明现象学方法针对个人如何在当地遗产感知中产生经验是非常有效的。同时，遗产感知在如何反映和象征地方经验的问题上可以帮助做出较为清晰的解读。

　　历史研究法在中东铁路工业遗产调查中的应用，主要是针对中东铁路沿线遗产的历史背景、时间演进等内容来提供过去遗产的价值所在。随着时间的推移和社会的变迁，人们对中东铁路工业遗产的认识开始发生了价值归属上的转变。在保护的过程中，利益相关者所赋予中东铁路工业遗产的价值，需要将过去和现在的范畴同时纳入考虑。但是，当下利益相关者的观点在历史研究法中很难直接表现，所以历史研究法需要结合民族志研究法一同使用来获得统一完整的信息。

民族志研究法是用来阐释文化的方法，其应用范围非常广泛。在本书中，其研究范围涵盖中东铁路沿线包含社会、政治、文化等多个方面的大环境，这样才能充分地理解其社会文化方式与文化圈。这种方法可以结合其地理空间研究的广度、时间的轴线和历史的纵深，对中东铁路沿线的城镇、站点等进行完整的文化阐述，且能包括与之有关联的外部社会和地区的所有信息。通过民族志方法可以预估当地利益相关者针对文化意义的感知和理解来帮助价值评价工作的进行，并且可以及时反馈中东铁路工业遗产廊道构建的成效。

访谈研究法就是各种不同形式的访谈行为的结合。把中东铁路工业遗产自身以及其发展脉络视为一个统一的范畴，在这个范畴中包含主观社会经历、访谈的行为、访谈所产生的结果、访谈对象的研究等。这种方式在资料的文字收集上有一定的困难，需要使用特殊的手写记录方式，通常可以采用音频或者视频的方式进行补充，作为一种附加内容。应用在中东铁路工业遗产的调查上，采取的是快速记录关键词等方式进而整理出完整的信息。

以往的遗产调查都是基于实体的调查而非质性的调查，而上述提到的质性研究方法在中东铁路工业遗产的调查上具有很大的优势。比如层次和范围上、个体和社会范围上，都可以获得单一的个体对于中东铁路工业遗产的经验和感知。居住在遗产中的人们会对中东铁路工业遗产有着非常具象和直观的体验，他们的认知来自自身的经历。社会范围则强调历史变迁和社会转化。随着时代更迭，可以从社会层面上来看人们对于中东铁路工业遗产的印象和价值观是否转变。需要重点关注的是民族志研究法，因为这种方法所获取的信息恰恰是以往的调查方法中所忽视和错过的，以往的调查方法倾向于研究人员主观的判断。所以，使用民族志等方法对当地社区民众使用遗产的状况进行分析，并从表象来研究其下所隐藏的动机和意义，聚焦于价值中的核心，是非常重要而且有意义的。

利用上述的人类学方法，如观察研究法和民族志研究法，都需要对中东铁路沿线进行一段时间的持续调查，通常需要至少一年。但出于中东铁路工业遗产廊道构建和保护工作的目的，也可以利用美国所发展的快速民族志评价程序（REAP）。这个程序是非常简洁而又直观的，并且结合了观察和民族志两种研究方法，能够迅速地获取所需要的中东铁路工业遗产所在的遗产地相关信息。其中包含不同来源的多种信息组合来形成完整的分析，包含直接观察，个人、专家和即兴的团体访谈，踏勘和调研，历史文献记录（见表1-8）。以上的这些方式都是人类学调查中经常使用的工具，在中东铁路工业遗产调查中，可以将REAP所获取的信息与其他调查方法所获取的信息进行比较,使最终的结果更具有说服力。收集信息之后,还有个非常重要的步骤,就是对信息的整合与讨论。

信息的整合和讨论,从正面看,可以描述中东铁路工业遗产的资源;从侧面看,可以总结问题并将其反馈到调查之中,进而能够将调查的理论方法变得更加完善,又或者发展出新的手段和措施。如果在调研的时候,研究人员人力足够,并且当地政府和社区积极配合,那么信息的准确性将有较大程度的提高。同时,人类学方法和民族志方法,可以更深层整合到中东铁路价值评价中,其中整合的阶段包括:确定利益相关者和价值主体、与利益相关者讨论、判断价值类型的讨论、价值评价和价值排序、详细评价指标意见回收等。(见表1-9)。

表1-8 中东铁路工业遗产调查应用的REAP方法

方法	收集资料	结果	可得知内容
直接观察	访谈记录和受访者眼中的遗产地地图	中东铁路当地社区居民对遗产的描述	用社区的观点来理解当地的中东铁路工业遗产和地方意义
个人访谈	访谈表	描述文化团体的回应	社区对中东铁路沿线遗产的回应与关心议题
专家访谈	深度访谈或者录音	获得当地权威人士的描述	社区权威人士对遗产规划过程中关心的事物
即兴的团队访谈	记录关键词和重要点并且进行整理	描述团体观点	议题和问题舆论导向
踏勘和调研	田野调查	对中东铁路工业遗产进行描述	提供基础调查资料
历史文献记录	收集和整理相关内容	获取中东铁路工业遗产的历史	提供历史脉络

表1-9 价值评价程序中的人类学和民族志方法

阶段	方法学	技术层面
确定利益相关者和价值主体	支持者分析	专家访谈、行为关系分析、参与观察
与利益相关者讨论	REAP	即兴访谈、团体访谈等
价值类型	民族语义学方法	与每个团体的代表咨询价值类型,并把价值类型融入价值构成中去
价值评价	REAP	个人询问、直接观察、详细记录等
价值评价指标问卷回收	REAP	个人询问、系统问问和记录、整理和分析意见

综上所述,应用人类学和民族志方法,可以很好地判别利益相关者和价值主体、社区居民、遗产使用者他们对中东铁路工业遗产价值的掌握程度,了解当地不同利益群体所赋予的遗产价值,并将他们的观点融入价值构成中去。这种方法可以很大程度地获取中东铁路工业遗产沿线居民的信息,超越了以往由研究者(非当地)或者专家等在有限的时间内主观形成的价值评价和价值构成,防止研究人员的价值评价思路与当地的实际情况发生脱节的现象。目前正在发生的霁虹桥拆毁事件,也是由于设计方案的人员没有充分考虑到哈尔滨当地的实际情况而采取的贸然措施。有了完善的民族志调查基础,才能充分地考虑中东铁路工业遗产的全面价值评价版图,为将来社会文化价值与经济价值的评价的结合打下基础。

(5) 其他研究方法 其他研究方法主要还有实地调研法、逻辑研究方法、文献研究方法等。实地调研法主要是应用于中东铁路工业遗产的调查上。通过火车、汽车、自行车、徒步等交通手段对中东铁路沿途站点的工业遗产采用拍照、访谈等方式记录遗产现状,在调查的过程对遗产进行定位、多方位拍照、问询,并对其进行简单的印象描述、摄影记录和笔头记录等。并且,结合其特点,进行分类整理,按照站点、时间等进行排序。同时,兼顾对重点遗产及其周边环境的考察,详细了解其环境设施和交通状况等,并且在当地收集老照片等历史资料,以收集更多的信息。实地调研法的目的在于直观感受遗产的现状特点,理性分析存在的问题。

逻辑研究方法,主要是从国内外文献以及数据中提取遗产价值评价研究方法,并结合遗产廊道中的价值评价活动对评价主客体和它们之间的关系等进行分析和研究,最终找到各类遗产价值之间的对应关系。

文献研究法是根据一定的研究目的或课题,通过调查相关文献历史资料的分类搜集与整理来获得资料,从而全面、正确地了解掌握所要研究问题的一种方法。文献研究法被广泛用于各种学科研究中。通过文献研究法,可以帮助了解有关问题的历史和现状,帮助确定研究课题,进而能形成关于研究对象的一般印象,有助于观察和访问,同时,能得到现实资料的比较资料,有助于了解事物的全貌。

1.4.2 研究框架(图1-8)

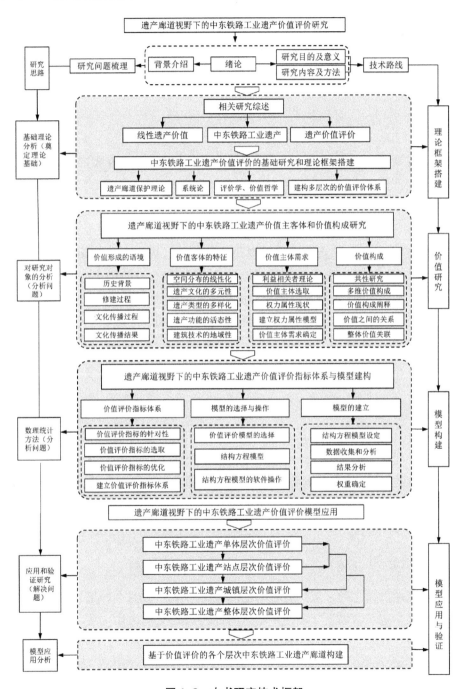

图1-8 本书研究技术框架

第 2 章
工业遗产基础研究和理论框架搭建

本章主要阐释本书研究所需的基础理论和本书整体研究框架的搭建。基础理论首先对遗产廊道理论进行研读和分析,从其概念和特点、构成要素和判定标准以及适用于中东铁路工业遗产的本土化拓展方面深入解析;其次,解读工业遗产价值评价的基本理论,试图从系统论、评价学、价值哲学等理论找到适合其的研究方向;再次,对中东铁路工业遗产廊道构建理论、关键问题、构成要素以及构建的步骤进行深入解读;最后,结合研究所需的基础理论,分析中东铁路工业遗产价值评价的目标、系统、价值主客体、研究层次和价值构成的逻辑,来建立中东铁路工业遗产价值评价研究的理论框架,为本书的研究打下坚实的基础。

2.1 遗产廊道理论

遗产廊道(Heritage Corridor)是遗产区域(Heritage Area)的一种特殊形式。遗产廊道理念的产生有着特殊的原因:美国与欧洲历史悠久国家相比,历史相对较短,拥有非常丰富的自然资源条件,因此欧洲历史悠久国家的遗产理论无法完全适用。在这个背景下,美国综合考虑了自己国家现状,提出了遗产廊道理念,这对美国来说具有务实性。

2.1.1 概念和特点

遗产区域的概念通常被认为与文化景观具有联系,并且与绿道、公园保护等思想密切相关。遗产区域理念强化了地区内部的历史文化认知,主张运用遗产资源来对经济进行恢复,进而解决社会上所面临的文化景观趋同、社会情感消失的问题。美国1984年确定了伊利诺斯和密歇根运河作为第一条国家遗产廊道。在这之后,遗产廊道逐步成为美国遗产体系的重要组成,与之相应的保护管理规划体制和政策也日趋成熟。截止到2010年，国家联邦政府已经指定了49个地区，这也是与国家公园相关的增长最快的遗产区域项目。但是在这种飞速增长的背后，并没有一个支持或者评价遗产廊道方法的先前研究。此外，立法的目的在于建立一个遗产廊道相关的国家制度和系统，并且划定合适的国家公园角色来支持这个系统，但是也没有相关比较完善的平台来支持。因此，很多现存的遗产廊道组织和实施了不同的国家公园的管理架构和关系。比如，在管理方面，遗产廊道管理者包括联邦委员会、非政府组织等。同时，鉴于一些遗产廊道与现存的国家公园和项目有着紧密的联系，部分项目会从国家遗产公园得到不同程度的技术援助。

遗产廊道是遗产区域的重要表现形式。从某种意义上讲，它是绿道和遗产区域所结合的一种特殊的且具有线性特征的、属于人和自然共同作用下的产物。而价值，也由于其带有人类早期活动的路线和痕迹，同时能展现所在地的历史文化演进过程而具有非常重大的文化意义。遗产廊道，是河流、运河、铁路等交通路线所串联的线性遗产区域，也可以表示某种能串联多个单独遗产的线性廊道。从定义上可以看出，遗产廊道采用的并非过去局部点状遗产的理念，而是将遗产整体作为一种区域化范围来综合保护，兼顾自然、经济、文化多目标。遗产廊道不仅对遗产点可以进行保护，还可以通过生态恢复等措施对遗产区域进行文化复兴，并兼顾遗产廊道沿线区域一定程度的旅游开发，使其可以为人们提供生态服务。

关于遗产廊道，存在两种观念。其一，认为它是一种遗产类型，是一个庞大的巨系统，以河流、运河、交通路线为主要表现形式；其二，代表着一种新型的遗产保护方法，也就是遗产区域和绿色廊道的结合。1993年，施瓦茨（Schwarz）等人在其著作中第一次对遗产廊道进行了定义，认为遗产廊道类似于绿色廊道，并与之相对应，认为"遗产廊道是一种线性景观，是拥有独特文化资源的集合。遗产廊道通常情况下，有一个明确的经济聚焦点，所采用的手段和措施有旅游鼓励、自适应旅游、旧建筑适应性再利用等，与之而来的是娱乐设施和环境的改善，用于绿色廊道的技术、设计和方法等，对于遗产廊道也同样适用"。从定义上看可知，遗产廊道被限定在景观学科范畴之内。如果从遗产廊道所包括的地貌环境等来看，将遗产廊道理解成一个复合型的空间系统更为准确。在这个空间系统中，遗产资源（遗产物）是处于中心的位置，空间维度包含自然景观资源和地形地貌资源，时间维度包含持

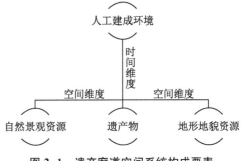

图2-1　遗产廊道空间系统构成要素

续性的人工建成环境(见图 2-1)。位于中央的遗产物,解释着遗产廊道所对应的主题,不同的遗产有着不同的主题,也对应着不同的解释性内容。

2.1.2 构成要素和标准

结合遗产廊道的概念,其构成要素分为遗产系统、自然系统、支持系统(包含解说系统和交通系统,是对遗产系统和自然系统的解释以及说明)。因此,对遗产廊道的保护并不是单独一个系统的保护,而是对几个系统的整合(如图 2-2 所示)。

图 2-2　遗产廊道结构示意图

遗产廊道的概念和组成确定了其核心保护对象为遗产,在保护过程中要遵循四个标准:①历史重要性。指在遗产廊道所属的空间范围内,应该有符合相关主题的重要遗产要素(遗产物),这些遗产点可以体现历史上的重要时间节点。②建筑或者工程上的重要性。指遗产廊道中的建筑遗产,应该在结构或者构造上具有设计的独特性,并且也应用了比较先进的工程技术等。③自然对文化资源的重要性。即文化资源离不开自然要素的支持,自然要素是文化资源的基础。④经济重要性。指遗产廊道构建和保护最终对当地的经济层面、社会层面是否能有一定的提升和帮助。

图 2-3　黑石河峡谷遗产廊道

(1) 历史重要性　这个标准针对的是遗产廊道所包括的遗产点状资源。这些资源承载了所在地区的历史时光要素,强调这些资源要能够完整体现当地的历史演化过程。同时,这个标准要结合所在地域的社会、信仰情况,来判断现有社会结构是否对当地社会存在着一定的作用。比如美国黑石河峡谷遗产廊道(见图 2-3),从马萨诸塞州的伍斯特,一直延伸到罗得岛州的普罗维登斯,这个廊道糅合自然风光和历史文化资源,在美国历史上占据着首屈一指的地位,它不仅是工业革命的起源,也是第一个利用水利工程来发展工业的地区,同时也是制造业迅猛发展及民族宗教信仰广泛的地区。

(2) 建筑或者工程上的重要性　这个标准指的是遗产廊道内部的建构筑物在结构、材料、形式上有着设计的独特性,或者是采用了独特的工程技术手段。

可以考虑哪些建筑是当地特有的，哪些是区域内普遍存在的，哪些是全国都普遍存在的。比如我国的京杭大运河遗产廊道，其内部拥有大量的工业遗产建筑，具有历史价值、艺术价值、科技价值，同时沿线的一些工厂和工程遗存，都具有非常重要的文化意义（见图2-4）。

（3）**自然对文化资源的重要性** 这个标准主要指的是遗产廊道的基底，也就是自然环境资源对文化的支持性。主要包括遗产廊道所在地的自然资源在生态地理上的重要程度，其自然环境是否因为人类干预而产生变化，其景观主体所包含的自然要素等。如伊利诺斯和密歇根运河遗产廊道，结合周边的自然环境，设定了自然保护区，并细化为森林保护区等类型，表明自然资源的保护在遗产廊道中也尤为重要。

图 2-4 京杭大运河遗产廊道

图 2-5 美国特拉华遗产廊道

（4）**经济重要性** 这个标准即遗产廊道的构建和保护是否能够为所在地增加经济发展的概率或者增大资金来源等。一般说来，遗产廊道能够在税收方面、旅游方面为当地创收。比如美国的特拉华遗产廊道，采取了多种措施，建设了布里斯托尔观光大道入口，对运河起始点的花园进行修复，对运河闸道地区进行改建更新等。这些措施都对当地的经济发展产生了重要的影响（见图2-5）。

2.1.3 遗产廊道本土化拓展

遗产廊道源于美国，文化线路源于欧洲，在相关理论的引进过程中，要考虑我国遗产的历史和现实状况，不能一味复制，需要对相关理论进行本土化拓展。遗产廊道本土化拓展，可以称为意识形态建设的基石，其核心是遗产，还包含沿线区域内的自然、文化、历史资源，它们共同组成了遗产系统。在本土化拓展中有两个理论视野依据——遗产廊道和文化线路。遗产廊道的本土化拓展并不是单纯地将两者糅合在一起,而是在融会贯通中考虑中国的特殊国情,是中国内部遗产理论的具体延伸。

发源地在美国的遗产廊道理念,通过作为主体的廊道将具有历史意义的单一遗产进行依次连接形成线性的景观区域,但这廊道本身不是遗产。而中东铁路工业遗产抑或京杭大运河,其自身就是跨区域绵延千里的系列遗产巨系统,具有明显的遗产表现,而廊道就是大尺度遗产的外在表现形式,所以美国的遗产廊道理论需要进行本土化拓展才可以适用于中国的遗产的现实情况。文化线路理念最早出现在欧洲,由于历史悠久加之国家之间的贸易、战争、宗教等活动形成了多条文化线路。1994年,马德里会议确定了文化线路作为世界文化遗产的标准,包括"是否拥有广域空间上的交流;线路链接方式是否具有多样性;在一定的线路时间内是否对周边区域的文化造成深远影响;是否在不同的区域之间拥有跨文化交流的现象;是否对文化、经济、宗教等传播和交流过程中产生作用并影响当地的发展"。2003年,文化线路的定义被重新讨论并最终确定为"文化线路的表象是如道路、水运等线路,但其隐含的内在表现是象征着人类迁徙,这条线路通过物质和非物质等遗产表现出一些长时间的文化交流,这种交流是延展在空间和时间上的多方面滋养,内容涵盖思想、交流活动,文化线路的特征主要决定于它自身的动态发展"。从文化线路的定义上可以发现,文化线路的传递是遗产,并且文化线路自身具有明显的遗产特征,这也符合欧洲文化历史积淀深厚的特征。遗产廊道本土化拓展与文化线路有着相似性,但是又有着区别。欧洲国家众多,分裂合并频繁,而中国有着国家的统一性。因此,像中国的遗产廊道这种大体量、系列化的遗产系统在欧洲出现的概率较小。另外,文化线路理念还需要进一步的发展,因为文化线路过多地重视历史文化遗产的保护,而忽略了周边自然环境的保护,这也是其薄弱的地方。而遗产廊道在中国的本土化拓展,强调自然、文化、非物质三位一体,其中的自然因素和非物质因素也成为其与文化线路理念的区别所在。从文化上看,中国、欧洲国家、美国不属于同一个文化体系和文化区,其文化起源和各自文化解读都存在着较大的差异(见表2-1)。美国自然资源丰富、土地广阔,而欧洲历史厚重,人文资源多,所以美国建立遗产廊道为的是实现自然的保护,类似"公园"的理念,而欧洲试图展示其文化巨头的地位,勾起人们对过去辉煌历史的向往。中国,不仅自然资源可以与美国相媲美,而且文化资源可以与欧洲相衡量,拥有着两者结合的优势。所以遗产廊道的本土化拓展应兼顾两者的闪光点,融合文化线路所重视的历史文化意义和遗产廊道所重视的自然生态环境,再结合非物质遗产,开创适合中国的遗产体系和保护方法。

第 2 章 工业遗产基础研究和理论框架搭建

表 2-1 各种理论的相关特征对比

相关特征	遗产廊道本土化拓展	遗产廊道	文化线路
理论源地	中国	美国	欧洲国家
性质	自然、文化遗产	自然为主,非遗产资源的集合	文化遗产
形态	线性、网状	线性	线性
体量	庞大(500 km 以上)	较小(10~100 km)	中等(100~500 km)
历史	历史悠久,跨度较大,上百年至上千年	历史短暂(几十年至上百年)	历史较长(上百年至上千年)
民族性	具有较强的民族性	不具有民族性	具有较强的民族性
主要目的	遗产保护与开发	景观建设与游憩	遗产保护
学科	历史学、社会学、城乡规划学、旅游学、生态学	景观生态学	历史学、社会学、遗产保护理论
典型代表	丝绸之路、京杭大运河	伊利诺斯和密歇根运河	圣地亚哥朝圣之路

遗产廊道在中国的本土化拓展之后,代表着体量巨大的一类遗产区域,同时也是一种文化遗产,其具有的文化意义对所在地区有着不可比拟的重要性。其价值也隶属于文化,文化属性并不影响自然环境的重要作用,两者相互遗存。遗产廊道作为遗产本身,远远大于某一单体遗产的价值。在遗产廊道中,文化价值指的是历史、艺术、科学三大价值,也被认为是遗产的本体价值,在本体价值上,结合其衍生价值(包含特征价值等),就确定了遗产廊道的价值

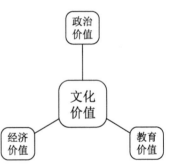

图 2-6 遗产廊道核心文化价值

构成。例如徐嵩龄对遗产价值进行分解,得到政治、经济和教育三大价值(见图 2-6),但具体的价值构成,需要结合相关对象的特征,进而得出研究结论。

2.2 工业遗产价值评价基础理论

工业遗产价值评价基础理论主要从三方面进行阐释:系统论,用来阐释事物研究的一般规律和结构;评价学,研究中东铁路工业遗产价值评价,最主要的基础理论就是评价学。在内涵上,评价学属于认识论。价值通过评价来辨别尺度,是价值

由一种潜在的客观存在转换为直接的形式。因此，评价学是在科学和事实认识的基础之上系统判断失误的有效手段；价值哲学，价值作为哲学的概念，是属于人的范畴，它关系着价值的定位，也关系着价值问题的方向和深度。所以本节主要从这几个方面阐释工业遗产价值评价基础理论。

2.2.1 系统论

系统论是研究事物的一般规律和结构的学科，其研究的是事物的共性特征，并追求用数学方式来对功能进行解释，是一门寻找可以适用于一切系统的原理的，且具有逻辑性质的学科。关于系统学的创立，贝塔朗菲(Ludwig Von Bertalanffy)的专著《一般系统论：基础、发展和应用》被认为是学科的奠基之作，其后开始广泛应用于各个学科。系统论的阐述，主要从概念、特点和应用几个方面进行论述。

（1）**系统的概念**　系统来源于古希腊语，系统的定义是具有整体性的一个集合，在这个集合中，所有零散的部分通过某种编排进行有序的构成来形成一个整体。概括来说，系统是一个有机整体，具有某种功能，并且以一定的结构联结构成。系统中最主要的三个概念是功能、结构和要素。

（2）**系统的特点**　系统的特点主要包括：逻辑思维整体化、系统等级差异化、价值最大化。

逻辑思维整体化。逻辑思维整体化是系统的首要前导思想。遗产廊道视野下的中东铁路工业遗产价值评价，也需要在整个廊道大系统中来进行思考，不能孤立地看待问题，而是需要结合整个系统的特点，用发展的眼光、互相联系的思想、整体的态度看待研究问题，从而把握全局。

系统等级差异化。系统等级差异化是在逻辑思维整体化的基础上，对整个系统进行有步骤、有层次的规划，同时针对每个构成要素的特点，采取不同的手段和措施，进而完成系统所要达到的目标。系统等级差异化是系统中分析和综合的方法。为了更好地认识系统和整体，需要将其中的构成要素暂时划分出来，然后再将这些要素进行有机整合。系统的构成要素具有差异性，而系统组织在结构和功能中都表现出等级差异性，表示出了系统步骤、手段的层次化。也就是说，在总体方向确定的基础之上，从中观、微观的维度对系统层次进行具体的操控。

价值最大化。价值最大化，可以简单地理解为系统内部构成要素各司其职，各尽所能。对系统的认知也是出于一种目的，而价值最大化所需要达到的目标，也就是让目的最大化，从而达到系统的最优功能值。系统的每个层次都需要被优化，也可以说，系统价值的最大化，体现在系统不同等级和层次中。系统的构成要素、结构、功能,它们是以动态的形式来相互联系和影响的。任何事物都可以看成是一个系统,而研究的内容都从这些方面入手。系统论与中东铁路工业遗产廊道在研究内容上呈现交叉关系(见图2-7)。

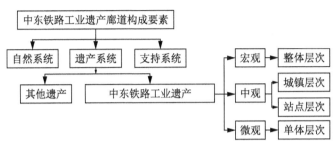

图 2-7 中东铁路工业遗产廊道构建系统解构

(3) **系统论应用** 系统的主要研究对象包括四个内容:构成要素、结构、功能和系统,下面分别对四个内容进行详细论述。

① **构成要素** 系统的构成要素和系统是相对的,对于高层次的系统,可能构成要素是组成部分,但是对于低层次的系统,可能构成要素就是系统本身,然后包含其他要素。系统的构成要素不同,所对应的系统的结构和功能也就随之变化。

在中东铁路工业遗产廊道中,工业遗产作为构成要素,又与其他的要素相互联系和制约,构成了更高层次的整体。而在低层次中,工业遗产又是多目标的整体,由工业遗产单体层次、站点层次、城镇层次的子系统构成,在更低的一个层次中,这些子系统又由单一的遗产点组合而成,因此研究中东铁路工业遗产廊道的构成要素,是实现中东铁路工业遗产廊道整体价值最大化的重要工作。在对中东铁路工业遗产进行价值评价的时候,还需要根据系统论,对其整体和局部价值进行分解,将整体价值的评价纳入整个系统中去。根据遗产空间范围,可以分成遗产整体价值和载体要素价值的价值类型。遗产整体价值是对中东铁路工业遗产整体价值的分析和评价,并且与价值评价的目标——构建遗产廊道存在着密切的联系,不同的目标所对应的价值评价也必然不相同。按照系统论的思想,个体相加并不等于整体,所以中东铁路工业遗产的整体价值评价方法,需要将其从小系统中剥离开来,并且置放于更大的系统之中来进行比较,这样才能通过比较得出其整体的价值。

② **结构** 结构是构成系统整体性信息的秩序,也是构成要素的融合和组织。系统的构成要素需要通过特定的连接方法和秩序组织表现出来。比如汽车,是通过轮胎、发动机等零件组装的,但是单独的零件放在一起不能构成汽车,也没有系

统。对于功能来说,结构和功能相辅相成,结构是基础,而功能是表现,结构不同,功能不同。一个系统可能只具有一种结构,但是可能具有多种功能。

中东铁路工业遗产廊道作为一个复合的有机整体,其系统的功能发挥依赖于其中要素的结构。对于其中的遗产资源来说,内在的结构是核心价值。通过价值最大化,可以让遗产廊道系统的各个子系统在功能上充分发挥,进而使整体达到效益最佳。在实际的操作中,整体价值评价则是价值的最高级和最大化,不能单纯依靠前几个层级的价值来进行评价,而是需要跳出当前所在的小系统,将中东铁路工业遗产放入更大的系统范围内进行比较分析,主要的技术手段则是采用定性分析来确定的。

③ **功能** 功能作为一种行为方式,是系统与外部环境接触而产生的相互作用。系统的构成要素各有功能,但是当构成要素组合成整体的时候,其所具有的功能要大于构成要素各部分的功能,这也是系统的整体功能性。例如汽车,发动机和轮胎等零件,都各自有各自的功能,但是当它们构成汽车的时候,其功能要远远大于其中每个零件的功能。

中东铁路工业遗产廊道是一个系统,它在与外界环境的作用中往往表现出整体功能,而其中的构成要素都具有其单独的功能,整体功能要远远大于单独功能。所以中东铁路工业遗产廊道应该在相应目的的指引下,选择合理的结构,进而实现所需要的功能,这也是维持系统稳定的有效手段。

④ **系统** 系统从宏观上来理解是一种世界的普遍现象,不管是实物还是思维都具有系统性。系统是要素与要素、要素与整体之间的相互作用的统一体,系统绝对不是要素的简单相加,系统具有单独构成要素所不具备的总效应。

中东铁路工业遗产廊道由遗产系统、自然系统、支持系统三者组成,但是这三者不是简单的叠加,而是通过一定的结构组合成遗产廊道,进而使遗产廊道价值最大化。

2.2.2 评价学

评价学和认识论紧密相连,认识包含价值认识,是一切活动的基础。评价学具备认识论的普适性,也具有特性。因为社会生活的复杂性,导致人们形成了多元的价值观,进而产生了不同的评价标准和评价结果。评价是价值学的重要范畴,评价则是主体对于客体的一种价值判断,是一种认识活动,也是一种理念上的掌握。

(1) 概念 评价在某种意义上是价值认识活动。研究中东铁路工业遗产价值评价,最主要的基础理论就是评价学。在内涵上,评价学属于认识论。价值论、认识论是评价学的主要依据，也是基础。价值通过评价来辨别尺度，是价值由一种潜在的客观存在转换为直接的形式。因此，评价学是系统判断失误的有效手段，是在科学和事实认识的基础之上，对评价对象进行价值判断的一种活动。

(2) 内容　评价学的内容包括评价主体、客体以及两者之间的作用。价值评价就是研究主客体之间价值关系的判断，人们对于某种事物的满足和被满足的关系成为价值关系。一般情况下，作为价值主体的人处于主动的地位，作为价值客体的客观事物处于被动的地位。在价值关系的判断中，价值主客体的变化，都将导致价值关系的不同。评价的过程实际上都是以评价者所掌握的价值主体需要来衡量价值客体。评价主体和价值主体，在逻辑上并不相同。在本书中，暂时只考虑两者完全重合的情况。

(3) 评价程序　霍尔三维结构方法论指出，评价程序包含明确问题、选择目标、系统分析、方案优化和决策等步骤；顾基发提出的逻辑步骤包括形成目标、调查分析、构造策略、选择方案、实现构想、协调关系等。每个评价方案的确定相互影响、相互关联，而步骤也是需要不断循环。

本书所研究的问题，则是具有固定的评价项目，针对性地解决评价问题和任务。虽然在形式上，中东铁路工业遗产价值评价跟其他系统评价的方案格式一样完整，但是其评价过程应该包含所有的评价步骤以及涉及评价方案的所有要素，并且需要贯穿价值评价的最终目的——构建中东铁路工业遗产廊道。首先，要完整地表述评价任务和目的，其中包括评价目标的确定以及评价意义，如确定等级或是排名等。其次，要确定评价中的价值关系。价值关系的确定需要依据价值需求，进而建立价值评价指标体系。再次，要明确评价的主体，评价指标体系的建立者只是评价方案的设计者，并不是评价主体，这个评价主体要明确究竟是个人评价，还是专家组，抑或是全社会评价。另外，评价方案和指标体系，还需要考虑能否为管理者所接受，是否可以完善实施，由谁来实施。最后，评价研究最主要、最核心的部分是建立评价指标体系，指标通过检验来选择和优化，指标体系的建立要以系统论为依据，依据指标的层次性依次分解。评价模型的选择也要有清晰的理论和实际依据，与其他模型相比较，有何优越性，这些论证的过程，就是一个研究的过程。

2.2.3　价值哲学

狭义的价值哲学定义表述为，价值领域是哲学最后的归属，在此之后的哲学只能是价值哲学。价值本质，在某种程度上，是研究人员自身价值观的理论展现。价值研究的重要问题之一，就是如何进入价值，也就是进入价值的方式，其中的价值模型问题至关重要。价值模型,在通常情况下指的是在所研究问题的语境之下,表现出研究者如何进入价值问题,如何归纳基本问题,也就是说价值哲学如何作为起点。它关系着价值的定位,也关系着价值问题的方向和深度。价值作为哲学的概念,是属人的范畴,这种观点使人成为世界上没有等价物的单一存在,也是人与动物区别的独特性,即人作为人的根本依据所在。从这点上看,价值研究,只能是人这种生命的存在,价值的最终归宿、缘起和内涵都是人。当然,从某种角度上来说,这个价值范畴的合理性在于,它能够解释价值现象,而这个价值本身,是无法被论证的,也就是说是规定性的、自明的。如果一定要给这个合理性一个解释,那就归因于人生命的"自由自觉"本质。由上可见,价值的元定义,是人类所具有或者获取的能表现其生命本质,并有利于人自身生存发展的功能属性的总和,其对象便是研究事物(包括实物客体以及客观抽象存在的观念精神客体)的结构、功能、属性。

价值哲学中至关重要的元素是价值的定义。价值从认识范畴(比如真理范畴)的关系中来掌握,并且受限于"范畴"的体系。伴随价值哲学的显露,价值定义从认识范畴逐步转向价值现象,并被人们看作是揭示价值的本质,也就是主客体需要关系说。李德顺曾说过,部分人不同意价值主客体需要关系说,那是因为这部分人在价值本身和诉求上有着观念上理解的偏差,价值哲学的首要工作不是应用。康德价值哲学说明他所崇尚的价值哲学一直都坚定不移地围绕人的目的而展开,人作为文明的人本身是价值的本质。马克思则是从价值本体和理论的抽象性角度,对康德的价值哲学进行了科学性的批判,他认为"人"是"现实的对象",在人化环境中,人才能产生人的感觉和人性,康德的形而上学是现实世界的抽象理论,对现实世界毫无影响,它与个人的需要之间的和谐被推向了远处。杜威(Dewey. J)对于旁观者哲学的思考更为尖锐,他认为,之前的哲学研究都假设了一个固定不变的本质,这个本质是由人们所挖掘出来的并具有抽象意义。从他的观点上看,研究对象(价值)和研究者并无关联,人们完全可以站在客观的角度上来揭露对象的本质,也就是价值的本质。但是,如果这种价值自身就是由人所构建出来的(康德思想),抑或是从人化的自然界所产生的(马克思思想),那么从定义来展现价值的永恒本质,就是一种错误的看法了。文德尔班对于价值哲学的性质给了两种不同的阐释,其一,哲学是在理论和实践两种认知之间浮动,而实践则是价值问题。价值成为讨论重点的哲学(也就是价值哲学)是在认识论哲学之后,也就是认识论历史阶段之后,在一定的实践内价值问题都会是哲学的核心关注重点,这个观点代表的是广义价值哲学理念。文德尔班更为倾向这一种解释,并且在他的著作中显现了理论和实践之间的波动,确定实践问题就是价值论问题。这个解释很明显表示广义价值哲学,也就是说,价值哲学在当下是研究的主题,并且在过去也是曾经的主题。其二是各个学科研究对象的具体化、学科化,造成"哲学不能再跻身于特殊的科学活动中"的局面,哲学只能研究纯客观学科的知识不能掌握的内容,也就是与价值相关的问题,所以出现了价值哲学。第二种解释是国内关注的一种解释。而实际上,这两种观点至少是同样重要的。国内价值哲学的兴起伴随着价值问题的关注,包含理论与实践的兴起,比如"潘晓来信",曾在国内掀起了讨论人生观的轩然大波。虽然,价值哲学的兴起原因有多种,但是最初的研究挈领,就是进行一种纯客观的探讨,也就是想知道"价值是什么"。在这种背景下,研究开始自觉地创建自己的历史,新康德主义就是狭义价值哲学的历史观点。但是这种研究理念,与实际需要相差较大。比如人生观这一点,最初大家探讨价值哲学,起源于想知道"应该怎么做"或者通过实践想知道"好生活是什么",而并不是想知道"人们说好生活是什么"和"应该是什么意思"。而在这之间,好生活和应当怎么做,其实所表示的是一种满足需要的范畴,而历史中,人们也会想到这样的问题和需求,这样就引申了广义价值哲学。从目前中国哲学界领域中看,价值问题不仅在价值哲学的学科中被讨论,其他哲学,如科技哲学、西方哲学等也在讨论。因为每个学科都需要走向价值问题,那么价值哲学是否这些学科的最终出路也是值得思考的。目前中国哲学界领域的思考,也表示了文德尔班两种阐释都具有说服力。

目前来说,价值哲学和非价值哲学并存在现当代,有着大量关于存在论、历史规律的探讨。一方面,哲学的历史定位中狭义价值哲学存在自言自语的尴尬,另一方面在理论和实践之间的二元波动也受到了不断的批判和挑战。现在这个时代对理论哲学和价值哲学的关注,不是取缔性质的,而是认同存在多个讨论的重点,认同讨论的多元焦点。虽然文德尔班的两种阐释都有说服力,可是又都具有一定的缺点。在确定价值哲学性质的过程中,哲学史作为一门学科起到了建设的作用。哲学史与哲学之间是相互建设的,两者之间互相划定范围、互相借助、互相确定。哲学史的书写往往充斥了变化、突破和创新。其书写可以看出一个事实,那就是书写的是哲学史的贡献而不是哲学家的完整哲学。

2.3 中东铁路工业遗产廊道

中东铁路工业遗产廊道是遗产廊道的一种类型,也是遗产区域的范畴。在这个区域中,通过建立自然系统和解说支持系统,将作为遗产系统的核心资源的中东铁路工业遗产进行链接，从而起到保护的作用，达到遗产所在区域文化价值传承、自然生态和谐、社会经济发展的综合目标。

2.3.1　构建理论

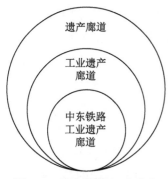

图 2-8　遗产廊道、工业遗产廊道、中东铁路工业遗产廊道关系示意图

遗产廊道近十几年才在中国刚刚兴起，随之而来的是多种多样的案例和类型研究。遗产廊道在中国既可以是京杭大运河这样的运河廊道，也可以是丝绸之路这样隐性的文化线路。工业遗产廊道的概念则相对较为狭窄，其所限定的主要是遗产物本身，要求遗产物必须是工业遗产。工业遗产廊道，是工业遗产点的集合，其范围包含与工业活动相关的一系列的遗产区域。中东铁路工业遗产廊道、工业遗产廊道、遗产廊道三者的关系为由小到大、由内而外的关系(见图2-8)。

根据上述遗产廊道的概念和特点，在判别中东铁路工业遗产廊道时，有如下三个标准：其一，遗产廊道的历史和建筑工程的重要性。中东铁路工业遗产属于线性景观的类型。在中东铁路的修建和运营过程中，东北地区的社会、宗教、民族都受到多重文化交流的作用，并且也影响着东北地区的社会结构。中东铁路沿线的各类铁路工业遗产，如铁路住宅、车站站舍、铁路工区等在形式、结构、演化上有着独特的特质，并且具有整体性和完整的阶级性。这些遗产的数量之大甚至俄罗斯本土也难以匹敌，因此中东铁路工业遗产具有历史和建筑工程上的重要性。其二，自然环境对文化资源的重要性。中东铁路工业遗产廊道内的自然要素是与之相关的地形地貌以及遗产周围的自然环境等。中东铁路修建之前经过了仔细的地形勘察，考量施工的人力、物力等资源，多沿地势平坦之处修建，其中不乏穿越山脉的展线工程，因此与周围环境达到了完美的统一和融合。其三，经济的重要性。中东铁路的修建促进了沿线城镇的发展，并且在修建过程中促进了俄罗斯文化的传播，现在沿线旅游文化的发展也为当地居民带来了经济上的回报。综上所述，中东铁路属于遗产廊道，并且满足遗产廊道的标准。

中东铁路工业遗产廊道可以将各类遗产资源、自然资源、游憩资源串联起来，并且其符合构建遗产廊道的四个标准。所以，在技术条件上中东铁路工业遗产廊道是具备构建遗产廊道的可行性的。而遗产廊道理论应用在中东铁路工业遗产廊道的构建上，主要是运用系统论的理论和原理，将其看作一个统一的整体，在这个系统整体中来研究遗产廊道的要素、结构、模式和规律等。通过对中东铁路工业遗产廊道系统中的要素,以及系统中构成元素的特征,采用定性或者定量的分析的手法进行研究,同时探寻适用于中东铁路工业遗产廊道系统的研究方法,具体系理论阐释如表2-2所示。

表2-2 中东铁路工业遗产廊道构建的系统说明框架

研究对象和内容	地位	需要解决的问题	作用
作为价值客体的中东铁路工业遗产	描述模型	通过调研中东铁路沿线站点的遗产数据,对遗产进行分类和统计,并用遗产分布图、统计表和文字的方式表现出来	判断中东铁路工业遗产廊道的主要遗产资源(包括物质和非物质遗产,此处暂时讨论不可移动遗产,包括建、构筑物等),以及这些遗产资源的位置、分布、最初形态等
将中东铁路工业遗产廊道的元素拆分为遗产系统、自然系统、支持系统	过程模型	通过对调研的遗产数据进行总结和分析,形成中东铁路工业遗产廊道的构成结论	判断调研的遗产资源与中东铁路之间的空间、历史的关联性,同时对其功能形态、地理分布等进行表征阐释,并且对其文化传播过程和现状进行描述
构建中东铁路工业遗产价值评价体系	评价模型	通过一些数字量化的手法进行价值评价	建构价值评价模型,并且进行应用和验证
结合价值评价的结果,针对性地给出不同层次的保护策略和方法	改变模型	根据价值评价的结果,预测中东铁路工业遗产未来的保护趋势	提出中东铁路工业遗产保护的研究和规划,对中东铁路工业遗产廊道进行规划和初步实施
对每一种保护方法进行可行性的分析和多方面的比较	影响评价模型	对每一种保护方法的各个方面的影响进行提前预判,并对预判结果进行综合性的比较	分析多方法中东铁路工业遗产对社会的影响,并且综合比较其在经济上的可行性,包括各利益主体的协调等
选取中东铁路工业遗产廊道保护的最优方式,评估风险,并建立反馈机制	决策模型	对不同的规划保护手段带来的可能性风险进行评估,并且建立反馈机制,以帮助最终形成规划结论	最终提出中东铁路工业遗产廊道最优化的保护方法,并且得出最终的规划结论

上述框架是在城乡规划学、风景园林学、景观生态学的基础上提出关于中东铁路工业遗产廊道构建的方法和框架。其中与本书关联性较强的一个步骤是评价模型的建立,也就是中东铁路工业遗产廊道的价值认定。这一认定需要建立评价模型,而模型构建之前的分析、模型如何构建、模型如何应用,甚至其中的指标如何

确定，都是本书要解决的问题。

2.3.2 构建关键问题

中东铁路工业遗产廊道构建的理论框架中，还涉及几个构建的关键问题如下所示：

（1）主题确定 在中东铁路工业遗产廊道的内部和周边，都拥有着不同类型的资源，这些资源共同构成了工业遗产廊道，其本身也是作为遗产廊道的构成要素而存在的。这些资源是伴随着人类的进程而建立起来的，其形成是一个缓慢的过程，并且其自身包含多种类型。构建遗产廊道的目标之一就是对各类资源进行有序保护和整合。中东铁路工业遗产廊道对应不同类型的资源，需要有相应的不同主题，而不同的主题通常对应不同的规划目标。主题大致的方向可以分为自然资源、历史文化资源保护等，还需要综合考虑后续的支持系统如何建立，如解说的组织、娱乐项目设置、教育主题和受众的接受程度等。以中东铁路工业遗产为例，其与廊道关系最为紧密，并且能够非常全面地体现和投射出整个中东铁路沿线地区历史演进和文化特征，所以可以定其主题为遗产资源保护等。主题的确定方式可以通过专家问询、问卷等手段，以获知哪些目标是通过保护遗产能实现的，哪些目标是通过政策实施或与支持系统整合才能达到的。

（2）对遗产廊道构成进行研究，兼顾资源调查、认知、分析 遗产廊道是个巨系统，不能没有根据地去判定其构成，而是要在以往的遗产廊道案例中获得启发，并结合中东铁路工业遗产廊道的特性，来对其进行完整的解构。中东铁路工业遗产廊道核心资源是中东铁路工业遗产，其调查也是首要任务。在遗产廊道构建中，需要对中东铁路沿线的多种遗产类型进行限定，找出与遗产廊道关系最为紧密的遗产资源来作为遗产价值的载体。通过对中东铁路沿线各个站点的实际踏勘，结合数据统计对工业遗产进行分类和归纳。在这一过程中，需要连同已有的文献资料等对遗产进行清晰的分析和界定。通常情况下按照铁路本体遗产和城镇工业遗产、废弃的铁路工业遗产等进行调查，同时在考察的过程中还应调查中东铁路沿线的自然环境因素等内容，但自然资源本书暂不对其做深入讨论。

（3）对核心资源中东铁路工业遗产进行价值评价 这个步骤是中东铁路工业遗产廊道构建的关键步骤。这部分研究内容主要是建立在对作为核心资源的中东铁路工业遗产充分的调查和研究的基础之上，通过价值评价来进行筛选构建遗产廊道的遗产资源要素。主要步骤包含选取和优化评价指标、建立价值评价模型等，重点是通过一些数字量化的手段，来对中东铁路工业遗产进行横向的筛选和比较。

同时,选取具体的实例来验证模型,并结合遗产廊道的多层次的价值评价结果,据此确立不同尺度的保护层级,以保障遗产资源的有效和优先利用。

(4) 遗产廊道空间格局构建和保护 遗产廊道空间格局的构建和保护,是对前面所有步骤的整合、优化的过程。遗产廊道的空间格局中同时划分为绿道、游步道、解说系统等,方便多元化、多层次结构的整合。合理的规划能够有效帮助对遗产廊道中的各种资源进行保护,并产生一定的经济效益。

2.3.3 廊道构成要素

前面已经论述,遗产廊道的构成由遗产系统(对应遗产资源)、自然系统(对应自然资源)、支持系统(对应游步道和解说系统)组成。而对于中东铁路工业遗产廊道来说,由自然系统、遗产系统和支持系统三个部分构成(如图2-9)。

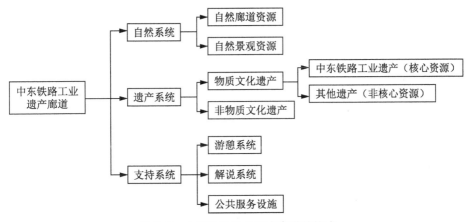

图2-9 中东铁路工业遗产廊道的构成

(1) 自然系统 中东铁路工业遗产廊道的自然系统是工业遗产形成和存在的自然本底。中东铁路工业遗产不光有遗产自身,还由与其背景相关的自然因子等共同组合而成。结合对功能的划分,中东铁路工业遗产廊道的自然系统构成被界定为自然景观和自然廊道两种。自然景观所指代的是跟自然相关的因子单体,包括植被、地貌、水系、山体等;自然廊道则是这些跟自然相关的因子单体所形成的生态自然整体系统。

(2) 遗产系统 与其他廊道构成相同的是,遗产系统在遗产廊道中居于主要的地位,强调了遗产系统的重要性和核心性。中东铁路工业遗产廊道的遗产系统是以中东铁路工业遗产为核心资源,包括与中东铁路有发生学关联的、与中东铁路运营功能相关的铁路本体遗产和城镇工业遗产,以及与中东铁路无发生学关联的其他遗产和非物质文化遗产。

（3）支持系统 中东铁路工业遗产廊道的支持系统由游步道、解说、相应服务设施等组成，功能上体现较多的主要是教育、游憩功能相关，其重点表现是绿道组织、游步道设计、交通组织、解说系统组织等方面。

2.3.4 构建步骤

中东铁路工业遗产廊道构建的程序，与其他遗产廊道的程序相同，需要遵循一定的步骤（如图 2-10 所示）。结合之前对遗产廊道构建的相关分析，中东铁路工业遗产廊道构建的程序主要包含以下几方面的内容：其一，各个子系统的调查分析与评价，针对中东铁路工业遗产廊道，其子系统主要包含遗产系统、自然系统和支持系统。本书主要进行遗产系统中的核心遗产资源的研究，具体说来是针对研究范围内的调查分析与评价。遗产系统还包含其他类型的遗产，具体如何调研以及后续如何结合，本书在此不做讨论。自然系统则是针对中东铁路沿线的自然资源和生态环境，如风景名胜区、旅游区等其他资源进行的研究和调查评价，也是分属一个子课题。其二，确定中东铁路工业遗产廊道的各个主题。主题确定需要根据中东铁路工业遗产的历史演进背景以及各种资源的相关性、凝聚力等方面来确定，一方面有助于将各种资源有效集合在一起，另一方面可以凝聚多方利益群体来进行大众参与。其三，确定中东铁路工业遗产廊道构建的目标和原则。其四，确定中东铁路工业遗产廊道的导则，导则主要包含确定遗产廊道保护的范围，包括核心区域、重点区域和外围缓冲区域等，并且根据每个区域的不同，制定适合该区域的导则，包含生态环境保护、遗产资源保护和旅游开发等。其五，确定中东铁路工业遗产廊道整体保护格局。结合遗产廊道的构成，整体的保护格局也分别依据不同层次来进行，横向分为遗产系统、自然系统和支持系统，纵向分为整体层次、城镇层次、站点层次和单体层次，在这其中设置自然系统的保护和展示、遗产系统的保护

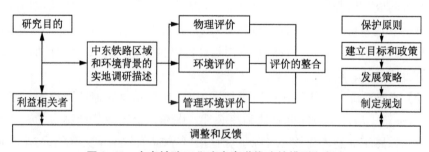

图 2-10 中东铁路工业遗产廊道构建的模型和程序

和展示、支持系统的构建,支持系统指旅游游憩、各层次廊道解说、公共设施的修建等内容。其六,确定中东铁路工业遗产廊道保护的实施对策,主要是指在具体的操作层面各级管理部门如何协调的过程,其中包括不同层次级别的政府部门、遗产管理部门、铁路管理部门、开发商等各种利益相关者的协调和合作处理,如制定法规、确定政策、资金来源确定等相关细则(如图 2-11 所示)。

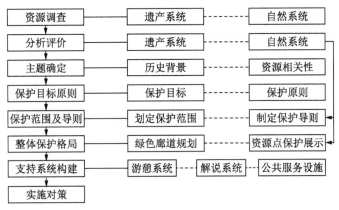

图 2-11 中东铁路工业遗产廊道构建的基本流程

工业遗产廊道构建的第一步骤就是对各个子系统包括遗产系统中的遗产资源的调查和价值评价。本书所研究的中东铁路工业遗产,其调查和评价是中东铁路工业遗产廊道遗产系统中的重要有机组成部分,是遗产廊道构建的核心。由于中东铁路工业遗产类型复杂、数量众多,需要采用科学的方式来进行调查。内业调查收集中东铁路工业遗产相关的文献资料、照片图像音频等材料,对其历史功能、历史遗产类型和初始数量等情况进行初步的掌握和梳理,对其特征、功能形态有个初步的认知。然后,田野调查则通过前往实地进行详细的调研,对掌握的文献资料进行核对和补充,核对已有的资料是否真实,补充文献中所确实的资料。如遗产现存的状况、保护和更新现状、存在的主要问题以及利益相关者的意见回收和询问情况。调查之后的具体价值评价,则要完全根据前一步骤的调查和分析。

2.4　中东铁路工业遗产价值评价理论框架搭建

中东铁路工业遗产价值评价理论框架的搭建主要有几个步骤:价值评价的目标、主客体阐释、研究步骤、理论框架等方面。价值评价的目标,主要是针对中东铁路工业遗产价值评价的最终目的来进行阐释,目的不同,价值评价的结果也不尽相同,所以在价值评价的初始阶段应该对价值目标有清晰的了解。价值评价的主客体阐释,由于在价值评价中离不开对价值主体和价值客体的分析,所以按照此逻辑中东铁路工业遗产价值评价需要从主体、客体、主客体作用机制三方面来进行论述。中东铁路工业遗产价值评价的研究步骤从确定价值评价角度及所在理论系统、明确评价手段(定性、定量)以及价值主客体之间的关系、对价值载体和价值构成进行分析、逐层进行价值评价几个角度分别进行论述。理论框架,在综合上面几个方面的研究之后,建立分层级进行价值评价的理论框架。

2.4.1　价值评价的目标和所在系统

价值评价的目标不同,决定了价值评价所在的理论系统也不尽相同。遗产廊道视野下的中东铁路工业遗产价值评价研究,整个价值评价的过程,都是在遗产廊道理论框架的指导下所进行的,也就是在中东铁路工业遗产廊道构建的大系统之下,其最终目的就是为了确定遗产的价值等级,从而对不同层次的遗产廊道进行有序构建。

价值评价的目标,是指某种客观事物对于人的效用性和积极的意义,也可以看作是人们对待客观事物的实用性的观点和看法。不同的价值评价目标,所得到的价值评价结果也不尽相同。如果是为了开发遗产的目标,那对价值评价的经济价值等方面要适当偏重;如果为了保护遗产,那对价值评价的历史价值等方面要适当偏重。中东铁路工业遗产的价值评价目标最终是为了构建遗产廊道。遗产廊道的构建中,中东铁路工业遗产是作为遗产系统的要素而存在的,最终每个遗产的价值大小在遗产廊道构建中是分高低等级的。在本书中,价值评价的目标主要有以下几点:

(1)整体把握中东铁路工业遗产价值资源情况　目前位置,从整体的层面上看,需要对中东铁路工业遗产的价值资源情况建立起完整的档案资料,让人们对于遍布中东铁路沿线的遗产资源的整体情况进行初步了解,同时结合价值评价的结果,形成不同等级的中东铁路工业遗产分布图。在此基础上,可以对沿线现存的遗产资源的现状分布、价值等级、价值高低、未来发展趋势方向进行深入的了解,并结合未来遗产的保护规划,对这些遗产的价值前景有着一定的预期。

(2)挖掘中东铁路工业遗产的价值　价值评价,总体而言,是为了让人们明确,在中东铁路工业遗产这一个大的群体或者价值客体之中,它们是否具有价值、价值具有多大、价值等级高低的问题。在遗产廊道构建的终极目标之前,价值评价是必须的步骤也是必要的根据,在整个遗产廊道构建的过程中,价值评价所起到的是承上启下的关键效用,同时也是为后续的遗产廊道保护提供基础参考。价值评价的目标之一是为了挖掘中东铁路工业遗产的价值,从而进行更为严谨、科学的遗产保护工作。

(3) 结合价值结果制定中东铁路工业遗产保护规划 从价值评价的结果出发,可以确定中东铁路工业遗产的价值等级。结合分级,可以对遗产实施非常有效、科学的归类,根据类型的不同来制定相应的保护规划,并为其提供依据,避免价值过低的遗产采用高标准造成浪费,也避免价值过高的遗产采用低标准而得不到必要的保护。价值等级的划分可以让遗产受到同步相对应的保护措施,也为采取措施提供科学的根据。

(4) 协调多方价值主体的需求 中东铁路工业遗产价值评价涉及多方价值主体的需求,在建立价值评价指标体系的过程中,收集多方价值主体的意见,建构一个尽可能考虑到多方价值共识的评价指标体系。

2.4.2 价值评价主客体阐释

在价值评价中离不开对价值主体和价值客体的分析,中东铁路工业遗产价值评价需要从主体、客体、主客体作用机制三方面来进行阐释。

(1) 价值主体阐释 价值关系,是客观事物对具有需求的人的满足,也就是被动和主动的关系,其中具有需求的人就是价值主体。在通常情况下,价值主体对价值评价的对象,是通过自身的心理来感应的。在一些正规的目标或者正式的程序中,价值关系的满足和判断需要通过专门的技术手段和机构进行。价值的判断就是评价,不同的价值主体在自身和环境条件制约下,对中东铁路工业遗产的价值判断是不同的。所以,在研究价值的时候,要确定价值主体的构成以及价值评价所面对的服务对象,这样遗产中所隐含的文化模式有利于帮助价值主体形成深层次的保护意识。

在本书中,价值评价活动的价值主体包括多个与中东铁路工业遗产相关的利益者,如政府、相关遗产管理部门、遗产所有者、社区居民等(见表2-3)。

表2-3 中东铁路工业遗产价值评价中所涉及的价值主体及影响

价值主体分类	在中东铁路工业遗产上的影响层面
科研机构(学术团体或研究人员)	多为高校学习相关遗产知识的专业人才,提供遗产管理研究成果,作为中东铁路工业遗产保护的主要咨询团队
游客及参观人员	通过对中东铁路工业遗产的参观者的调研,可以考察游客的价值需求,同时对价值评价具有影响
社区居民	中东铁路沿线城镇的居民对中东铁路工业遗产所处场所的认同感和归属感,决定了其参与到遗产保护活动中的自觉性

续表

价值主体分类	在中东铁路工业遗产上的影响层面
遗产使用者	遗产使用者,被视为中东铁路工业遗产的当前管理者,其保护管理遗产的专业能力有待评估
物权归属者(遗产所有权者)	沿线的遗产大多数所有权为各地方铁路管理部门,所以价值主体需要考察这些人的意见
地方文史工作者	对中东铁路工业遗产的历史背景等进行研究的人员,对于遗产的当地认同颇有助益,典型人物如李述笑等
管理者(国家、地方政府)	提供文化遗产政策与预算补助,负责监督文化遗产保护状况,提供公有估计委托给外部经营的机会
民间组织(相关社会保护团体及个人)	主要是一些民间志愿保护中东铁路工业遗产的人们,其中包含业余研究人员、摄影师等
相关管理部门(其他遗产管理组织)	一些行政部门,如规划管理部门、土地管理部门等

价值是由价值主体通过自身的心理感知来进行判断的。政治观念和实际操作不同,会导致对中东铁路工业遗产价值解读的存在差异,同一价值组成在不同的地方往往在评价结果上会产生差异。政府人员、遗产使用者和当地居民等不同类型的利益相关者,对中东铁路工业遗产有着不同需求的价值目标,对遗产的认识也各有偏重。如使用者、当地民众偏重于认知普遍价值,开发者则倾向于经济价值。相对来说,学术团体或研究人员受到的相关利益影响作用较小,可以相对客观地对遗产价值进行正确的认识。

处理各类价值主体之间的关系在中东铁路工业遗产价值评价中是非常核心的一个问题。国内与国外在这方面完全不同,国外的遗产管理部门不依托于政府机构,且相关遗产机构的管理措施不受政策法规的制约,可以随时根据实况来进行更新,使得管理措施和遗产研究同步发展。中东铁路工业遗产保护规划的架构,需要相关法规、遗产管理机构、专业研究机构之间的相互配合。本书对价值主体的研究,主要应用在其需求价值评价指标体系的建立上,在选取和优化指标的过程中,充分吸取所有价值主体的意见,建立一个尽可能照顾到所有价值主体的指标体系,其内容将在第三章和第四章进行论述。

(2) **价值客体阐释** 在价值评价活动中,价值客体所对应的是评价的对象,也就是相应的客观事物,通常被称为价值载体。中东铁路工业遗产的价值都是由遗产本身的物质主体与非物质共同体现的,但非物质构成,在此不进行讨论。核心主体是遗产中最具有价值的部分,体现了遗产的核心价值。由于遗产廊道构建的层

第2章 工业遗产基础研究和理论框架搭建

次性和整体性特征,将中东铁路工业遗产价值评价分为(宏观)整体层次、(中观)城镇层次、(中观)站点层次、(微观)遗产单体四个层次,具体见表2-4。

表2-4 中东铁路工业遗产的层次及特征

构成层面	名称	内容	空间特征	发展状态
微观	单体层次	作为单体存在的中东铁路工业遗产,如铁路本体设施(桥梁、隧道等)与沿线城镇遗产单体	沿铁路呈散点状分布	呈现动态的发展,部分消失
中观	站点层次	中东铁路沿线站点	面状、散点状	相对静止
	相对静止	城镇层次		中东铁路沿线城镇	线状
宏观	整体层次	中东铁路沿线	线状	相对静止

注:在此不讨论可移动的单体,如博物馆里所收藏的可移动的遗产,如铁轨构件等。

中东铁路东线和西线站点众多,依据数量统计绘制部分站点的工业遗产数量(见图2-12)。通过统计中东铁路沿线的工业遗产构成,可以得知遗产留存数量情况,进而判断遗产在中东铁路沿线的稀缺性,并根据实际情况来判断遗产是否可以成为构建遗产廊道的元素。

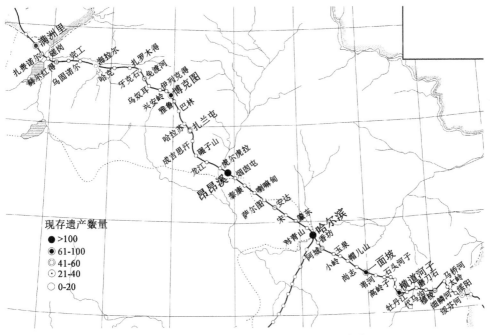

图2-12 中东铁路东线和西线部分站点遗产统计图

(3) 主客体作用机制 价值,是人类客观活动中产生和形成的客体对于主体的意义。中东铁路工业遗产的价值,也就是其对于人的意义。主体和客体之间的作用机制,也就是主客体的辩证关系,是主体如何认识客体——遗产的价值问题。主要分为三层:其一,遗产本身是作为物质性的客观存在,不依赖于主体的感知,但中东铁路实现价值的认知,必须通过主体;其二,不同主体对于相同的客体有不同的价值需求,不同的客体对于相同的主体也可能会产生不同的价值需求,而中东铁路工业遗产的价值具有包容性;其三,价值客体所具有的丰富的文化基因,随着时间而衰变。

另外,作为价值客体的中东铁路工业遗产,其价值的形成,是在中东铁路历史发展过程中所形成的,而中东铁路工业遗产保护工作就在于保护其历史文化内涵的意义,体现了历史性。相对的,赋予中东铁路工业遗产的价值的认知主体是现实社会中的人,体现了现实性。而本书所研究的,从遗产的角度对中东铁路工业遗产价值进行评价的过程,其实就是现实社会中的人如何结合自身的需求和社会需要而对遗产资源进行阐述的过程。所以说,中东铁路工业遗产价值体系的建构过程中,最为关键的现实问题,就是如何以现代的视角去阐释中东铁路工业遗产的历史性。只有在现实社会中找到历史与现代生活的契合点,才能让遗产发挥其应有的功能,这样对中东铁路工业遗产进行价值评价才是有意义的。其中的最佳契合点就是中东铁路工业遗产廊道的构建(如图 2-13 所示)。

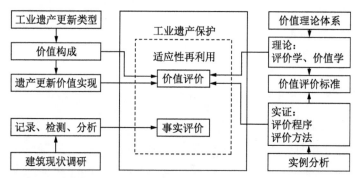

图 2-13 遗产廊道视野下的中东铁路工业遗产价值评价机制示意图

从内涵上讲,评价标准是人所把握、理解的自身需要,应用在本书中,就是构建中东铁路工业遗产廊道的需要。评价中还需要有参照系统的存在,多是用来提供研究对象的肯定和否定程度。在中东铁路工业遗产价值评价体系中,评价的参照系统可以理解成为评价互相都为参照系统,所评价的内容均为相对价值,所以中东铁路工业遗产的价值评价程序应包括以下三点:

确定价值评价目的。中东铁路工业遗产价值评价的目的,就是通过对遗产资源的梳理，从而确定中东铁路工业遗产的价值分级标准和信息，并得出其构成、分布和价值等级，为下一步遗产廊道保护范围的划定提供依据，为构建中东铁路工业遗产廊道做合理的准备。

获取评价信息。信息主要包括价值主客体两方面，过程中还需要参照客体的信息，参照客体是为了比较价值客体的地位，使结论具有相对意义。参照客体在前面已经描述，本书中参照客体为价值客体的元素，它们内部之间互为参照。

中东铁路工业遗产价值客体信息的获取，主要是通过调研来实现的，调研的信息有：①基本信息，包括名称、地理位置、地址、现状用途、建筑风格、建筑高度（层数）、区位图、现状照片；②历史信息，包括年代（始建/重修）、历史功能、相关史料信息；③保存现状信息，包括建筑材料、建筑技术、破损情况描述、周边环境描述（负面影响程度）、照片、情感寄托；④管理/利用条件信息，包括所有权、保护等级、管理机构、管理政策、监测与保养设施、灾害预防能力。调研中直接获取的价值客体的信息，仅仅是表象的信息，下一步需要从中提炼其深层次的内在特征信息。

价值判断的形成。价值判断的核心概念是价值客体对价值主体的效用大小。价值判断的先决条件就是前面的一、二步骤。中东铁路工业遗产价值判断的必要条件，就是根据价值客体的信息来判断其是否具有构建遗产廊道的潜力，或者其是否遗产廊道系统中所需要的重要元素。形成价值判断有以下两个内容：一是通过具体化评价标准确定反映评价目的的多指标、多层次且设置权重和约束条件的逻辑合理的中东铁路工业遗产价值评价指标体系；二是指标体系要能够分解遗产价值客体，以评价指标来衡量遗产价值客体的各部分，最后通过计算得出价值等级。

2.4.3 价值评价研究层次和价值构成

中东铁路工业遗产廊道解构后的层次包括单体、站点、城镇、整体四个方面，与其遗产廊道构建相对应的价值评价也就分为单体层次、站点层次、城镇层次、整体层次四个层面（见表2-5）。

表2-5 中东铁路工业遗产价值评价层次分类以及对应我国文物保护层次

工业遗产研究对应层次	遗产廊道构建	对应我国文物保护层次
整体层次	工业遗产区域	—
城镇层次	历史工业城镇	历史文化名城,历史文化名镇(村)
站点层次	工业遗产地段,企业等	历史文化街区
单体层次(建构筑物)	建筑物和构筑物	文物保护单位

同时,价值评价结果是层层递进的关系,也就是说每一层的价值评价是由其下属一层的价值评价结果作为基础数据而得出的(见图2-14)。在实际的评价中,单体层次、站点层次这两个层次的价值评价可以通过价值评价的量化分析,从而得到价值评价结果;城镇层次、整体层次则是采用定性的评价方法来得出结论,并且出于遗产廊道的整体性,整体层次的价值评价还需要利用与其他遗产的比较来进行分析得出。

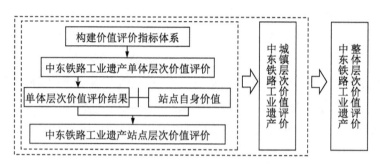

图 2-14 中东铁路工业遗产价值评价层级间的相互关系

(1) 单体(建构筑物)层次价值评价 首先,根据前人研究和指标频次分析,提炼出价值评价指标体系中的指标,然后重点通过针对中东铁路相关专家和遗产专家、遗产使用者等利益相关者的问卷调查,对指标进行优化。其次,在指标优化的基础上,选择合适的价值评价模型,确定指标和模型的路径,并且结合数据代入对模型进行修正和调整,利用路径系数确定权重,并依次计算结果。这也是本书第四章主要进行的模型构建工作。

(2) 站点层次价值评价 中东铁路是由许多站点构成的,每个站点在遗产数量、遗产类型、遗产分布、遗产稀缺性等方面都存在着巨大的差异,使每个站点呈现价值异质性。在中东铁路工业遗产廊道的层次中,第二个层次就是站点层次,这是廊道的一个特殊层次。站点层次价值评价的研究需要借助单体层次价值评价的结果,根据站点内部单体层次价值评价结果等与站点自身价值(站点等级等指标)进行综合分析。结合遗产廊道视野,站点层次的价值评价需要单体层次的价值评价结果作为基础数据源,如遗产单体数量等是在第一层级单体层次价值评价中所得到的结果。在本书的第五章,将对站点层次价值评价进行实证研究。

(3) 城镇层次价值评价 城镇层次的价值评价,是采用定量和定性相结合的方法,根据城镇内所含有的站点价值评价等级结果来进行综合分析的,即根据单体层次和站点层次的结果,才能对城镇层次进行价值评价。结合中东铁路工业遗产廊道的目的性,城镇层次价值评价一方面需要依据上一层次即站点层次价值评价的结果,还需要考虑城镇的研究单元自身的价值高低,也就是自身的经济发展水平和基础条件等是否有利于将来的遗产廊道构建的实施。在本书的第五章,将对城镇层次价值评价进行实证研究。

（4）整体层次价值评价 中东铁路工业遗产廊道具有整体性、层次性。中东铁路工业遗产整体价值的分析和评价与价值评价的目标——构建遗产廊道存在着密切的关系,不同的目标所对应的价值评价也必然不相同。按照系统论的思想,个体相加并不等于整体,所以中东铁路工业遗产的整体价值评价方法,需要将其从小系统中剥离开来,并且置放于更大的系统之中来进行比较,这样才能通过比较得出其整体的价值。在实际的操作中,整体层次价值评价一方面依赖于单体层次、站点层次、城镇层次的价值评价结果,还需要采用ICOMOS世界遗产理论框架下所进行的比较分析,将中东铁路工业遗产与其他同类型遗产进行比较,进而得到其整体价值(见图2-15)。本书将在第五章进行详细的中东铁路工业遗产整体层次价值评价的研究。

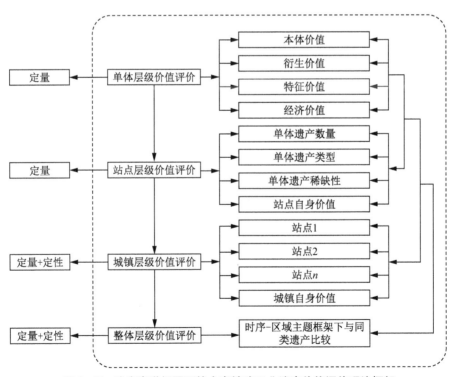

图2-15 遗产廊道视野下的中东铁路工业遗产价值评价理论框架

2.4.4 价值评价理论框架

中东铁路工业遗产价值评价的研究步骤主要有以下五个：①厘清确定价值评价角度及所在理论系统；②明确评价手段（定性、定量）；③厘清价值主客体之间的关系；④对价值载体和价值构成进行分析；⑤逐层进行价值评价。

（1）关键步骤一：确定价值评价角度及所在理论系统　整个价值评价，都是在遗产廊道理论框架下进行的，也就是在中东铁路工业遗产廊道构建的大系统之下，其最终目的就是为了确定遗产的价值等级，从而对不同层次的遗产廊道进行有序构建。

（2）关键步骤二：明确价值评价手段（定性、定量）以及价值主客体之间的关系
要科学地进行中东铁路工业遗产价值评价，首先要明确定性评价、定量评价之间的先后关系。定量评价表达方式有两种：一种是以价值评价指数进行的相对性分级评价；另一种是以现有市场价格为参考标准的绝对性定价评价。本书采用的是第一种定量评价，也就是以价值评价指数进行的相对性分级评价，得到中东铁路工业遗产之间的相对价值比例，从而得到其价值分级。一般说来，定量评价是建立在定性的评价基础之上，同时又为定性评价提供依据。定价评估是在预期评估结果的基础上，结合市场，根据保护开发情况来进行的，本书在此对定价评估不做深入讨论（见图2-16）。

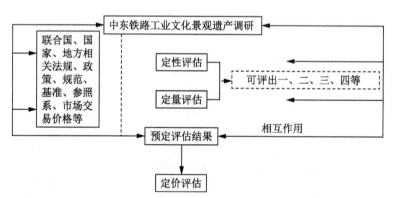

图2-16　中东铁路工业遗产价值评价的基本程序

对价值客体的研究，需要对中东铁路工业遗产的历史语境和构成进行分析，同时提炼其属性和特征。对价值主体的研究，则需要明确价值主体的选取和其权力属性现状，在此基础上进一步确定价值主体的需求。进而，通过价值类型学和相关法律法规的共性研究，来确定遗产廊道视野下的中东铁路工业遗产价值构成，并研

● 第2章 工业遗产基础研究和理论框架搭建

究其价值主客体之间的相互关系,并提出其整体价值关联。

依据工业遗产的定义与内涵,作为价值客体的中东铁路工业遗产,包括与铁路运营相关的站舍、工区、机车库等铁路本体工业遗产以及与铁路管理相关的管理办公类建筑、民居、教堂等铁路衍生工业遗产的类型等。其层次的划分依据中东铁路以站点为基本单位的线性遗产这一特征,以及中东铁路工业遗产廊道层次来确定的。基于此,价值评价层次划分为单体层次、站点层次、城镇层次、整体层次价值评价四个层级。每个层次依照相应的价值评价方法来进行评价,其价值评价目标都在于甄别出对于地方或国家具备重要意义的工业遗产资源及其分布格局和层次等级水平。

(3) 关键步骤三:价值构成研究　价值是通过价值载体(也可以认为是价值评价活动中的价值客体,即中东铁路工业遗产)的属性和特征所体现出来的。价值的认识则需要建立在充分认识价值客体的基础之上,同时融合价值主体的需求,才可以获取正确的价值构成结果。本章整体的逻辑按照中东铁路工业遗产的文化传播过程、价值客体特征研究、价值主体需求研究、价值构成的整体逻辑来进行论述。首先,从中东铁路产生的历史背景着手,对其修筑过程和文化传播过程进行完整解析,并从遗产廊道、建构筑物遗产的角度对价值客体的各类属性和特征进行提炼和阐释,如空间分布的线性化、遗产文化的多元性等。然后,对价值主体的需求进行分层次阐释,从利益相关者理论、价值主体选取、利益相关者模型、主体需求调研、融合当代价值的体现等来阐释价值主体的需求。最后,配合遗产价值构成研究的普适性、共性的研究内容,同时兼顾遗产廊道构建的目标,来分析中东铁路工业遗产的价值构成。

除根据国内相关法规中对价值的描述外,价值构成的研究还要根据遗产廊道的研究视野和构建廊道的目标,探析中东铁路工业遗产的物质形态和内在特征。与其他遗产相比,中东铁路工业遗产的价值构成之所以与众不同,主要是因为其拥有别的工业遗产所没有的特性,主要包含四个方面:中东铁路工业遗产是严格按照站点进行等级化的修建,每个站点的等级不同,所配置的附属建筑的种类也不尽相同;中东铁路文化线路中的每个遗产都承载了中东铁路这条线路的文化交流功能,并且在文化传输的过程中起到了或多或少的作用;每个遗产在廊道构建中都会起到作用,所以遗产在构建遗产廊道中的潜力大小也作为特性之一;遗产在中东铁路沿线的稀缺性,由于很多遗产在中东铁路沿线的遗产类型中较为罕见,所以这个特性也变为价值构成之一。

(4) 关键步骤四:确定价值评价方法和工具,逐层进行价值评价并应用　中东铁路工业遗产廊道构建需要进行多个层次的解构,其层次主要包含单体、站点、城镇、整体四个层次。相应的,价值评价也分为四个层级,每一层的价值评价是由其下一层的价值评价结果作为基础数据来得出的。由于价值在类型层面上,分为多层次的价值,价值评价的工具在很大程度上需要依赖评价主体,所以导致工具呈现多样化的现象。单体层次的价值评价结果是依靠定量计算;站点层次的价值评价,在单体层次的价值评价结果的基础上,根据站点遗产点数量、遗产点质量、站点等级等指标进行综合分析;城镇层次则由单体、站点层次来进行定性的分析;根据系统论,整体大于部分之和,所以整体价值的评价不能用站点层次和城镇层次的价值结果来判定,而应该从整体性、站在更高的视野、平台中来讨论中东铁路工业遗产的整体价值。结合其整体性,本书选择了在世界遗产理论视野下对中东铁路工业遗产整体价值进行定性的比较研究分析。在最后,应选择中东铁路工业遗产的具体区段进行价值评价的应用,一方面为了验证价值评价是否可以实现,另一方面则应用价值评价的结果来进行具体的遗产廊道构建的过程实践。

方法论问题与评价策略,也就是建立中东铁路工业遗产价值评价流程的标准。要将价值评价方法落实在制度层面,首先需要厘清在遗产保护管理过程中与价值评价有联系的相关阶段,提供价值评价的目的。其次要阐释价值评价的步骤以及相关的工作事项,按照我国文物古迹保护准则提供的保护程序,在完成评价的程序之后确定目标制定规划,存在的弊端就是在调查部分评价目的不明确,并且调查阶段没有遗产认定的步骤,导致逻辑不清。并且在价值评价的部分只给出了价值类型的描述,而没有给出价值评价的流程的标准,导致后期的工作与评价关联性很弱。所以,无论以哪种方式进行中东铁路工业遗产价值评价的研究,都要建立价值评价的流程标准,确保保护规划与其紧密相连。目前遗产价值评价最重要的是尽快建立中东铁路工业遗产价值评价流程的标准,通过调查确定遗产之后的流程(见表2-6)。完成价值阐述之后,结合保存现状和管理条件才能使价值评价结果完善地应用于后续工作之中,针对此问题本书只给出参考的价值评价结果。

表2-6 价值评价对应的工具和具体工作事项

价值评价步骤	工具	工作事项
确定价值评价的角度及所在理论系统	文献综述	确定价值评价的理论角度和价值评价的目的,通过文献综述确定所属系统,决定所研究的角度
价值评价主客体机制阐释	评价学方法	对价值评价主客体以及作用机制分别进行阐释,明确研究对象等内容

续表

价值评价步骤	工具	工作事项
遗产构成和价值构成认定,并进行详细价值阐述	实际踏勘、文献处理、价值类型学等	确定遗产的调查和研究范畴、了解地区发展的历史和脉络,收集遗产数据如照片、地图等,确定遗产在历史发展中的支撑作用(包括遗产在当地的历史中的意义),对掌握的遗产信息进行综合整理,阐释遗产的价值构成和价值产生过程及原因
建立价值评价模型	交叉学科	量化计算
模型验证和应用	实证	对模型的验证采用实证分析,来判断是否可以应用,并得出每一层次的价值评价结果

价值评价层次依照中东铁路工业遗产廊道特性整合出来,其典型性决定只适用于中东铁路工业遗产的价值评价,但也可为类似的铁路工业遗产提供一些思路。

第 3 章
中东铁路工业遗产价值主客体和价值构成

价值是通过价值载体(价值评价活动中称之为价值客体,在本书即中东铁路工业遗产)的属性和特征所体现出来的。价值的认识则需要建立在充分认识价值客体的基础之上,同时融合价值主体的需求,才可以获取正确的价值构成结果。本章整体的逻辑按照中东铁路工业遗产的文化传播过程、价值客体特征研究、价值主体需求研究、价值构成的整体逻辑来进行论述。首先从中东铁路产生的历史背景着手,对其修筑过程和文化传播过程进行完整解析,并从遗产廊道、建构筑物遗产的角度对价值客体的各类属性和特征进行提炼和阐释,如空间分布的线性化、遗产文化的多元性等。然后,对价值主体的需求进行分层次阐释,从利益相关者理论、利益相关者模型、主体需求调研、融合当代价值的体现等来阐释价值主体的需求。最后,配合遗产价值构成研究的普适性、共性的研究内容,兼顾遗产廊道构建目标,分析中东铁路工业遗产的价值构成。

价值构成阐释的技术路线,第一部分是共性研究部分,结合现行相关的法律法规中所提出的价值构成内容,将其列入价值构成的普适性组成部分中;第二部分是个性研究部分,也就是针对研究对象——价值载体的物质属性和相关特征进行阐释和分析,然后结合其特征的总结,融合第一部分的共性内容,并且兼顾遗产廊道构建的目标,进而分析出其价值构成(见图 3-1)。

3.1 价值形成的语境

本节重点对中东铁路工业遗产价值形成的语境进行解读。首先,论述中东铁路的产生,对工业背景以及国内外形势进行分析,并且对近代铁路工业的诞生、兴起、发展进行论述,初步探讨中国近代铁路工业的发展情况;其次,在此基础上将视角缩放到中东铁路,对中东铁路的修建过程与历史演化进行剖析,分析中东铁路发

● 第3章 中东铁路工业遗产价值主客体和价值构成

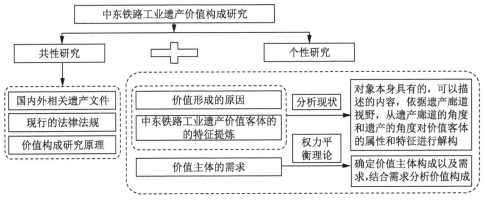

图 3-1 遗产廊道视野下的中东铁路工业遗产价值构成研究技术路线

展的历史机缘等;最后,分析中东铁路工业遗产的文化传播过程,按照其文化传播的驱动力,文化传播的原型原地、过程、结果的分析逻辑来进行阐释,分析其起源,进而探讨。

3.1.1 中东铁路的产生

中东铁路产生的背景包括工业背景、国际形势、国内形势等方面。工业背景,主要介绍工业相关的发展史,包括工业革命等。国际形势主要介绍国际上在工业方面的发展,国内形势介绍近代铁路工业的诞生、兴起、发展。并且,将中东铁路工业遗产放入世界及中国近代铁路工业的发展大背景下进行分析。

18世纪的英国,爆发了一场没有硝烟的革命,被人们称为工业革命。这次工业发展变革带来了人类历史上的一个全新的时代,也同时让工业化社会踏上了人类发展的历史征程,开启了机器取代手工劳动的时期。这次革命的影响极为深远,不光是技术革命本身,还有一些衍生的产品,都以蒸汽机的使用作为动力来源,以其广泛应用作为标识。在这个时期蒸汽机的出现为传统交通的变革带来了希望。英国在1825年修建了第一条铁路,是铁路进入交通行业的标志性节点。铁路作为近代工业的产物,是人类发明的重要交通工具之一。

工业革命,代表的不仅仅是生产力的变革,还是各种不同类型革命的统一和整合。工业革命不应该仅仅作为一种产业革命来看待,还要从更深、更广的层次来进行解读。在工业革命的背后,改变的是产业和经济,随之而来的是深层次的社会革命和"文化革命"。在社会革命的基础上,工业革命才达到了最终完成。通俗地讲,工业社会的基础是工业生产力的大批量进行,而生产的进行,需要不同教育层次的工业从业者。一方面国家会建立相应的教育体系，另一方面也会建立起分工明确的产业体系，国家在二者的融合之下，整个管理高度整合化、组织化，而工业化则是源源不断的能源补给。工业化是衡量国家发展水平的核心标准，工业化水平较高的属于发达国家，相对较低的则是落后国家。国际形势也跟随工业革命的进展而不断变化，蒸汽机的出现带来了动力上的变革，引发了国际形势的动荡。

为了让资本渗透得更为深入和迅速，西方列强开始向当时的清政府灌输修筑铁路的必要性，最初是英国的梅耶（Mayers）经过考察之后提出修建粤赣铁路。在他之后，各国多次提出修筑铁路的需求。但出于对西方的惧怕和长期闭关锁国的落后，是否修筑铁路在清政府内部形成了非常明显的两派。在保守派和洋务派不断的争论之中，清政府修建了第一条铁路——唐胥铁路。唐胥铁路从唐山到胥各庄，实际上是煤矿的运输铁路。1880年动工，1881年竣工。唐胥铁路的修建意义重大，这条铁路是清政府自建并且保存下来的第一条铁路，直接减少了从国外的煤炭进口，并且开创了中国铁路工业的历史。唐胥铁路的运营是十分有效的，在一定程度上反驳了保守派抗拒铁路的论调，也加强了清政府继续修建铁路的决心。在李鸿章的主持之下，又陆续修建了唐津铁路，这条铁路也是中国第一条靠外债修建的铁路。1886年底，沙俄为了控制东北亚开始着手修建西伯利亚大铁路。面对沙俄的野心，1891年清政府开始修建关东铁路用来连通关内和关外，同年9月开始动工，铁路设计路线从唐津铁路开始延展至山海关、沈阳，最后到吉林，但最终只修筑到奉天（今绥中县），这条铁路也是第一条国有铁路。

（1）1894—1912年的铁路工业 甲午战争刺激了西方各国在中国的侵略欲望，战后掀开了列强抢占租地的热潮。铁路修建也是资本输出的一种主要模式，列强开始将投资的目光投向铁路工业，在他们的租借地中修建铁路，可以更有效地扩张其势力范围和权益。

在这个时期内，铁路开始稳步发展，其巨大的作用也被多数人所认可，从最初的抵制到后来的兴办，得到了个人和官方的承认。因此，战争结束后，清政府将修建铁路定为国家策略。在这一时期，中国近代铁路工业开始兴起，并且开始了一轮修建的高峰，主要地区集中在东北、华北、华东等地。

东北地区主要是黑龙江、吉林、辽宁等省份，多处于平原地带，三面被长白山和兴安岭等山脉围绕。得天独厚的自然地理条件为铁路的建设和城镇的形成提供了非常便利的条件。同时，东北地区又是中俄等国的接壤地，沙俄和日本一直都视东北地区为夺取东北亚的关键之地，因此铁路的争夺占据着首要的地位，主要竞争实力在日本和沙俄之间。沙俄为了修筑铁路，早在1858年就借《瑷珲条约》将黑龙江省以北的 60 万 km² 土地强夺到手,随后 1860 年签订的《北京条约》,割让了黑龙江南部和乌苏里江东部的 40 万 km²,海参崴海港落入沙俄囊中。西伯利亚大铁路的修建就是为了让海参崴与沙俄联系更加紧密,其修建报告中的紧迫性也可见一斑。沙俄以辽东半岛之事为由,要求清政府允诺让其在东北修建铁路。为了共同对抗日本,清政府同意签订《中俄密约》,允许沙俄在黑龙江等地修建到达海参崴的铁路,当时史称东省铁路。1898 年,沙俄变本加厉,与清政府签订《旅大租地条约》,允许修建到达旅顺、大连的支线并与东省铁路相连,这样能将太平洋水路联系起来。就这样,中东铁路及南满铁路的修筑权都落到了沙俄的手中。中东铁路从满洲里开始,与西伯利亚大铁路相连,中心位于哈尔滨,东达绥芬河,然后直至海参崴。南满铁路从哈尔滨向南,途经长春、沈阳到大连、旅顺,与中东铁路共同形成"T"字形。

在这个时期内,修建的铁路里程多达 9 946 km,为之后民国时期的铁路工业奠定了良好的基础,也为其提供了足够的经验和教训,在后续很长一段时间内都影响着中国铁路工业的发展。

(2) 1912—1931 年铁路工业的缓慢发展 这一个时期内铁路工业发展较为缓慢,在这段时期内全国共修建铁路里程 3 900 km,几乎已经处于停滞的状态,修建的铁路里程数仅占上个时期的 40%。如 1912—1928 年,关内共修筑铁路里程数达 2 100 km,其中包含东北三省的 1 800 km。京绥铁路在 1911 年之前已经修到了大同,按照铁路修建的计划是一直要修建到包头。但这个时期,修建的铁路只是按照原计划继续进行,并非铁路的新修路线。同样,陇海铁路也是在汴洛铁路的基础上延展,也不是新修路线,只是在原来铁路的基础上向不同方向扩展而已。在北洋政府时期,还有几条非常主要的铁路修建,如粤汉铁路的湘鄂、广韶段。这线路也是延续清政府之前与其他列强所签订的借款而修建的,在资金的有效保证之下,粤汉铁路分别在湖北、湖南、广东开始了修筑。在这段时期,只是将之前修建的铁路进行连接,修筑铁路长约 155 km。而比较关键的株洲至韶关的 450 km 铁路没有修筑。另外,个碧石铁路等的修建都是民间商用的资本结果,与政府关联不大。从上述可以得知,北洋政府时期修筑的铁路几乎都是在上一个时期的计划之中延续下来的,几乎没有修筑新的线路。政府在这个阶段没有一个完整的铁路规划,这个时期是铁路工业发展的低谷时期。

东三省在这段时间内修建了长达 1 800 km 的铁路,整体在全国范围内看还是有一定程度的进展。这些铁路之中,日本直接获取权益修建的铁路超过一半。日本获得了蒙满路权,借款修建的四洮铁路、洮昂铁路以及天图铁路、金福铁路、奉海铁路等,还有京奉铁路局主持修筑的大通、锦朝铁路的建成都在这一时期内。从1912年到1927年这段时期,由中国主持修建的铁路里程有2 400余km,主要修建的路线有:四洮、洮昂、锦朝、大通等线路。1928年至1931年,张学良为了打破中东铁路和南满铁路的沙俄和日本势力的统治,在其两侧分别修建了奉海、吉海、齐克、呼海等线路,其中奉海铁路、吉海铁路将吉林和沈阳跳过南满铁路直接连通,四洮、大通等铁路也越过中东铁路将昂昂溪与外界相连,齐克加强了黑龙江与关内其他地区的联系。可以看出,这段时期内修建的铁路都位于中东铁路和南满铁路的两侧。

由以上的分析可以看出,不论东北铁路工业的发展如何,都是围绕中东铁路来进行的,中东铁路工业在中国铁路工业的历史上有着不可磨灭的作用。

3.1.2 中东铁路的修建

根据上述工业背景、国际形势、国内形势分析来看,中东铁路工业遗产伴随着中东铁路工业而来,其遗产价值形成的语境有着独特的条件,整体大环境成就了中东铁路工业遗产,从形态上来说,既是线性文化景观,又是文化线路的典型代表,其修建和文化传播过程都与其价值形成有着紧密的联系。

从中东铁路开始修建到发展至今,它不断变换着自己的身份和名称,历经多个历史时期,同时带动着沿线的城镇发生着翻天覆地的变化。中东铁路的修建始自1897年8月,勘探结束于1898年2月。同年6月,哈尔滨成立铁路工程局,中东铁路的建设从哈尔滨、绥芬河、满洲里三地同时相向施工。中东铁路的修筑奠定了东北铁路的基础,沟通了东北内地与大连旅顺海港之间的联系,促进了铁路沿线地区的发展。其整体建设时间为5年,共计花费5亿卢布,全线共分为21个工程区,每个工程区都有专门的负责人来保证施工进度和质量速度。

图3-2 三岔口开工典礼图

铁路建设之快的另外一个原因就是勘探工作的提前开展。早在1895年,沙俄擅自派遣勘专家进入东北进行铁路修建的适宜性勘测。同年,又派遣多批考察队进入大兴安岭、齐齐哈尔等地考察,1898年2月就完成了对中东铁路的全线考察和勘测工作。当时勘察的人员包含铁路、道桥、建筑、军事等多方面的专家和技术人员,在选择最佳线路的同时还考察了沿线地区的自然资源和矿产资源,勘测还未结束就在三岔口举办了开工典礼(如图3-2所示)。中东铁路从建设至今,路权管理始终处于变动的状态之中。从时序发展的角度来看,大致可以归纳为五个历史时期,即:沙俄全线统治、日本和俄国分占、日本全线占领、中苏共管、回归中国。日本和俄罗斯两种文化,作为典型的外来文化为当地带来了较大的冲击。

19世纪末俄国工业、经济的发展以及大西洋出海口的封闭使其开始将注意力放入远东的西伯利亚地区,为了加强西伯利亚地区和其他区域的联系,也为了更好地控制和实施沙俄的远东政策,诞生了西伯利亚大铁路计划。中东铁路产生的主要原因是勘测铁路的工程师认为从中国境内修筑铁路直达海参崴,可以有效避免原来铁路路线地势、环境和施工难度上的问题,并且能够有效地缩短路程进而降低成本。同时,铁路穿越中国东北地区,可以为沙俄掠夺东北的自然资源提供有效的便利条件。更深层次地说,可以让沙俄利用铁路进驻东北,加强对东北的影响,从而更有资本与其他列强国家抗衡。维特曾经说过,建于东北地区的铁路,是俄国军事上的强大后盾,一旦发生战争和纠纷,太平洋水域都由它来控制,因此这条铁路具有重要的战略意义。沙俄在进行了周密的计划之后,发现缺少一个实施的契机。鸦片战争之后,清政府迫不及待地寻求强国与之联盟进而得到其保护。随后甲午战争的惨败,清政府割让了辽东半岛给日本,沙俄借此机会逼迫日本交出,得到了清政府的依赖。从任何一方面看,修建中东铁路对沙俄都是更有裨益的,而清政府认为这样可以实现互助御敌。1896年,清政府与俄国签订的《中俄密约》成为沙俄势力进驻东北的全面开端。修建铁路计划得以实施之后,沙俄为了彻底将以中东铁路贯穿的东北地区握在手心,与清政府签订了更多条款。如1896年之后签订的《中东铁路公司章程》《旅大租地条约》等,进一步加强了对东北地区的控制力度。与此同时,中东铁路沿线大规模的铁路建设开始逐步推行。首先包含铁路运营配套的大量建筑,如站舍、水塔等,其次由于俄方修建铁路的技术人员的入住,修建了大量的住宅和宗教建筑来满足正常的生活和工作需要,并且工商业也随之兴起,如面粉厂、啤酒厂等。中东铁路的修建不仅改变了东北地区与其他地区之间的交通联系,还通过这条铁路源源不断地带来了多方移民,影响了沿线地区的经济、文化多方面的发展。

1904年,日俄战争爆发,沙俄战败,战争的结局是中东铁路干线以及宽城子以北地区由沙俄控制,宽城子以南的南线地区割让给日本。日本为了更好地管理南线,成立了涵盖铁路运输、开采煤矿、水运管理等诸多领域的南满洲铁路株式会社。

满铁公司自此成为日本疯狂掠夺中国资源和实施统治的代理工具。1932年,日本建立了伪满洲国傀儡政权,1935年,苏联将中东铁路干线及宽城子以北铁路出售给伪满洲国,自此中东铁路的控制权完全落入了日本手中。太平洋战争时,日本开启了满蒙开拓团规划,开始有计划地向东北地区输出移民,原有俄式建筑遗产开始带有日本建筑风格。由于长时间对南线的控制,使得南满铁路沿线城市受到日本书化的影响较大,原来被俄罗斯文化影响的景观开始浸染日本书化,呈现以日本书化为主的多元文化叠加面貌,日本势力奠定了南满铁路沿线工业遗产的基调。

3.1.3 中东铁路的文化传播

传播的概念,可以理解为扩散和普及。文化传播在人文地理学科的概念是文化要素地域的扩大现象。在文化的地域差异研究中,文化传播是一个非常有效的研究手段。在两个文化要素相近的地域,一般认为存在着某种文化传播,但是革新性的发生是困难的。文化传播在诠释有关文化特性的地域差异时,是十分重要的媒介物。本节主要从文化角度,依据文化地理学等理论知识,对中东铁路工业遗产的文化传播过程进行深入剖析,进而可以深刻理解中东铁路工业遗产价值形成的语境。

(1) 文化传播的驱动力 所有文化都不会停滞不前,传播、冲突、变迁是文化的驱动力机制,也是一类文化在发展过程中可能会具有不同阶段。传播提供了不同文化之间交流与互惠的机遇,而冲突是不同文化模式之间发生的矛盾与整合,进而走向变迁的重要因素。人类文化的历史性发展,是世界范围内的多元文化在自身内部或彼此之间相互发生持续作用的过程与结果,变迁与冲突也是其中比较普遍的文化现象之一。

中东铁路长期以来,一直被认为是承载中、日、俄等多种文化交融和碰撞的历史载体,而存在于其沿线的工业遗产,则是这载体中的重要有机部分。铁路的到来,带动着经济、社会的迅猛发展,其变革也结合着多种文化的扩散和传播。可以说,文化传播是多种外部因素共同作用的结果,而产生这结果的原因就是孕育和滋生其传播过程的要素和条件。对于中东铁路的文化传播过程来说,其背后深含着的是近现代社会文化转变发展和多国利益权衡的体现。中东铁路工业遗产文化的诞生,是中东铁路修筑和演化所带来的必然结果。而中东铁路的修筑和演化,也不是突发的事件,而是在工业革命的大背景之下蕴含着俄国对中国垂涎多年的政治企图。同样,背后还有着清政府忍辱交易的苟延残喘。中东铁路工业遗产的文化传播，就在这样一个复杂的背景下展开。

① **俄国的驱动力量** 从历史文献资料中可以看出，中东铁路的修建不是一个突发性的事件，而是融合了俄国的主观驱动的力量。在整个文化传播的过程中，俄国的驱动力量主要有三次：修建铁路和扩张计划的实现、日俄共同掌控中东铁路、俄国革命和苏联诞生。沙俄修建铁路和扩张计划的实现阶段，主要包含主观政治和经济准备、客观因素、紧凑的执行三个方面。

其一，主观方面。沙俄对中东铁路的修建早有预谋，主观政治和经济准备充足。沙俄意图通过占领朝鲜和中国东北来争霸远东，进而达到和英、美等国家争夺海上霸权的目的。1886年，西伯利亚铁路的修建计划连接中国东北地区并寻找出海口，沙俄盼望能够通过修建铁路来打通俄国至中国的亚欧通道，方便其开辟亚洲贸易市场。总结说来，沙俄为了完成自己的政治企划，在获得修建中东铁路干线的特权之后，仍不满足于此，又开始谋划南部支线的修建特权，同时，力图抢占旅顺港和大连港等地区。经济准备方面，沙俄与资金雄厚的法国同盟，开展对亚洲的投资，俄国借助法国资金，两国共同针对中国。所以，主观驱动力在传播中占据了很大的位置。

其二，客观方面。当时的清政府已经进入腐朽无能的末期，无力对抗各国列强的一再侵略。但清政府意识到实力和科技是落后的主要原因，开始兴起了洋务运动。洋务运动的产生与发展并没有挽救清政府的垂暮，却对中国近代社会有了关键的推动。中东铁路也恰好选择这个时期进入，迎合了洋务运动的浪潮。而"还辽事件"中，沙俄的救世主的形象获得了一系列清政府亲俄势力的加强。清政府渴望通过中东铁路与沙俄结成联盟，这样可以达到互助的目标。所以，在中东铁路文化传播的驱动力之中，客观因素也占了相当的比例。

其三，紧锣密鼓地实施。沙俄为了修建中东铁路，非法勘查，大造借地修路的舆论，成立了华俄道胜银行。华俄道胜银行的本质，是一个政治、经济的综合体，其深层内涵是稍加伪装的沙俄财政部分支结构。沙俄利用其来侵犯中国的各种主权，如警察权、司法权、采矿权等。随后，沙俄向清政府提出要租借旅大和修建中东铁路南满铁路，自此，沙俄从19世纪下半叶以来就梦寐以求的不冻港终于到手。1898年6月，哈尔滨的香坊屯（今香坊区）成立了铁路工程局，整个工程从哈尔滨、绥芬河、满洲里同时开始。干线和支线的推进同时进行，所以最多时，沿线修筑铁路的工人多达17万。1903年，这个时期沿线修建的工业遗产数量最多、分布范围最广、密度最为集中，整体覆盖了干线和支线。同时，中东铁路的修建完成，奠定了沿线工业遗产的整体基调，并且也成为中东铁路工业遗产文化传播发展的关键性机遇。它也形成了其连续、协调的整体特征,即以俄式传统风格为主,并糅合中国建筑传统元素的混合风格。

②日本的制动力 中东铁路的通车使沙俄的侵略势力全方位渗透到远东地区,并且贯通了亚欧大陆通道,这引起了日本的强烈警觉。之前的"还辽事件"发生之后,日本重新整备军队和物资。在1904年至1905年期间,在中国的东北土地上爆发了日俄战争,战争的起因是两国争抢中国辽东、朝鲜半岛,以沙俄失败结束。日本开始接管南满铁路,获得了其经营权和沿线的资源,并派出军队驻扎沿线。而沙俄继续掌管中东铁路干线和宽城子(今长春)以北的支线。日本成立了铁道株式会社(满铁公司),其本质与华俄道胜银行一样,掌管铁路附属地之内的铁路运输、煤矿、土地等多方面的经营和行政,是日本在东北实施其侵略的重要工具。同时,日本在其沿线建设了多个住宅、学校等。从这个时期的建设活动来看,此时的工业化水平已经有了较大的提高。日本对南满的接管,切断了原本较为顺畅且完整的文化传播过程。以伪满为代表的日本建筑风格和样式,成为支线特有的文化现象。自此,中东铁路干线和支线,完全走向了两个方向,形成了不同基调的建筑文化。基于此,本书研究的中东铁路工业遗产主要指的是干线,即处于沙俄曾管辖的范围之内所形成的工业遗产,位于同一个文化圈,其形成背景和文化传播路径较为相近。与此同时,日俄战争之后,中东铁路沿线诸多城市被开辟为商贸口岸,各国资本相继涌入,形成了重要的贸易市场,同时带动了整个中东铁路沿线的建筑文化的快速发展和繁荣。1935年,苏联将中东铁路卖给了日本,日本进入全线掌控中东铁路时期。可以看出,日本在文化传播中的驱动力,主要是按照文化进入、奠定基础、文化覆盖三个步骤来进行的。文化进入是指日本现代文化在支线铺开,奠定基础是指为下一步文化传播制定政策和机构上的保障,文化覆盖则是将支线已经成熟的文化延展到中东铁路全线,缓慢进行文化传播的过程。

(2) **文化传播的原型和原地** 中国东北地区在沙俄等国的侵略之下,整体文化受到了外来文化的植入和冲击。在中东铁路沿线的表现为外来文化强势进入、本地文化抵抗的一个过程。在中东铁路修建的过程中,沿线建筑呈现强植入性的文化特征,多方文化在这里形成碰撞和融合,进而展现出新的面貌。整体中东铁路沿线的文化在强植入过程中,从最开始的反抗到接受,继而到主动容纳,这正是文化的渗透作用,也称为文化的涵化过程。文化传播来自文化的地域差异,中东铁路工业遗产文化的传播过程主要包含三个文化原型:俄罗斯文化、日本传统及近现代文化、中国传统文化。

(3) **文化传播的过程** 中东铁路东线、西线、南线所有的铁路站点加起来共百余个,作为铁路单元,从一等站到五等站,每个站点都是一个居民的社区,在这里都发生着文化传播的故事。很多沿线的铁路站点,俄人比中国人还要多,而文化传播,就发生在这两类人群之间,每个社区也演绎着文化传播的历史。相比较俄人来说,受雇的中国铁路工人所接收的俄文化往往要多过于居住的农民,因为长期与俄人接触,所以这些铁路工人到最后甚至都可以说出一口流利的俄语。这些沿线的铁路站点,部分是重新设立的,还有一部分是利用原有沿线的居民社区。如海拉尔站,在建设之前有一座城市,是当时副都统所在驻地,时称呼伦贝尔城。铁路修建之后,海拉尔的发展远远超越了呼伦贝尔城,最终海拉尔取代了其名称。如中东铁路的中心城市哈尔滨,在设站之前,只有几个零散的村落,互不连通,设站之后,这几个村落合为一体,成为哈尔滨的有机构成部分。中东铁路沿线的文化传播,不光带有农牧业文明,还浸染着工业文明的色彩,而这个特点,在中心城市哈尔滨体现得尤为卓绝。1898年铁路总工厂在哈尔滨建立,属于中东铁路总公司,在当时,它是全球较为先进的工业企业之一,在我国近代工业的发展史上拥有着不可比拟的地位。与上述的直接传播区相比,文化传播的间接传播区的范围更大更宽广,但同时受到的影响没有那么多。间接传播区包含整个东北地区铁路沿线的范围内,如现在的大兴安岭地区,还存在着原木结构的建筑(木刻楞)作为当地的主要居住形式。这种建筑的形式是利用圆木去皮之后相互叠加,在其间横向上咬合,平顶上再累加木瓦形成双坡顶,这种民居建筑形式来自俄国,也是根据文化传播而来的。再如,中国东北地区主要建筑形式是红色砖房,这种砖房也是在修建中东铁路之后传播开来的。最早的中国东北地区常见的是传统的青砖房,整体建筑利用木构架,青砖只起围挡作用,而俄式传播带来的建筑形式则是石砌地基,在其上层层垒砖,没有木构架的支撑,只是在普通砖墙之上建屋顶。

从文化传播的两种区域——直接传播和间接传播的区域中可以看出,文化在中国东北地区的传播,整体趋势呈现从西北向东南倾斜的走向。东北地区的西部和北部,受到文化影响较大,而其文化所呈现的俄罗斯文化特质也非常多。相对地,东北地区的东部、南部受文化传播影响较少。以普通居住建筑为例,西线较东线和南线比较来说,更多呈现俄式风格的特点,就连西线端点城市满洲里,其文化色彩都要重于东部端点城市绥芬河。俄人在中国将他们的文化传播到了中国,然后又通过多种途径,将文化传播给了与他们所接触的中国人,理论上说来,文化的涵化现象应该是相互的,但是中国人吸取的俄文化明显要多过于俄国人汲取的中国文化。

文化的传播过程势必会给多方的文化空间带来不同的影响。在文化传播的过程中,哪种文化势力占主导方向,取决于文化传播的双方之间的文化势差。而文化传播在外来文化和本地文化之间,必然要经历碰撞、融合、异化的流程。当外来文化占主流且非常强势之时,本地的文化就会处于相对缓慢和停顿的状态。但是,本地的文化有着其背后稳定的根基和原生的自然环境,所以并不会真正静止,而是通过另外一种潜移默化影响外来文化的方式存活,并且不断地对外来文化进行调整和同化,这也正好表现了文化的一种非常戏剧化的细节,尤其体现在工业遗产上。

中东铁路工业遗产所蕴含的文化传播过程,戏剧化地体现在其上所附着的俄罗斯文化、日本书化、本地文化等现象。中东铁路作为一条文化线路,其中融合了不同文化的互动和联系,整个过程可以总结为同化、异化、共生三个阶段。文化的传播,从某种角度上来说,外来文化还需要纳入本地文化所延展的逻辑中去,这样能够通过文化异化,让外来文化真正扎根于本地文化。中东铁路工业遗产风格的多样化体现了文化传播的涵化过程,如存在于沿线的中西合璧风格遗产。例如,部分遗产的屋顶采用西式三角桁架技术,但屋顶的外观却有着中国传统装饰符号,如吻兽、波形瓦片,外墙拼贴出来的中国汉字都显示了中东铁路工业遗产跨文化交流的意义,俄式的墙面与中式的屋顶相互呼应,形成了典型的中西合璧式风格建筑。如位于滨绥线上的尚志火车站站舍,这个站外立面为典型俄罗斯风格的"黄房子",站内立面却有许多中国传统装饰纹样,如筒板瓦的批檐、雀替装饰等,表面装饰着西方珠帘纹路的花盘以及卷叶纹和蔓草的结合图案;再如中东铁路沿线黄色墙面装饰有中国红色双喜字图案,喇嘛甸的遗产有中式花纹和式样,不同文化元素在遗产之上进行融合,显得十分别致。随着历史不断推进,中式的元素逐渐被俄式所取代,显示了整体异化的文化进程,随后所产生的遗产类型也具有明显的多元化特征。

(4) 文化传播的结果 文化传播结果所表示的概念和定义是在一定的时间范围之内,事物所能达到的最终的状态。表现在中东铁路文化传播的过程上,就代表着中东铁路文化传播所达到的最终结果。

中东铁路工业遗产文化传播时空跨度很大。从十九世纪末到二十世纪中叶的几十年的时间里,与本土文化相异的建筑文化传播成果丰硕,达到了巅峰状态。文化在不同的中东铁路区段上,呈现着不同的分布特点,在不同的时段上,也拥有着不同的个性和特征。可以说,整体文化传播的结果是建立在交叉、立体的时间和空间架构之中的。将文化放入空间和时间内,就引入了文化区理念。文化区是文化地理学的核心理念,是作为地域文化核心理念的主题之一。文化区的概念是在某个区域之内,拥有相同的文化类型、文化原型,因其内所拥有相同的文化特征得以形成共性的研究区域范畴。在本书的研究范围之内,中东铁路的铁路附属地区域拥有独特而又统一的文化形态,使之成为一个单独、典型的文化区,其主要是线性空间形态。

在中东铁路文化传播的过程中,文化从文化源地获取源源不断的传播信息,不仅会在地域上留下深刻的文化烙印,也会在自然、人文的背景环境下留存时间和空间的蔓延特征。中东铁路在修建的过程中,不仅在中国的东北区域改造了沿线的自然风貌,也在其中嵌有带不同时代烙印的多重类型的中东铁路工业遗产。可以明显看出,这种文化传播具有发达和先进的性质特征。

① 遗产文化的组合结构——时间维度的边缘和核心模式 在中心地理论的基础之上,斯科讷提出了核心与边缘理论。应用于文化地理学上,该理论所表达的是文化之间影响和扩散的范畴,核心所表示的是其文化区域的中心,边缘表示的是其中依附于核心的系统区域,其后续的发展依托于核心区域,二者共同构成一个组合空间结构。

在讨论文化的组合结构之前,首先需要明确的前提是,文化的分布是具有整体结构形态的,正是因为结构形态的存在,才会具有核心和边缘的区别。如同一个范围之内的关系存在隐含的逻辑一样,文化在一定区域范围之内,也具有某种深层的内涵逻辑影响着文化分布和演化的进程。这种深层的内涵逻辑可以视作文化传播所隐藏的路径,受文化进程的秩序和机理所制约和衍生。前面已经叙述过,文化之间具有差异才导致了文化传播的产生,通常表现为由高文化层次的区域向低层次的区域传播和流动。一种文化形式的类型,在一个地区长期占有主要的地位,并且被广大区域所普遍接受,这个区域就已经从"地区"上升为"地方"。"地方"在这里并不是指代地点,而是地理学中的概念范畴。文化地理学对"地方"的理解是,一个区域长期具有一定程度的文化积累并上升到文化认同的程度,那么这个区域就拥有了地方性。经济地理学认为"地方"的内涵是,当一个区域与其他区域拥有功能链接性的时候,这个区域具有其他区域所不具备的本质特征和条件。从二者对"地方"的理解可以看出,虽然概念具有一定程度的区别,但是其内在本质都是相同的,即认为这个区域具有与其他区域相比的不同点和特殊性,就是地方的内涵。这个概念表现出了文化区的内在,其区域所指代的"地方"的意义是由人主观赋予的,也是人对区域认知上的产生物,是认识上建构的内容。

从概念上可以看出,中东铁路文化区具有非常明显的"地方"特征和含义。这种"地方"上的属性,表现在建设之初所配备修建的中东铁路工业遗产,以及铁路系统特殊的运营方式，而这些内容同时又糅合在中东铁路宏观的自然环境背景之下和广域的地理条件之中。

在相关文化区的尺度和层级上，地理学经常应用文化大区、文化世界、文化圈的尺度。应用在中东铁路工业遗产的文化传播过程中，则在中东铁路沿线的铁路附属地可以划分为不同的文化圈，如蒙古、南满文化圈等。中东铁路的边缘-核心文化模式，所表现的是一种地理分布的空间结构，整体为共时性。同时，这种模式又具有时间延展的特质，整体呈现为历时性的时间结构。边缘所具有的文化积累时间较短，传播能力和同化能力较弱，呈现出了一种微弱、模糊的边缘形态；核心则与之相反，其文化积累时间较长，传播能力和同化能力较强，因此影响程度和范围大而广，呈现出一种确定且鲜明的结构。二者共同杂糅成为强弱对比明显的真实文化传播脉络。

② 中东铁路文化传播的文化圈组合图示　中东铁路沿线是一个非常典型、标准的"地方"，所以在此基础上，将文化区域和范围界定在中东铁路附属地之内。伴随着修建过程的深入，俄罗斯和日本的文化势力传播一直没有停止，且根据时间的前行越来越增加和扩大其影响力。中东铁路所拥有的文化系统和文化空间，与中国其他区域相比，具有相对完整的独立性。这种独立性所表现出来的是外来文化糅合的圈层结构，也具有明显的地方特性和地方意义。中东铁路的地方性，体现在了中东铁路沿线的工业遗产之上，是由它们所积淀形成的，也具有了人主观赋予的建构能力。如部分俄罗斯人，还会经常回到中东铁路沿线的城市，来寻找过去父辈的记忆。在横道河子镇，就多次有俄罗斯人前来探访和追忆。对于一部分日本人来说，他们对大连、旅顺等地有着极为特殊的感情。犹太人对哈尔滨情有独钟，因为哈尔滨是他们的避难之地。在他们艰难的时刻，哈尔滨这座城市张开胸怀无私地接纳了他们，让他们生活于此。至今仍有很多犹太人会来到哈尔滨，回到曾经生活过的地方。

沿线的中东铁路工业遗产是中东铁路文化所派生出来的大的载体，这些遗产所形成的文化圈，是中、日、俄文化圈的交叉。其中，这三种力量融合、杂糅，相互交错、协同前行，最终形成了整体中东铁路工业遗产的不同现象。本书的研究范围是从满洲里至绥芬河段的干线，所表现出来的文化圈层主要是俄罗斯文化圈、蒙文化圈等。从文化传播的角度来说，中东铁路的中心城市是代言多种文化交融的"核心"，这些中心城市整体形态分布为线性，以中心城市哈尔滨为首。

从中国正统文化圈层的范围来看，中东铁路附属地的文化圈属于边缘的位置，只有部分以大屋顶的传统建筑形式出现在南线，所以在本书中暂不做过多的讨论。

蒙文化圈则主要以草原的自然环境为主，在干线中体现出清晰的地域文化，主要传播在蒙古人、汉族、俄罗斯人等与其他民族的人群之中。其文化圈内具有非常显著的遗产特点，当地的蒙古包与中东铁路的俄式风格建筑，在冲突之间又融合了木质雕刻的精美和细致，数量众多，并在其中体现了强烈的蒙文化装饰语言，与其图案、符号等特征相互映射，成为其文化交融的典范。

③ **遗产聚落和遗产分布模式——空间维度的"点、群、线"模式** 中东铁路文化传播的过程是一个时空立体架构的范畴。在时间维度上，多种文化圈以核心-边缘的形式相互交错与影响。在空间维度上，以显著特色的线形路线展示作为链条，呈现点、群、线模式。从整体上看，这种模式在中东铁路工业遗产聚落上的体现，是一种横向的文化分区构造。"点"是指作为节点的中东铁路的各个站点，"群"则是以多个点构成的城镇层次，"线"则是以铁路为轴线所形成的整体线形廊道，其将点和群进行串联。"点、群、线"是中东铁路工业遗产聚落的主要表现形式和空间格局。"点"是中东铁路沿线的各个站点，根据站点等级的区别，表现出非常严格的等级化特征。等级越高，所拥有的工业遗产类型和数量就越多。"点"所展示的文化传播方式能力较弱，需要联系其所处的空间环境以及与其他"点"之间，让其自然而然地发挥其自身所具有的张力，形成较为强烈的文化情感气氛，进而可以发生情感上的共鸣。"群"是中东铁路工业遗产作为文化载体和价值载体的集群范围，"群"与"群"之间具有较大的差异性，规模较大的站点所积聚形成的铁路重镇，是线路上的重要节点和区间范围，在铁路建设之初就具有快速扩张规模的特点。相比较而言，"群"的展示是具有明显叙事意义和情绪感染力的，并且带有浓重的文化场所精神指向性。"群"所表现的也是次级文化圈的典范，比如哈尔滨等。"线"是以铁路为轴线，表现出整体的韵律感和节奏感。中东铁路干线和支线，由于所处的自然条件和地理环境的不同，其沿线工业遗产的整体风貌和特征也不尽相同。究其原因，除了在设计之初时的考虑之外，很大程度上受限于沿线的自然环境。从现存调研的情况上来看，中东铁路干线遗产展示的风貌首选是木刻楞、水塔、虎皮石装饰的浴池类遗产、石拱桥，这些遗产类型各具特色。

将视角从遗产聚落缩小到"点"之内的遗产分布，可以看出很明显的差别。遗产分布的方式，在中东铁路工业遗产上呈现"点、线、面"的形态。无论是单独的一栋遗产，或者是整条街道，整座城区，与周边的自然环境所融合，涵盖了多种多样的工业遗产空间体验的趣味性。同时，中东铁路工业遗产与环境相互呼应和映射，体现了浓重的文化传播气质。中东铁路文化传播的主要载体，就是沿线所遗存的中东铁路工业遗产，其遗产分布，依托铁路这条交通线构建了分布格局的基质和本底。以横道河子镇为例,横道河子站是当时中东铁路重要的中转枢纽,因为需要解决火车爬坡的技术难题,汇集了诸多专家和技术人员,拥有独一无二的机车库,整体风貌既有北国风光,又有欧陆风情。而整个站区所展现的俄罗斯和中东铁路印记也是唯一和独特的,历史与现代的交织体现在中东铁路工业遗产之上。传统的木刻楞建筑风格,色彩鲜明、形态各异,形成一个个空间聚落,俄罗斯田园风情浓重。每一个工业遗产"点"都是一幅单独的画卷,而集中在一起,又形成遗产线性展示群落,如横道河子的历史街道。走到制高点,能够看到诸多"点"和"线"相互交错,形成完善的"面"的形态,融合依山傍水的自然环境和砖石建筑群,构成了浓重而又明显的文化氛围。

文化整合在一定程度上表现了核心的主流强势文化对弱势文化的趋同现象。对于文化兼容阶段所表现出来的中东铁路工业遗产在空间上的简单并存而言,不同文化区的整合则更像是深入的本质融合。而这种现象的产生,是在文化碰撞之中,当地的文化所具备的固有的顽强现象来抵抗外来文化的一种特质,这一过程的结果呈现的是优胜劣汰,所以说,文化的整合在一定程度上具有困难性。

核心边缘体现在中东铁路工业遗产文化之上,其形态文化分异具备着明显的主次关系,同时深层又隐含着兼容和整合。核心的主流文化遗址被保持,而边缘的文化则通过在小范围内的高密度分布来加强自身的文化强度,从而取得与核心所抗争的能力。最终,多种文化在不断地彼此交流之中,达到了一种平衡的状态。

3.2 价值客体的特征提炼

特征是用来描述事物特性的抽象成果,一个事物或者一些事物具有很多特性,根据特性抽象出特征。不同的学科对事物的特性偏重各有区别,需要具体依照学科逻辑来定。属性是事物的固有性质和特点,如质量等不随着物体的运动状态而发生改变。而特征则是在一定情况下所具有的特性,如温度、熔点等。

对作为价值客体的中东铁路工业遗产的研究范畴进行有效界定,是从工业遗产的相关法律法规和概念等进行抽离,本书所研究的中东铁路工业遗产属于中东铁路工业建构筑物的范畴之内(见图3-3)。而研究范畴之内的工业建构筑物的特征分析,则是在遗产廊道视野下所进行的,通过结合其所具有的属性,进而抽象得出。属性的分析是为了其特征的抽象所奠定的基础,其特征按照空间分布、遗产文化、类型、功能、技术、艺术的逻辑分别进行阐释。

● 第3章　中东铁路工业遗产价值主客体和价值构成

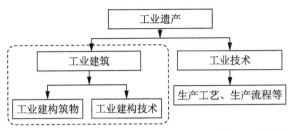

图 3-3　作为价值载体的中东铁路工业遗产的研究范畴

从概念上看，事物具有各种各样的性质与关联，而这些性质和关联，就会被统称为属性。任何事物都具有属性，属性是属于事物的，事物也是有属性的。通常情况下，属性是对研究事物的可描述的性质的抽象刻画，如形状、功能、颜色等。对于研究事物来说，具有共有属性和特有属性两种，也可以分为本质属性和非本质属性。顾名思义，特有属性也就是说事物作为单独的一类对象所拥有其他对象不具备的属性，共有属性则是与其他对象所具备的相同的属性。共有属性不带有区别特征，事物的不同是根据属性的不同所认识的，所以人们根据特有属性来辨别事物的不同类别。

对于作为价值载体的中东铁路工业遗产而言，研究其属性，需要在遗产廊道的视野之下，来分析其本质属性。依据不同的本质属性，可以衍生出其特有的属性。本质属性是决定中东铁路工业遗产之所以区别于其他工业遗产的属性，其固有的规定性以及与其他遗产的区别性是本质属性的特征。

最早形成的属性初级概念处于低层次，所反映出来的事物属性通常都是非本质的特有属性。伴随着对事物认识程度的不断加深，低层次的认知开始进化形成高层次的概念，这时就反映出了事物的本质属性。当认识到这一程度的时候，就说明事物的本质已经被真正地意识到，这个高层次的概念也就可以被认为是映射本质属性的意识形态。研究事物一般具有多重的本质属性，根据不同的研究需求，可以将某一属性提升到首位去研究，也就是说，可以从不同的、特定的理论角度去研究事物。对于作为价值客体的中东铁路工业遗产而言，研究其属性，也是根据遗产廊道构建的最终目的和需求。从遗产廊道理论的角度来研究中东铁路工业遗产的属性的表现，对遗产价值承载者的属性进行分解，属性研究技术路线见图3-4。

中东铁路工业遗产其根本特性所抽象出来的特征，就是本质特征，下面将按照景观学科对遗产本质特征的偏重，对中东铁路工业遗产特征进行解析，主要按照空间分布的线性化、遗产文化的多元性、遗产类型的多样化、遗产功能的活态性、遗产审美的艺术性等几个层面来进行论述和阐释。

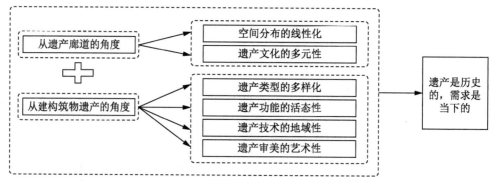

图 3-4　遗产廊道视野下的中东铁路工业遗产属性研究技术路线

3.2.1　空间分布的线性化

从中东铁路工业遗产的空间分布属性和特征上可以看出，中东铁路整体以铁路为轴线，历经多个历史阶段，时空跨越超百年，所属管理部门变换频繁，背景关系复杂，这些特点是中东铁路工业遗产空间分布线性化的决定因素。究其原因，主要是由于在修建之初，其建筑的建造是与其站点相匹配的。根据站点的等级和功能的不同，其配套的建筑和设施也是不尽相同的。一般说来，铁路本体遗产主要分布于铁路沿线较近的区域，与铁路线路距离在 20 m 之内，布局紧凑，对铁路的运营有着支持的关系；位于其旁的是铁路管理类工业遗产，与铁路本体遗产相隔距离不会太远，主要是为了方便管理和运营；其他类型的住宅类等工业遗产广泛分布于各个站点区域之内，布局松散，功能多种多样。

根据本书的研究对象——满洲里至绥芬河段的中东铁路工业遗产，为了对其进行价值评价进而构建遗产廊道，有必要对其空间属性进行准确、客观的分析，主要是对其地理分布特征等进行统计，采取的手段是实地调研、统计分析、绘图制作、阐述中东铁路工业遗产的密度和分布等。中东铁路工业遗产如站舍、仓库、住宅等均以铁路为轴线，逐步向外部蔓延，辐射强度逐渐降低，形成一个线性的、根据作用和影响大小从中心至两边呈现减弱的趋势。每个高等级的站点功能相对都十分完善，呈现综合化的特征，主要原因是车站与车站之间有一定的距离，为保证车站正常的运转，需要自身功能尽可能完善，同时对外界的依赖较小。可见，各个类型遗产的分布，在数量上与站点等级呈现高度的统一性。

从区域尺度上看，中东铁路工业遗产廊道的构成是以铁路为中轴线，站点和城镇等作为轴线上的节点进行串联，而中东铁路工业遗产分布在节点之中。整体中东铁路工业遗产类型多样、背景统一、等级分明。从分布上可以看出几点:其一,中东铁路历经多个历史阶段,时空跨越超百年,所属管理部门变换频繁,背景关系复杂,这些特点是中东铁路工业遗产独特性和稀缺性的决定因素;其二,中东铁路工业遗产的分类,依据遗产廊道构建为目标导向,将其划分为铁路本体遗产、铁路管理类遗产、城镇工业遗产等,有利于对中东铁路工业遗产的功能性、层次性进行充分解读,每个类型在站点上分布不均衡,层次性较为分明。下面将详细说明中东铁路工业遗产的空间分布情况。

(1) 内蒙古 中东铁路滨洲线满洲里站至成吉思汗站的区段位于内蒙古的东部地区。内蒙古的中东铁路工业遗产主要分布于呼伦贝尔市内的区、镇、旗等。与中东铁路其他穿越的省份相比,内蒙古主要支柱产业为畜牧业、林业、采煤业等。相比之下,其内部城市发展较慢,自然条件相对较差,时常受到风沙的侵蚀。在调研中东铁路工业遗产的过程中,可以看到沿线的草原已经变得沙漠化,其沿线的遗产也面临着风化、干燥等问题。中东铁路内蒙古段是中俄之间重要的连接处,是一个具有战略意义的区域。因为其地处中俄交界,交通规模较小。

穿越内蒙古内部的中东铁路长度为 551 km。在历史上包含站点共 57 个,其中二等站 3 个,三等站 1 个,四等站 2 个,五等站 15 个,会让站 36 个。现状包含站点为 45 个,一等站 3 个,二等站 6 个,三等站 1 个,四等站 18 个,五等站 14 个,乘降所 3 个,已撤销的车站有 12 个。分布遗产共 417 个,重点分布在满洲里站(65 个)、扎赉诺尔站(35 个)、博克图站(78 个)、扎兰屯站(57 个)、免渡河站(22 个)五个站点,分别占据的比例为 15.6%、8.4%、18.7%、13.7%、5.3%,这几个站点所占据遗产的比例高达 61.7%,从比例中可以看出,内蒙古中东铁路工业遗产分布较为均匀。内蒙古中东铁路工业遗产整体保护情况较好,没有受到城镇化和高等级铁路的建设影响。但部分遗产处于铁路沿线,交通不便,只有铁路可以到达(如安邑站等),导致人们的保护意识薄弱,遗产损毁较多。但部分城市较为注重遗产保护,如扎兰屯市对当地的中东铁路工业遗产采取了一定的保护和更新措施。

(2) 黑龙江 中东铁路滨洲线从丰荣至哈尔滨区段,滨绥线哈尔滨至绥芬河区段,都属于黑龙江省的西南地区。与内蒙古不同的是,黑龙江省气候四季分明,森林资源丰富,所以在其沿线的中东铁路工业遗产不需要面临风化、干燥等问题。黑龙江省是中东铁路干线主要的途经地,境内铁路长度最长,分布的中东铁路工业遗产也最多,是沿线中非常典型的地区。黑龙江省的中东铁路工业遗产广泛分布于齐齐哈尔、大庆、绥化、哈尔滨、牡丹江、绥芬河这六个市区和下辖地级市、县等。与中东铁路其他穿越的省份相比,黑龙江省拥有的工业遗产数量最多、所占比例最大,地理分布上占比高达70.7%。但同时,面临着的损毁程度也最大。整个黑龙江段出于发展的需要,在中东铁路沿线旁修建了高等级铁路。由于距离老线过近,破坏了很多铁路老线旁的工业遗产。

黑龙江省内部的中东铁路长度为918 km。在历史上包含站点共102个,其中一等站1个,二等站3个,三等站3个,四等站9个,五等站18个,会让站68个;现状站点的情况为,增设了2个特等站,一等站数目从1个增至为4个,二等站从3个增至为6个,三等站从3个增至为10个,四等站从9个增至32个,五等站从18个降至1个,会让站/乘降所从原有的68个降至18个,并且撤销车站21个。分布遗产共1 005个,重点分布在富拉尔基站(42个)、安达站(53个)、昂昂溪站(103个)、哈尔滨站(84个)、一面坡站(101个)、横道河子站(129个)、穆棱站(41个)、绥芬河站(33个)八个站点,分别占据的比例为4.17%、5.27%、10.25%、8.36%、10.05%、12.84%、4.08%、3.28%,这几个站点所占据遗产的比例达58.3%,从比例中可以看出,黑龙江省中东铁路工业遗产分布较为平均,但在调研中发现整体保护情况较差,原因是受到城镇化和高等级铁路的建设影响。部分城镇如海林、横道河子等都对当地的中东铁路工业遗产采取了一定的保护和更新措施。

针对遗产廊道的标准,对中东铁路工业遗产的空间分布进行分析如下:

历史重要性　这个标准针对的是遗产廊道中包括的许多遗产点状资源,这些资源承载了所在地区的历史时光要素,强调这些资源要能够完整体现当地的历史演化过程。同时,这个标准要结合所在地域的社会、信仰情况,来判断现有社会结构是否对当地社会存在着一定的作用。中东铁路工业遗产,从满洲里一直延伸到绥芬河,这个廊道糅合自然风光和历史文化资源,在中国东北地区的历史上占据着首屈一指的地位,它不仅奠定着东北工业文化的起源,也是利用交通廊道来发展工业的地区,对东北地区产生着深远的影响,其交通路线所形成"丁"字形的铁路路网系统,沿用至今。由于受自然地理格局的特点和复杂的环境因素等作用,中东铁路工业遗产的空间分布的结构呈现以线性空间带分布为主,跳跃式的点状空间分布为辅的形态。

建筑或者工程上的重要性　这个标准指的是遗产廊道内部的建构筑物在结构、材料、形式上有着设计的独特性,或者是采用了独特的工程技术手段,可以考虑哪些建筑是当地特有的,哪些是区域内普遍存在的,哪些是全国都普遍存在的。中东铁路沿线所辖区域范围内,拥有大量的工业遗产建筑,具有历史价值、艺术价值、科技价值,同时一些工厂和工程遗存,都具有非常重要的文化意义。以铁路工业文化为主题的遗产类型多样,涉及工业建筑(群)、城市工业区、工业城市、工业区域等各个层面。中东铁路工业景观区具有比较一致或相似的文化景观,区内不仅包括铁路及其附属地景观,还包括铁路沿线腹地的自然和人文景观。范围内产业经济、社会文化及环境等多种物质的和非物质的要素呈现相互影响的关系。

自然对文化资源的重要性　这个标准主要指的是遗产廊道的基底,也就是自然环境资源对文化的支持性。主要包括的方面如遗产廊道所在地的自然资源在生态地理上的重要程度,其自然环境是否因为人类干预而产生变化,其景观主体所包含的自然要素等。中东铁路工业遗产廊道的构建,也需结合周边的自然环境,设定自然保护区,并细化为森林保护区等类型,表明了中东铁路沿线的自然资源的保护在其遗产廊道的构建过程中也显得尤为重要。

经济重要性　这个标准即遗产廊道的构建和保护是否能够为所在地增加经济发展的概率或者增大资金来源等。一般说来,遗产廊道能够在税收方面、旅游方面为当地创收。中东铁路工业遗产廊道的构建也采取了多种措施,建设了观光大道入口,对廊道起始点的城镇进行修复,对关键的地区,如对横道河子镇等地进行改建更新等。这些措施都可以为当地的经济发展带来至关重要的影响。

3.2.2　遗产文化的多元性

中东铁路沿线地区穿越传统的游猎、渔牧、农耕共同影响的文化区域,也是中国传统文化、俄罗斯、日本等地文化的边缘性文化复合地区。在这个地区中,文化的传播属于过渡区域,能够促进多元文化的交融,同时也会产生文化之间的冲突和磨合。在中东铁路遗产区域内,多元性的遗产文化形成了以中东铁路工业遗产为基调的文化表象。

遗产文化的多元性是中东铁路工业遗产的主要特征之一。中东铁路工业遗产的文化囊括了多种,如俄罗斯文化、中国文化、日本书化等影响。中东铁路所处的地域在东北文化区,这个区域在正统的中国传统文化的边远地带,所以属于边缘文化区,本土文化在这里的根基不深,所以面对倾销性质的外来文化,排斥能力非常弱,极易被移植和发展。俄罗斯文化和日本书化是倾销式的传入。在中东铁路沿线地区,其文化的传播和来源并不是来自本土文化的演进、发展和传承,而是外来文化如俄罗斯、日本等文化移植之后在本地适应所形成的新的地域文化。中东铁路遗产文化的多元性是其文化的重要特征,而遗产文化的属性和特征也是从遗产廊道角度对中东铁路工业遗产进行判断和分析的。

中东铁路工业遗产所蕴含的文化传播过程,戏剧化地体现在其上所附着的多元性文化现象。中东铁路作为一条文化线路,其中融合了不同文化的互动和联系,整个过程可以总结为同化、异化、共生三个阶段。文化的传播,从某种角度上来说,外来文化还需要纳入本地文化所延展的逻辑中去,这样能够通过文化异化,让外来文化真正扎根于本地文化。中东铁路工业遗产风格的多样化体现了文化传播的涵化过程,也体现了文化的多元性特征,如存在于沿线的中西合璧风格遗产。再如中东铁路沿线黄色墙面装饰有中国红色双喜字图案,喇嘛甸的遗产有中式花纹和式样,不同文化元素在遗产之上进行融合,显得十分别致。随着历史不断推进,中式的元素逐渐被俄式所取代,显示了整体异化的文化进程,随后所产生的遗产类型也具有明显的多元化特征。

遗产文化的多元性,还表现在文化的植入特征、文化的中介特征、文化的交融特征等。文化的植入性特征从内部因素上看,中东铁路所处的中国东北区域长期远离传统文化发达的中心地带,构成了一种较为边缘且相对独立的文化圈。从外部因素上看,中东铁路沿线位于东北亚中心,临近日俄等地,成为国际上重要的战略之地。中东铁路的修建,让其沿线地区的原有文化更快地吸收俄罗斯传入的文化。并且,中东铁路工业遗产在沿线的城镇占有主导地位。作为文化植入的主体,将移植来的文化深刻地渗透到中东铁路工业遗产中,如典型的俄罗斯田园建筑风格等,为其奠定了具有外部植入性的文化特征的基础。

文化中介性也是中东铁路工业遗产文化多元性所表现出来的特征之一。文化的传播需要文化发源地的参与,文化从发源地传入不同的地域,必然会发生重新组合的变化,进而在原有基础上添加新的特征。中东铁路沿线的工业遗产虽然是由俄罗斯等地移植,但最初的本源来自西方文化。从西方到中东铁路沿线,经历了俄罗斯等中介地的过程,所以中东铁路工业遗产具有中介性的文化特征。从1898年中东铁路开始修筑一直到1949年新中国成立之前的这段时间是东北地区受到外来影响刺激而长期变化的一个过程。在这个过程内,不仅有意识形态的变化,还有不同地区精神形态的延续生长。从历史上看,中东铁路工业遗产的发展包含两个层面的主线:一是本土建筑的转型更新,二是外来影响的楔入涵化。中东铁路因地缘政治而生,加之文化边缘区的传统文化的弱势地位,使得外来文化的传播迅速而广泛。二者在碰撞、融合和交叉的过程中产生了独具特色的中东铁路工业遗产,具体实例就是沿线遗存的大量俄式与中式杂糅的民族融合形式遗产。

文化的交融性也是中东铁路工业遗产文化多元性的特征之一。在中东铁路工业遗产上的体现主要是其文化的多方位、多领域、多角度的融合。中东铁路原有的地域文化和俄罗斯文化等在进行相互碰撞、冲突之时,两者进行交互融合,形成和谐的有机形态。在这个新形成的形态之上,叠加了两种文化的原始基因。中东铁

● 第3章 中东铁路工业遗产价值主客体和价值构成

路工业遗产表现为西方建筑文化和东方建筑文化的交融，在工业遗产上体现出不同的特点和成果，如常出现的中西合璧风格和折中主义风格建筑等。文化交融性特征也体现在了科学技术和建筑文化上的交流。中东铁路的修建改变了传统青砖墙坡屋面的中式建筑"一统天下"的格局，一时间巴洛克风格、古典主义风格、新艺术运动风格、哥特风格、折中主义风格充斥在城市的大街小巷，丰富了建筑文化的多样性。

从遗产外在所呈现的特征上来看，一种是典型的俄式风格遗产，具有浓厚的俄式特性，直观上可以很明显地辨别出，包括各种折中主义、古典主义、田园风格等。另一种是"中西合璧"式风格遗产，是指外来文化势力受到地方传统建筑文化的"涵化"作用采用俄式的建筑风格，但是使用本土的一些传统元素以及传统材料的遗产。该种遗产以外来文化为主导，在建筑技术和形式上强调文化发源地的继承性。在地方文化、环境等因素的影响下，中东铁路工业遗产也不得不吸收了当地建筑特色，表现了从被迫吸收到主动融合的过程（如表3-1所示）。

表3-1 中东铁路工业遗产中的中西融合语汇

中西融合语汇	典型代表案例
整体的融合形式	
墙面的传统元素	
装饰的传统元素	

文化交融性还体现在中东铁路工业遗产的装饰上所呈现出的特别明显的杂糅现象。一方面，俄式的设计是外来文化的一种表现，外来文化在进入地方的时候体现出了非常主动的倾销模式。而地方文化在接收并进行涵化的过程中，自觉或者不自觉地包含着内在的抉择作用。在这种情况下，外来文化所带来的大方面影响被下意识地削减成为单独的要素，而不是一个整体，如带有传统雕花的雨搭等。另一方面，与建筑活动的主体有关。中东铁路工业遗产的施工多由当地人所承担，这些当地的施工工匠深受传统文化的熏陶。大量移民的迁入，这不仅包括俄国向中国的移民，还包括关内向东北地区的移民。1915年时，俄国在山东、河北招募的民工达到了惊人的25万，移民的迁入也带来了技术和文化上的相互交流。在习惯性思维和传统文化的影响之下，中国工匠在中东铁路建筑的建造过程中，配合传统建设思想，将中国传统建筑与外来建筑设计理念融合起来。具体体现在装饰上，如将西式的门窗、拱券、壁柱与中式的雀替、砖雕组合在一起，同时这些西式装饰又极为丰富，如砖砌墙体的线角、檐口、隅石、入口等。中东铁路工业遗产的空间组织有多种形式，整体看来比较简单规整、功能清晰，多选择独立式、中心式、组团式等组合方式。如住宅多采用独立式，学校和兵营等采用线性，火车站站舍则多采用一字形线性平面，与其功能有着密切的关联性。

3.2.3　遗产类型的多样化

国际法规中明确提及遗产构成形式的重要性，其原因在于复杂遗产的类型构成难以说明。同理，可以推测，中东铁路工业遗产的类型构成是其价值的载体，遗产的价值需要完善的遗产构成来体现。在当下的时间里，不存在的物质遗存或者遗存不明确的遗产，不符合真实性的要求，不能证明其具有价值。所以本书所研究的中东铁路工业遗产，包含的所有遗产构成都是真实存在的。清晰的遗产构成是遗产的"基本描述"的重要组成部分。在这一环节内，必须描述所有的遗产构成。遗产构成的确定，也与后续的保护管理规划有着直接的关系，因为所有的保护措施都需要具体落实到每一个构成要素中，才能发挥其应有的作用。以价值的阐释、完整性和真实性为标准，最终确定的中东铁路工业遗产构成要素要在内容上完整体现价值，同时也能够表达其精神特质。

从中东铁路工业遗产的类型属性上可以看出，中东铁路工业遗产带有强烈的多层级和等级化的本质特征，并且在不同尺度上呈现多元化。具体表现为，中东铁路工业遗产的构成十分丰富，从其不同的种类和格局等可以看出其设计的多元化和多样性，如站点等级分为一等站到五等站诸多等级，格局上从简单的站房和工区搭配到若干遗产及设施组合的院落均有。大尺度上的遗产群落包含铁路遗产和生活遗产等多元化的遗产，遗产与遗产之间的散布程度也呈现多样性。

从区域尺度上看，中东铁路工业遗产廊道的构成是以铁路为中轴线，城市作为线上的各个节点，而工业遗产分布在节点之中。整体上中东铁路工业遗产类型多样、背景统一、等级分明。中东铁路工业遗产的分类，以遗产廊道构建为目标导向，将其划分为铁路本体遗产、城镇工业遗产等，这有利于对中东铁路工业遗产的功能性、层次性进行充分解读，每个类型在站点上分布不均衡，层次性较为分明。

中东铁路工业遗产的统计，主要结合中东铁路由站点构成的特性，根据站点以分布图的形式来进行统计。在两年的调研时间内，研究人员获取了中东铁路全部站点的工业遗产类型统计，并且绘制了各个站点的中东铁路工业遗产分布图。但是由于中东铁路沿线站点众多，且整条路线延伸距离较长（超过 1 000 km），所以无法在一张图上表示整条线路工业遗产的分布，因此在此，选择对中东铁路的部分代表性的二、三、四、五等站的遗产分布进行统计的展示（如表 3-2 所示）。

表 3-2　部分站点工业遗产分布图展示

等级	遗产分布图	
二等站	满洲里遗产分布图	博克图遗产分布图
三等站	安达遗产分布图	穆棱遗产分布图

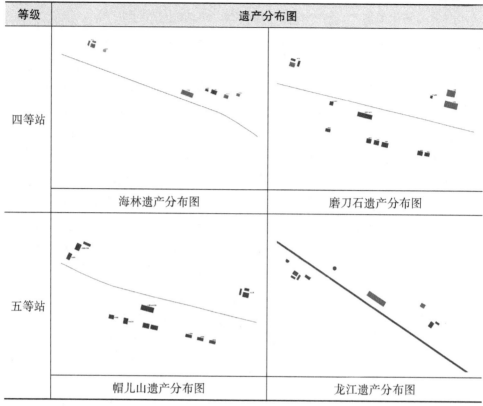

中东铁路工业遗产当前保护的主要矛盾包含两点：其一，是对中东铁路工业遗产的身份处理。目前像这样的巨系统系列遗产，其身份的确定直接影响遗产价值的评定。不同的身份，需要采用不同的评定方法，目前学术界关于中东铁路工业遗产身份的确定主要有遗产廊道、文化线路、文化景观等多重身份的讨论。本书立足的是遗产廊道的身份，在遗产廊道的视野下，得到中东铁路工业遗产的构成。其二，是对其系统性特性的矛盾分析，包含横向和纵向的因素构成。中东铁路工业遗产系统体现出多层次性，需要掌握要素与整体、要素与环境、要素与要素之间的关系。也就是说，需要对要素的种类和构成进行拆分。

依据上述的讨论，中东铁路工业遗产的类型形态主要包括横向的划分和纵向的划分。横向的划分是指其包括与铁路运营相关的站舍、工区、机车库等铁路本体工业遗产；与铁路管理相关的管理办公类建筑、民居、教堂等城镇工业遗产。而其纵向的层次划分主要是依据沿线构成，主要是以站点为基本单位、构建廊道的需要两方面来决定。以大运河为例，其遗产类型基于发生学角度划分为功能相关、空间

● 第3章 中东铁路工业遗产价值主客体和价值构成

相关和历史相关三种类型,为价值分级等提供了依据。结合中东铁路工业遗产的特殊性,将中东铁路工业遗产概念分为如下:铁路本体遗产、城镇工业遗产和非物质景观(图3-5),具体内容如下:

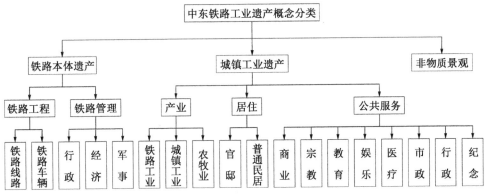

图3-5 中东铁路工业遗产概念分类

(1) 铁路本体遗产 根据中东铁路运营中铁路部门的管理机构不同,将铁路本体遗产分为A1铁路工程类与A2铁路管理类遗产两类。A1铁路工程类遗产的分类为A11站房、A12车站附属、A13设备设施及附属、A14桥隧等构筑物四类。A2铁路管理类遗产分为A21车站管理机构、A22军事及附属类两类(见表3-3)。

表3-3 铁路本体遗产分类

一级分类	二级分类	构成	具体案例
A1铁路工程类遗产	A11站房	站房	绥芬河老站舍
	A12车站附属	办公	博克图段长办公室
		仓库	姜家站内仓库
		浴池	红房子浴池
		厕所	磨刀石站内厕所
		工区	绿水工区
	A13设备设施及附属	水塔及附属	博克图水塔
		水泵房	细鳞河水泵房
		机车库及附属	横道河子机车库、海拉尔机车库等
	A14桥隧等构筑物	桥梁	哈尔滨滨洲铁路桥等
		隧道	兴安岭隧道、山洞隧道等
		涵洞	成高子涵洞等

续表

一级分类	二级分类	构成	具体案例
A2 铁路管理类遗产	A21 车站管理机构		横道河子车务稽查段旧址等
	A22 军事及附属类		博克图兵营、弹药库等

(2) 中东铁路城镇工业遗产 中东铁路城镇工业遗产主要存在于沿线城镇内部，主要分类为 B1 产业、B2 居住、B3 公共服务三大类。在 B1 下属分 B11 铁路工业、B12 城镇遗产；B2 下属分 B21 高级住宅、B22 普通民居、B23 仓库厕所马厩冰窖；B3 下属分 B31 商业、B32 宗教、B33 教育、B34 娱乐、B35 医疗、B36 行政其他（见表 3-4）。

表 3-4 中东铁路城镇工业遗产分类

一级分类	二级分类	具体案例
B1 产业	B11 铁路工业	哈尔滨车辆厂轧钢车间
	B12 城镇遗产	哈尔滨卷烟厂库房
B2 居住	B21 高级住宅	马桥河局宅
	B22 普通民居	满洲里普通民居等
	B23 仓库厕所马厩冰窖	扎赉诺尔木仓房，庙台子冰窖等
B3 公共服务	B31 商业	一面坡面包房
	B32 宗教	免渡河教堂，富拉尔基墓葬等
	B33 教育	满洲里铁路学校
	B34 娱乐	安达俱乐部
	B35 医疗	一面坡医院等
	B36 行政其他	绥芬河铁路交涉总署等

从表 3-4 中可以看出，中东铁路工业遗产，以铁路工业为文化主题，涉及多种类型。而中东铁路工业遗产廊道所含括的遗产系统，种类更为繁多，其与自然环境、非物质文化等糅合，共同组成一个文化景观的整合体。

3.2.4 遗产功能的活态性

中东铁路工业遗产的功能具有活态性，是其区别于其他工业遗产的特征之一。中东铁路线路上几乎保留了历史上原来的线路，至今仍然承担着东北地区的铁路运输交通作用。而其沿线的工业遗产等，大部分伴随着铁路功能的更新改变了原

第 3 章　中东铁路工业遗产价值主客体和价值构成

有的功能形态,但至今有大量沿线居民生活在遗产之内,保留着遗产的实用功能。还有一些与铁路运营所相关的遗产,其功能延续至今,说明中东铁路工业遗产具有非常明显的活态性的本质特征。中东铁路整体上可以理解为综合了铁路科学、铁路技术、自然条件、社会文化、政治经济等要素而集成的工程,而其沿线的工业遗产则更是具有连续性的超广时空尺度,也是适应社会变化的动态性工程,解决了人与工程的系统性关联的问题。中东铁路工业遗产通过站舍、仓库、住宅等以铁路为轴线,逐步将影响向外部蔓延,强度逐渐降低,形成一个线性的、根据影响从中心向两边呈现减弱的趋势。在铁路车站区域的工业遗产类型主要有机车库、站舍等特定功能组成的群体,其他如娱乐设施、住宅等类型都分布在铁路生活区域。每个高等级的站点功能相对都非常完善,自给自足,对外界的依赖较小,整体呈现综合化的特征。主要原因是在车站之间有一定的距离,为保证其自然正常的运转,需要自身功能尽可能完善。可见,各个类型遗产的分布,在数量上与站点等级呈现高度的统一性,表现出中东铁路工业遗产的系统性和等级化本质特征。

结合上述的功能分析,中东铁路工业遗产包含诸多类型,本节依据各个类型的准确定义、历史沿革、类型介绍、调研实际案例等逻辑,来对价值载体,即中东铁路工业遗产功能的系统性进行清晰的描述。

(1) 站房　站房是车站的重要组成部分,其位置紧邻铁路,方便站内各种工作的实施。中东铁路沿线的站房是中东铁路工业遗产的重要代表,站房这种类型文化最直接地体现门户,其建筑风格显著,功能上包括候车、售票、休息、办公、检票等。

中东铁路满洲里至绥芬河段共设站点 161 个,涵盖一等站(如哈尔滨站、大连站)、二等站(如满洲里站、绥芬河站、博克图站)、三等站(如扎兰屯站、穆棱站、一面坡站)、四等站(如对青山站、阿城站、乌吉密站)、五等站(如玉泉站、小岭站、平山站)共 54 个,会让站 107 个(详细的站点现状等级和历史等级见附录 1)。

站点等级越高,其配置标准也就越高。如哈尔滨站,作为当时的一等站,站房由俄罗斯建筑师基特维奇设计,建筑为典型的新艺术运动风格。平面布局较为典型,分为不同等级的候车室,并且包含餐厅和大厅。其外配备有大型的货场、仓库、大型站台和 36 m^3 水塔、机车库等。

当时的二等站绥芬河站,1899 年建站,站房强调垂直划分,壁柱装饰,色彩采用白色墙面、灰色装饰,典雅而又庄重,其内配备中央大厅、餐厅、候车室等,其外配备站台、25 m^3 水塔、大型仓库、雨搭等(如图 3-6 所示)。

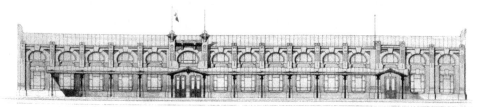

图 3-6　绥芬河站设计图纸

三等站配备有候车室、25 m³ 水塔、仓库、小型机车库等（如图 3-7 所示）。

图 3-7　三等站穆棱站和一面坡站

四等站配备小型候车室、小站台、12 m³ 水塔等。

三、四、五等站、会让站、乘降所等所配备设施虽然逐层递减，但站房也各具魅力，拥有不同的特征（如图 3-8 所示）。

图 3-8　会让站红花岭站和爱河站

（2）车站附属类工业遗产　车站附属类工业遗产主要包括办公、仓库、浴池、厕所、工区等。火车站是铁路的基本组成单元，除去站房，其余的还包括机务段、工务段、房产段等办公遗产，统称为车站附属类工业遗产。如一面坡机务段、山市工务段等(如图3-9所示),形制通常为矩形的一层砖石结构,颜色为黄色。

图3-9 一面坡机务段和山市工务段

车站内通常还附有仓库、浴池、厕所等辅助设施,此外还有养护铁路所用的工区。工区一般10 km设置一个,附属于临近的铁路车站,通常由两大一小三栋建筑和围墙、碉堡等组成。两个大型的建筑由中国人和俄国人居住,小的建筑通常作为仓库、马厩等。工区主要负责铁路设备运营的维护与保养,中东铁路沿线保存比较完整的工区有山市工区等。

(3) 设备设施及附属和桥隧等构筑物 主要包括的是水塔及附属、水泵房、机车库及附属等。

水塔是车站设备设施的重要类型之一。水塔是车站供水系统的组成部分,其作用是为火车补给水,同时满足火车站工作人员的生产和生活需要。中东铁路东西线水塔数量差别较大,造成这种现象的原因是西线水源少,而东线水源较多,所以水塔整体上的分布呈现西线明显多于东线的趋势。按照中东铁路建设的标准,水塔分为250 t水塔和360 t水塔,其材料砌筑多为砖、石、木等。沿线的水塔形式共有两种,其一为上下均等的直筒状,上部和下部直径相同,水箱由下部的石制来进行承重;其二为水箱在上部为木制,底部用钢桁架来进行支撑,上部直径大于下部承重的非直筒式,在水箱与下部连接处采用内收分的圆锥墙面来承重,上部水箱载荷通过钢桁架传递到墙面。两种形式的水箱都为圆柱形,但外轮廓有些许差别,如直筒式的水塔轮廓为球形,非直筒式的则为多边形。典型的案例如博克图水塔、满洲里水塔、哈克水塔等。

完整的供水系统除了水塔,还包含水泵房和输水管道等设施一同保障铁路生产和生活,中东铁路沿线通常每隔25 km设置一个。目前在全线的调研和考察中,发现了部分水泵房,其作用是汲水后利用水泵压入水塔,典型案例如成吉思汗站的水泵房、哈克站的水泵房、苇河站的水泵房、细鳞河站的水泵房等(如图

3-10、表 3-5 所示）。

图 3-10　成吉思汗站、哈克站的水泵房

表 3-5　直筒式和悬挑式水塔设计实例

类型	设计图纸	实例
俄式直筒水塔		
俄式悬挑水塔		

机车库及附属类遗产是负责存放和维护机车的大型空间，主要设置在中东铁路等级较高的重要站点。通常情况下位于靠近铁路线的位置，均采用标准的规格化设计。机车库的构成包括库房、圆形调车台、放射性轨道等，其中库房有扇形和矩形两种平面形式。扇形机车库的库房围绕圆形调车台设置，由多空间连续组成，可以让机车在其中自由转向，如横道河子机车库由 15 个库眼所组成。

● 第3章 中东铁路工业遗产价值主客体和价值构成

矩形的机车库通常也称为机车检修库房,出现的站点通常不是等级较高的大站,也不会出现多个机车同时维护和保养的机会,所以矩形机车库没有圆形调车台和放射性的轨道,其轨道为线性,如马桥河、满洲里的矩形机车库、绥芬河的机车检修车间等(如表3-6所示)。

表3-6 机车库的类型及实例

分类	实例	
扇形机车库	横道河子扇形机车库	扎兰屯扇形机车库
矩形机车库	绥芬河矩形机车检修车间	满洲里矩形机车库

中东铁路线路两千余公里,跨越多种地形地貌,如平原、江河、湿地等。因此,在工程中桥隧设施等构筑物占有较大的比重。中东铁路东部跨越江河较多,加之滨绥线沿线木材、石材资源丰富,因而石拱桥较多;而西线缺乏石拱桥必备的石材和木材等,所以钢铁桥较多。石拱桥分为单孔和连续两种,钢铁桥也有工字钢梁桥和钢桁架桥两种类型。隧道也是中东铁路重要的铁路设施之一,是中东铁路工业遗产的主要类型(如表3-7所示)。中东铁路沿线共有隧道7处,分别为西线大兴安岭隧道、大观岭至代马沟区间三处隧道、绥芬河的三处隧道。

表 3-7　中东铁路桥隧设施实例

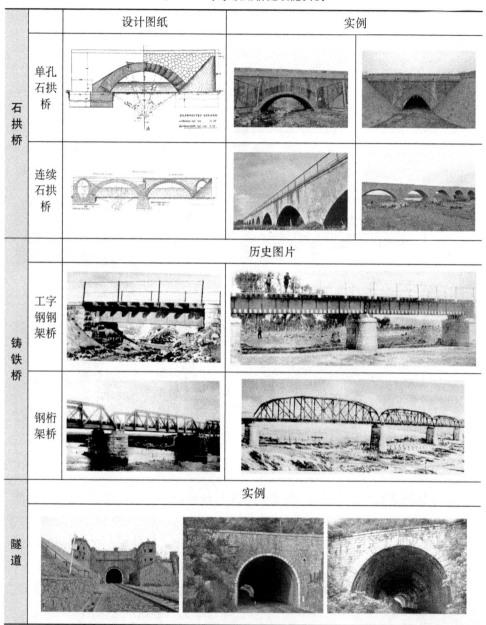

（4）车站管理机构、军事及附属设施　中东铁路沿线车站附有多个车站管理机构，主要是管理办公，辅助火车完成通行工作，如横道河子车务稽查段旧址等。

由于中东铁路重要的军事作用，因此沿线一直有俄国军队驻扎，其主要目的是

第3章 中东铁路工业遗产价值主客体和价值构成

为了维护和保护铁路工程。包含类型多种多样，主要有司令部、兵营、警察署及监狱、马厩库房、禁闭室等。司令部是级别最高的中东铁路工业遗产的军事设施，其功能作为军队办公的场所，一般位于在中东铁路沿线比较重要的驻兵地点，如哈尔滨、博克图等。其规模较大，比较典型的案例有哈尔滨外阿穆尔军区总司令部、一面坡松花江支线军司令部等（如图 3-11 所示）。

兵营是驻扎军队的营房，也是军事及附属设施的主要类型。兵营现在遗存较多，并采用通用的设计，通廊式矩形布局，层数为 1—2 层，外部设计整齐简洁，比较典型的案例有穆棱兵营、成吉思汗兵营、昂昂溪兵营等。

警察署及监狱主要归属于中东铁路管理局设立在中东铁路沿线的司法管理部门，与司令部形制类似。通常采用对称布局，典型的案例有哈尔滨的中东铁路警察管理局、博克图警察署等。监狱与警察署有所关联，采用相同的设计形制，由一个开敞的院落和一个主体建筑构成。主体建筑为通廊式布局，采用砖石砌筑而成，墙体厚实，给人压抑之感，典型的案例有哈尔滨监狱、满洲里监狱等。

a）一面坡松花江支线军司令部　　b）成吉思汗兵营　　c）博克图警察署

图 3-11　军事类遗产

（5）产业类和居住类　产业类遗产在中东铁路沿线主要分为铁路工业和城镇工业两类。为了修建中东铁路，与之相关的材料、机械、制造工业相继兴起，伴随其共同发展的是城镇民用加工和制造业的兴起。产业类遗产普遍特征是空间宽阔、采用钢桁架或者混凝土框架等。铁路工业比较典型的案例是哈尔滨中东铁路总工厂。城镇工业类型繁多，多为人们提供日常生活用品的生产，如阿城糖厂、一面坡面粉厂等（如图 3-12 所示）。

居住类建筑是中东铁路工业遗产中数量最为庞大的功能类型。居住类遗产分为高级住宅和普通住宅。高级住宅通常为中东铁路管理机构的高级官员所居住的独栋住宅，风格各异，整体呈现多元化的特征。级别最高的高级住宅配备卧室、办公室、会议室、餐厅等，外部附有庭院。普通住宅在中东铁路沿线为联户住宅，如双户、三户、四户、多户、集合住宅等。典型的案例有横道河子街区、哈尔滨的花园街区、昂昂溪街区等。集合住宅主要是用于铁路职工居住的，如一面坡铁路职工公寓、横道河子工程师公寓、绥芬河铁路职工公寓等。

a) 中东铁路总工厂　　　　　　　　　　　b) 一面坡面粉厂

图 3-12　中东铁路产业类遗产

（6）公共服务类　公共服务类在中东铁路沿线有较多类型的遗产，如商业、宗教、教育、娱乐、医疗、行政和其他等（表3-8）。

商业类遗产在中东铁路沿线比较典型的有扎兰屯避暑旅馆、绥芬河欧罗巴旅馆等。宗教类建筑在沿线设立也较多，设立在一面坡、横道河子、绥芬河、扎兰屯、免渡河等地的教堂有16处。教堂为俄罗斯传统建筑样式的东正教教堂，主要为砖石结构或木结构。横道河子圣母进堂教堂是按照标准图纸建造的典型案例之一，免渡河教堂则是采用了十字平面的砖石结构样式。

行政类遗产在中东铁路沿线是比较典型的公建类型。例如，哈尔滨中东铁路管理局大楼，分为主楼、副楼、后楼三个部分，其连接处多为拱门洞和短廊。楼前有宽敞开阔的花园，其中有两个内部院落，空间丰富，整体气势庄严。其他行政类建筑，如绥芬河的"大白楼"，即绥芬河铁路交涉总局，负责中东铁路交涉事宜，为两层白色建筑，内部设有天井，整体建筑形制优美。

其余的遗产类型还有教育、娱乐和医疗类。娱乐类的遗产主要是为铁路员工提供娱乐场所的建筑，形式类别丰富，呈现多样化的特征。俱乐部包括剧院、舞厅、活动室等，如位于哈尔滨的中东铁路俱乐部，其功能汇集电影、喜剧、文化娱乐等多功能，外有花园、露天剧场等休闲空间。其余案例如安达铁路俱乐部和昂昂溪铁路俱乐部等都各具特色。医疗类的遗产主要包括不同规模的医院。中东铁路沿线有小型卫生所，也有大型的医院。典型案例如一面坡医院是大型医院，内部装修别致豪华，现在墙面还留存有当年的护墙板。教育类主要有满洲里俄侨学校、扎兰屯铁路小学等。

表3-8 中东铁路公共服务类遗产

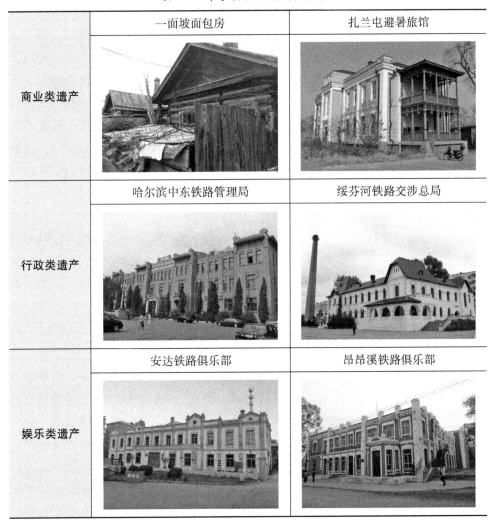

3.2.5 遗产审美的艺术性

从中东铁路工业遗产的审美属性上可以看出,中东铁路工业遗产在融入中国建筑技巧的基础上,充分展现西式建筑文化的特色,巧妙结合,为西式建筑文化得以在中土开枝散叶起了很大的帮助作用。从这点上看,也体现了中东铁路工业遗产审美的艺术性,主要包括以下两个方面:

(1) 立面的审美艺术 中东铁路工业遗产立面审美的最大特点就是地方传统与

西式风格的杂糅。一方面,中东铁路工业遗产的设计是外来文化的一种表现,地方传统文化对外来文化进行吸收的时候,隐隐带有一些自然的选择倾向。无论是倾销式的被动文化传播还是主动式的文化提取过程,外来文化在本土文化涵化的过程中被压缩成一部分中东铁路工业遗产上的设计元素,如带有传统雕花的雨搭等。另一方面,与建筑活动的主体有关。中东铁路工业遗产的施工多由当地人所承担,这些施工工匠深受中国传统文化的影响。在传统建设逻辑和惯性的作用下,本地的施工工匠在修建外来文化所主导设计的中东铁路建筑时,难以做到精确无误和纯粹地道。以装饰构件为例,在西式主导设计的中东铁路工业遗产中,立面常常使用一些中式元素,与西式元素杂糅成一种特殊的语言,并迅速在沿线的遗产中进行有机组合,在遗产中极具乐趣。应用在中东铁路工业遗产的住宅中,俄式风格的建筑立面中往往被融入中国传统的装饰纹样,如中国结图案和双"喜"字等。

(2) 材料的审美艺术 中东铁路工业遗产中,砖砌形式结构和木结构占大多数,因此,这两种材料成为中东铁路工业遗产材料审美艺术的核心体现。在定型的标准化设计中,砖石是实现快速建造的主要材料和方式,从修筑技术上来看,与其他材料相比,砖石有着简单好操作的优越性。中东铁路工业遗产通过错位、简单叠加等组合方式进行修建。从整体上来看,中东铁路工业遗产具有砖石材料审美的艺术性。落影装饰是中东铁路工业遗产审美艺术的突出表现手法之一,在每一类遗产中都有不同的表现。山墙在中东铁路工业遗产的标准化设计中都被设置成为三角形,落影装饰的图案在原有阶梯状的基础形式之上,衍生出千变万化的复杂组合。同时,砖砌类的中东铁路工业遗产还会在原有的规则砖的基础上,采用异形砖等进行艺术性的表现。装饰的重点则位于主入口、墙面、门窗、檐口等部位。中东铁路工业遗产在材料审美形态上也呈现出了特别明显的杂糅现象。俄式的设计是外来文化的一种表现,外来文化在进入地方的时候体现出了非常主动的倾销模式。而地方文化在接收并进行涵化的过程中,自觉或者不自觉地包含着内在的抉择作用。在这种情况下,外来文化所带来的大方面影响被下意识地削减成为单独的要素,而不是一个整体,如带有传统雕花的雨搭等(如图 3-13 所示)。

图 3-13 喇嘛甸工业遗产博风板上的装饰花纹

3.3 价值主体的需求分析

价值关系,是客观事物对具有需求的人的满足,也就是被动和主动的关系,其中具有需求的人就是价值主体。在通常情况下,价值主体对价值评价的对象,是通过自身的心理来感应的。在一些正规的目标或者正式的程序中,价值关系的满足和判断需要通过专门的技术手段和机构进行。价值的判断就是评价,不同的价值主体在自身和环境条件制约下,对中东铁路工业遗产的价值判断是不同的。所以,在研究价值的时候,要确定价值主体的构成以及价值评价所面对的服务对象,这样遗产中所隐含的文化模式有利于帮助价值主体形成深层次的保护意识。价值主体需求研究的技术路线见图3-14。

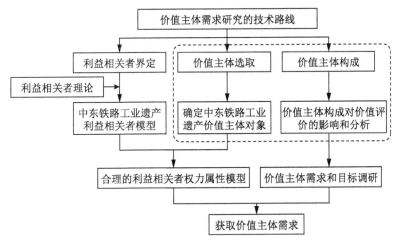

图3-14 价值主体需求研究的技术路线

中东铁路工业遗产价值评价研究中的价值主体包括多个与中东铁路工业遗产相关的利益者,如政府、相关遗产管理部门、遗产所有者、社区居民等(见表3-9)。价值是由价值主体通过自身的心理感知来进行判断的。政治观念和实际操作不同,会导致对中东铁路工业遗产价值解读的差异性,同一价值组成在不同的地方往往在评价结果上会产生差异。政府人员、遗产使用者和当地居民等不同类型的利益相关者,对中东铁路工业遗产有着不同需求的价值目标,所以对遗产价值的认知也各有偏重。如使用者、当地民众偏重于认知普遍价值,开发者则倾向于经济价值。相对来说,学术团体或研究人员受到的相关利益影响作用较小,可以相对客观地对遗产价值进行正确的认识。

表 3-9　中东铁路工业遗产价值评价中所涉及的利益相关者及影响

利益相关者类型	在中东铁路工业遗产上的影响层面
科研机构(学术团体或研究人员)	多为高校学习相关遗产知识的专业人才,提供遗产管理研究成果,作为中东铁路工业遗产保护的主要咨询团队
游客及参观人员	通过对中东铁路工业遗产的参观者的调研,可以考察游客的价值需求,同时对价值评价具有影响
社区居民	中东铁路沿线城镇的居民,对中东铁路工业遗产所处场所的认同感和归属感,决定了其参与到遗产保护活动中的自觉性
遗产使用者	遗产使用者,被视为中东铁路工业遗产的当前管理者,其保护管理遗产的专业能力有待评估
物权归属者(遗产所有权者)	沿线的遗产大多数所有权为各地方铁路管理部门,所以价值主体需要考察这些人的意见
地方文史工作者	对中东铁路工业遗产的历史背景等进行研究的人员,对于遗产的当地认同颇有助益,典型人物如李述笑等
管理者(国家、地方政府)	提供文化遗产政策与预算补助,负责监督文化遗产保护状况
民间组织(相关社会保护团体及个人)	主要是一些民间志愿保护中东铁路工业遗产的人们,其中包含业余研究人员、摄影师等
相关管理部门(其他遗产管理组织)	一些行政部门,如规划管理部门、土地管理部门等

3.3.1　利益相关者理论

利益相关者理论最初来自企业的决策,中东铁路工业遗产的价值评价过程可以认为等同于企业的运营,所以利益相关者理论完全适用于架构中东铁路工业遗产的价值主体需求研究。根据弗里曼对利益相关者的概念,结合中东铁路工业遗产,可以将其利益相关者定义为:"能够影响中东铁路工业遗产的价值评价,或者说是能被价值评价过程所影响的人。"理论中强调,决策的过程依赖于利益相关者的参与,从利益相关者的角度来对中东铁路工业遗产进行价值评价的分析,才能达到真实的可持续发展目标。

(1) **核心步骤和问题**　对于理论的应用,主要考量两个方面的内容。首先判定利益相关者,其次分析其特征。该理论被广泛应用并取得非常好的成果,已有学者证实,在评价的过程中,利益相关者的广泛参与,会使评价的结果更为准确、有效,更令人信服、满意。中东铁路工业遗产价值评价的过程,也可以被认为是一个决策制定的过程,利用利益相关者理论对价值评价体系开展有效的分析,来分清各方利益相关者不同的需求和权力,对其进行多方权衡和制约,由此来建构较为合理完善的价值评价指标体系。

(2) 利益相关者平衡原理　对于如何平衡利益相关者方面的原理,主要有三类:动态分类、分类治理和权力平衡。

动态分类原理,是指利益相关者在一定程度下,其模型是动态变化的,即其中的某一类人群在得到或者失去某种权力之后,其形态会发生转变。利益相关者并不是一成不变、固定的,经济条件的变更、政治的推动,都会使其状态产生改变。以科研机构为例,他们是实施中东铁路工业遗产的智囊团,但如果给予政策赋予其法律保障来行使相应权力,那么其利益相关者的类型就会从预期型转变成为确定型。

分类治理原理,是指利益相关者中的某一具体类别群体,在考虑其为中东铁路工业遗产作决策的时候,其所具有的合法性并不是唯一标准和属性。对不同类别的与价值评价相关的利益相关者,需要在严谨科学的基础上,对其采取分类治理的原则和手法,区别对待,对每一类不同的利益相关者采取相应的措施和确定相关规定。

权力平衡原理,主要体现在高权力属性的利益相关者之间的冲突之上。在现实中,高权力属性会产生一定的冲突,但是这种冲突同时又可以促进权力形成制衡状态,避免出现垄断和片面的利益现象。在高和低权力属性的利益相关者中,高的一方需要代言低的一方的利益诉求,进而增加低的一方的权力趋势。在各种利益相关者不同利益的驱使之下,单一的情况无法满足全面的利益诉求。冲突是不可避免的,这个时候应该尽可能中和冲突而不是消灭冲突,同时,要平衡高权力属性的利益相关者群体的数目。

3.3.2　价值主体选取

价值主体在价值评价的过程中所起的作用非常巨大,无论从哪一方面来讨论价值评价,都离不开对价值主体的需求,同时也离不开对主体所制约情况的考虑。本章节先对利益相关者进行界定,并从中选取价值主体,进而建立起完善的价值主客体之间的供需关系和权力属性模型。

(1) 利益相关者界定　根据米切尔的评分法研究,利益相关者的界定可以从几方面来看,包括合法性、权力性、紧迫性。

合法性,就是某一类型的人群是否在法律上被赋予特定的索取能力。权力性,则是某一类型的人群是否可以在影响决策上给予相应的措施和手段。紧迫性,就是某一类型的人群是否能立刻带来决策上的重视。

对上述几个方面统一判定,可以对利益相关者进行分类,包括确定型、预期型、潜在型。根据利益相关者所拥有的界定,上述三种类型拥有的性质依次降低,确定型包括三种,预期型包括两种,潜在型包括一种。

按照上述的利益相关者的判定和中东铁路工业遗产价值评价工作的性质,也可以参考上述几种方面来对利益相关者进行界定。合法性,是指某一类群体可以从中东铁路工业遗产价值评价中受益并被赋予了相应的法律权力来实施;权力性,是指能够影响中东铁路工业遗产价值评价的而采取相应手段的权力;紧迫性,是指马上能够带来保护决策层面的重视。

(2) 中东铁路工业遗产价值主体选取 价值主体的需求,是考量中东铁路工业遗产价值的主要影响因素之一。中东铁路工业遗产可以被认为是各种信息的集合,如历史的、经济的、文化的等,它们自身价值的多少是由其所携带的信息的丰富、重要程度来决定。从主体的需求出发,就决定了价值主体对价值评价结果的影响。不同类型的主体,不同的价值主体都有自己的参考系统,不同的价值需求对中东铁路工业遗产价值评价的结果会造成极大的差异。价值主体需求受很多方面的制约,包括目标、价值观、情感和体验、知识水平等。以中东铁路工业遗产的使用者为例,他们多以居住、使用遗产为功能目标,其价值观依存的是"为我所用"的理念,主要追求的也是其基本的生存和使用状态;而开发商则看中从物质利益等层面来实现对中东铁路工业遗产的价值需求;从专家的角度,多是从审美、历史的角度来对其进行价值的判断。

在中东铁路工业遗产前期的价值评价过程中,通常情况下主导价值评价的主要是政府部门、设计院、高校专家、文保部门等。从知识水平构成和专业全面性来看,这种评价队伍的组织相对是非常完善的。但是在中东铁路沿线工业遗产的价值评价中,大多数普通的遗产无法组织这样完善的评价团体。作为中东铁路工业遗产保护的先决步骤,应尽量地组织起相对比较稳定的团队在价值评价前期形成一致的意见。出于对价值评价结果的稳定考虑,结合中东铁路工业遗产的实际情况和利益相关者的界定,确定价值主体的主要构成为:遗产管理者、遗产归属方和使用者、科研组织、社区居民、民间组织。

3.3.3 权力属性现状

对于中东铁路工业遗产来说,价值主体的权力属性现状的判定,可以根据以下几个原则:第一,可以根据国家制定的相关法律来明确价值主体权力的合法性程度;第二,可以根据价值主体在推动遗产保护的实际过程中所起的作用来判定其实效性;第三,可以根据某一类型的利益主体能否直接参与决策,以及是否在决策中具有紧要地位来判定其紧迫程度。依据上面所提到的三个方面,分析中东铁路工业遗产价值主体权力属性的现状(见表3-10)。

表3-10 中东铁路工业遗产价值主体及权力属性现状

价值主体	合法度	实效度	紧迫度
遗产管理者(不同级别政府)	高	高	高
遗产归属方和使用者	高	高	高
科研组织	高	高	低
民间组织	低	低	高
社区居民	低	低	低

(1) 遗产管理者 中东铁路工业遗产的遗产管理者主要指的是不同级别的政府部门,尤其是掌管工业遗产相关保护的部门。在目前我国的遗产保护体制下,相关法律明确规定:国务院、地方各级都有专门负责文物保护工作的相关部门,同时相应的规划局、房地局、房屋土地和规划管理部门都负责协调工业遗产的保护和管理。这些部门代表了遗产的最大利益者,也就是国家,同时被相关法律赋予了极高的合法度,其具有最高的决策地位,也具有最强的保护能力,所以从其属性上来判断,合法度、实效度、紧迫度都是最高的。

(2) 遗产归属方和使用者 对于中东铁路工业遗产来说,物权主要归属两方面,民用和国有。国有的归属权一方面在铁路管理部门,另一方面少量遗产归属于政府。对于归属于政府的这一部分,等同于归属国有,最终目的与政府一致,可以归属到遗产管理者这一层面来看。对于铁路管理部门所拥有的这部分遗产,铁路管理部门拥有处理遗产的直接权力,所以合法度最高,并且他们与遗产的联系最为紧密、影响力也最强,同时兼顾其所拥有的经济水平,其破坏和保护遗产的力度也最大,所以实效度是最高级别的。这个类别的价值主体并不能得到直接的决策层关注,但随着遗产的状况改变,它们的地位逐渐会被重视,所以其紧迫度不是最高。

民用归属主要是指遗产的使用者,通常是通过租赁、买卖等手段来获取中东铁路工业遗产的使用权力,比如在调研的过程中会遇见居住在遗产之内的租户,对于遗产来说,这是一个当代价值的体现,其中也蕴含着遗产运行和经营的理念。他们在日常的生活中与中东铁路工业遗产的接触最多,息息相关,所以其紧迫度较高。

(3) 科研组织 科研组织在中东铁路工业遗产中的作用类似于"风向标",这一类价值主体并不拥有与中东铁路工业遗产的直接关联性,也没有足够的作用来直接推动遗产保护的进程,从实效度来看较低。同时,这一类群体没有法律直接赋予的处理遗产的权力,所以合法度较低。但是在遗产决策的过程中,决策层主要会采纳科研组织的意见,并且会谨慎考量,所以科研组织的紧迫度较高。比如在横道河子历史街区和历史名镇的规划之中,专家组本身没有经济实力来维持遗产的运营和保护,也并没有被法律赋予合法的保护身份,但是这个群体会相对较为客观地为其他价值主体提供科学的建议,作为决策的主要依据。

(4) 民间组织 民间组织,相对于科研组织的"学院派",是比较业余的。就目前情况而言,我国国内并没有非常完善的、专业性质较强的民间组织,中东铁路工业遗产也不例外。但是民间组织所拥有的中东铁路老建筑爱好者、中东铁路文史关注者、中东铁路老建筑摄影爱好者都是中东铁路工业遗产价值评价中不能忽视的一股力量。民间组织并没有法律赋予其合法性,但是在目前的社会进程中,民间组织开始发挥了重要的作用,来协调遗产保护的相关事宜。所以,在中东铁路工业遗产的价值评价中,民间组织的作用和影响也是需要着重考虑的。

(5) 社区居民 社区居民,是中东铁路工业遗产的直接情感产生者,对于其中的一些居民,遗产在其生活中承担着归属感和认同感的角色。普通人看中东铁路工业遗产,很难产生情感上的共鸣。而对于居住在其中感受其环境氛围的社区居民来说,是具有强烈的情感承载能力的。所以在中东铁路工业遗产价值评价中,社区居民也作为价值主体发挥其作用。

3.3.4 建立权力属性模型

建立中东铁路工业遗产价值权力属性模型,主要依据相关的原理,对价值主体的平衡状态进行分析,并结合每一类型的价值主体,依次研究其合法度、实效度、紧迫度,建立合理的价值主体权力属性模型,并以此为基础来分析其价值需求。

(1) 价值主体平衡状态 对中东铁路工业遗产价值评价活动中的价值主体进行分析,其权力的平衡状态依据下述原则进行研究:首先,遗产管理者的最高代表是政府,政府是中东铁路工业遗产管理活动中的最大获利方,其合法度等三个属性都是最高的,所以其权力属性是最为合理的。其中所包含的相关规划局、房地局等遗产管理机构,与政府的工作重心不同,但其与政府部门的共同利益具有明确的一致性,所以在其中的制衡协调相对较为容易,由政府为其价值需求进行代理。在平衡状态的分析中,主要研究的是遗产管理者与其他价值主体的平衡状态。遗产归属方和使用者,相对来说其法律赋予的合法度较高,同时遗产与其利益最为直接相关,实效度也比较高。从利益上来说,这类价值主体可以与政府等部门进行制衡,因为他们无法介入管理者的状态之中,所以紧迫度较低,需要从其他方面寻求利益诉求的代言。科研组织,与民众和管理者都有着较高的密切度,同时具备着其他价值主体都没有的关注度和相对理性的研究思维,容易影响决策者的决定,相比较来说,紧迫度较高,可以站在客观的角度与政府等管理者进行制衡。但其不具备法律赋予对遗产保护的合法性,他们所能提供的建议是从客观、学术的角度来进行的,只能给管理者以参考,具体能否采用、采用到什么程度是无法决定的。并且,从客观上来看,科研组织属于"高高在上"的典范,与普通民众之间的直接沟通较弱,无法从学术上全面映射普通民众的保护思想,所以为了与其他价值主体所制衡,需要考虑寻求合适的代言,并且科研组织没有实际的遗产管理和保护能力,需要由遗产归属方等进行利益诉求代表。民间组织,在中东铁路工业遗产价值评价的活动中,之所以把民间组织列为价值主体,是因为这一类群体与普通民众接触最为紧密,其中也包含了部分普通的民众,可以较为全面地反映其利益诉求。但目前我国并没有相关法律支持民间组织的遗产保护行为,他们只是自发组织形成的映射公众诉求的民间代表。所以,客观上看,应该从法律上提高其合法度,让其成为自下而上的代表性群体与政府部门等进行制衡,实效度等需要由其他类价值主体来进行反映。社区居民,这一类群体是与遗产情感诉求直接相关的一类价值主体,在法律上没有被赋予权力,所以合法度较低,同时不具备足够的经济实力和影响决策的能力,其实效度和紧迫度都为最低,但代表了普通民众的思想,遗产的保护不应与普通民众有所分离,所以需要着重考虑这一群体的价值需求。

(2) 建立价值主体权属模型 法治是目前较为认同的、合理的决策手段之一,如果将中东铁路工业遗产价值主体的保护看成是一个"立法机构",这个机构通过相关约束,来平衡每一类价值主体之间的权力和属性的状态,进而趋于有利于中东铁路工业遗产保护的方向发展。通过对上述权属现状的分析,对其权属进行相关的调整:对遗产管理者的权属保持不变,降低遗产所有者和使用者的合法性(由高至低),对民间组织给予一定的权力(由低至高)。根据分析,建立中东铁路工业遗产价值主体的权属模型(见表3-11)。在这个模型中,较为理想的状态是:从合法度的层面来说,遗产管理者的合法度最高,通过提高民间组织合法度来与之进行平衡;从实效度层面来说,提高遗产归属方和使用者实效度来与遗产管理者进行平衡;从紧迫度层面来说,需要提高科研组织的紧迫度来与遗产管理者进行平衡。而相应的价值主体的诉求,主要是由遗产管理者代表,在其余类别的价值主体中,选择其中高属性的代表价值诉求。在模型中可以看出,遗产归属方和使用者、科研组织、民间组织等只有合法度有所改变,其余的属性没有变。从"立法机构"的角度来看,合法度对每个类型的价值主体都是最为主要的,需要在一定范围内合理地进行调整,与之比较起来,紧迫度和实效度的调整没有太大必要,调整起来实施难度也较大。

表 3-11　合理的中东铁路工业遗产价值主体权力属性模型

价值主体	合法度	实效度	紧迫度
遗产管理者(国家/政府)	高	高	高
遗产归属方和使用者	低	高	低
科研组织	低	低	高
民间组织	高	低	低
社区居民	低	低	低

3.3.5　价值主体需求确定

融合价值主体的需求,主要所依据的是价值的定义,价值是客体满足主体需求的程度。中东铁路工业遗产的价值主体需求对价值评价的过程有着至关重要的作用,价值主体需求的制约对价值评价产生的是颠覆性的影响。中东铁路工业遗产的价值评价过程,首先需要按照主体的需求来制定价值评价的尺度,这就明确了主体需求会直接影响价值评价的结果。面对相同类别的中东铁路工业遗产,不同的价值主体会受其自身知识水平、目的、价值观念、体验和感受等因素而产生不同的需求,从而导致价值评价的结果产生差异。所以,价值构成的影响因素中还要融合价值主体的需求,进行综合分析。同时,价值主体的需求还需融合遗产的当代价值,所考量的是不同时代背景下遗产价值的演变。中东铁路工业遗产作为百年前历史的见证者和遗存,其在最初主要是作为使用功能而存在的,其主要价值也是当时的使用价值,比如一些历史性的监狱、兵营建筑等,在当时所建立的原因是出于军事需求的考虑;一些水泵房等是出于铁路运营的需求而建设的。伴随着时间的不断前行和流逝,当这些建筑身份开始转化成为遗产之后,其原有的使用功能开始慢慢减弱。即使使用功能还存在,也仅局限在较为狭窄的范畴之内,更多的遗产还在实行它们新的使用功能。在当代,较为凸显的是这些遗产的精神意义,也就是目前被称为遗产的重要存在意义。人们对中东铁路工业遗产的当代价值需求,更多的是出于精神层面的需求,包含归属感、认同感、审美含义等方面,还有不带功利性质的对群体的情感认知、种族文化交融等方面的心灵归属感。

根据马克思主义思想中的价值的内涵,价值对价值主体来说,是客体的有用性或者其积极作用在主体需求之上的体现。所以,为了研究中东铁路工业遗产价值构成,需要从价值主体的需求出发,进而结合中东铁路工业遗产的不同特征,得到其价值构成。价值主体需求的确定,按照遗产当代价值的转变、价值主体需求研究的相关原理、价值主体需求调研这个逻辑来进行论述。

(1) 遗产当代价值的转变 在中东铁路工业遗产的价值评价中,需要考虑到遗产的价值从过去到现在已经发生了转变,从过去转化到了当代的价值理念。遗产是一个活态的传承过程,在不同的时段人们对价值的认知都存在着差异。中东铁路工业遗产当代价值的转变,主要从遗产过去的功能、现在的功能等方面来进行论述。

中东铁路工业遗产在中东铁路修建之初,是出于使用的目的留存下来的。铁路的运营、铁路工人的工作和生活都需要建筑提供辅助。在最开始的阶段,遗产作为建筑,一方面满足了人们的物质使用需求,另一方面满足了中东铁路的运行需求。伴随着时间的推移和社会的不断进步,建筑的身份开始淡化,其使用功能也发生转变,建筑具有了遗产的属性。对于现在的中东铁路工业遗产,在调研中可以发现,一部分遗产的使用功能还在延续,但另一部分原有的使用功能已经转变为其他用途,如原来的水泵房现在已经变为人们的居住场所等。在当下时代,中东铁路工业遗产开始发挥出更高的精神方面的积极意义和作用。

(2) 价值主体需求研究的相关原理 遗产关联的是人的存在,中东铁路工业遗产价值评价的前提准则,就是以价值主体的需求为标准来对遗产进行有用的信息遴选和价值判定。关于价值主体的需求,比较有影响力的原理是马斯洛的需求理论、使用与满足理论(Uses and Gratifications Approach)两者,两种理论的共同点是都将中东铁路工业遗产价值评价的过程,认为是基于人们的需求并完成满足的过程。但对于中东铁路工业遗产的价值主体来说,每一类价值主体的需求很难说清,因为从需求的心理上来判断是非常复杂的事务,与每一类群体的价值观、归属关系、生活背景等紧密相连。所以在进行主体需求研究的过程中,需要在调研过程中融入文化人类学方法,并通过大量的调查工作,才能获取较为综合的价值评价效果。马斯洛的需求层次,也是较有影响的理论,结合该理论,证明人们对事物的需求是具有层级性的,是从低级向高级发展,从物质级向精神级发展的,共分为五个层级(见图3-15)。

图 3-15 主体需求的五个层次

广义的价值主体所涵盖的是与中东铁路工业遗产具有关联性的一切群体。但是在前面的论述中,选择了具体的几类价值主体,也就是确定了在价值评价的过程中,着重考虑这几类的需求。需要注意的一点是,并不是不考虑其他价值主体的需求,而是选取有针对性的、具体化的几类进行需求的收集和调查。主要原因是这几类价值主体是非常典型的,同时带有强烈冲突的可以直接影响遗产后续发展的。所以这几类协调之后的需求结果,有利于形成较为全面的价值评价结果。

(3) 价值主体需求调研 中东铁路工业遗产对价值主体需求的满足,主要来自物质和精神两个层面。物质需求是非常基础的需求,在物质需求之上才可以谈论人们的精神需求。遗产使用者,最直接的需求就是满足遮风避雨的物质需求;遗产管理者直接的需求是社会的稳定发展和经济利益的获取;对于社区居民,主要的精神需求则来自归属感、认同感、种族文化心理方面;对于非利益直接相关的科研组织,则主要关注审美、历史方面的需求。中东铁路工业遗产满足价值主体的需求,从总体上来看,是呼应我国当下时代对遗产价值的关注程度的,由于人们物质生活得到了满足,才开始进一步上升到精神层面的内质,从这点上看中东铁路工业遗产可以满足不同价值主体的精神需求。

同时,中东铁路工业遗产存在着公众参与不足的现象,也是由于不同价值主体的诉求不同而导致的。在使用者关注物质层面的需求时候,他们不会过多地关注精神方面的需求,而普通民众对遗产的关心也很难体现。结合国家文化遗产的相关调查,针对中东铁路沿线的各种级别的城市进行工业遗产关注度的调查时,可以发现其中的差异。调查表明,中东铁路沿线的省会城市以及沿线的地级市等对遗产的态度存在着明显的区别。如省会城市中的哈尔滨,对中东铁路工业遗产的关注程度明显较高,关注度达到了 3.1,而地级市这些等级别较低的城市的关注度则在 2.7 左右(见图 3-16)。从图 3-16 上可以看出,出于生活水平的差别,级别较低的城市对中东铁路工业遗产的关注度明显不足,而省会城市对遗产的精神需求度

第3章 中东铁路工业遗产价值主客体和价值构成

明显比较高,显而易见,经济发展水平和民众对遗产的关注程度呈正比关系。

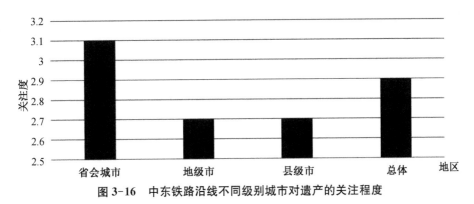

图 3-16 中东铁路沿线不同级别城市对遗产的关注程度

在调研的过程中同时发现,学历和受教育的程度,直接关乎人们对待中东铁路工业遗产的态度。参考国家文化遗产的调查报告,对中东铁路沿线的人们进行态度的调查可以发现,学历较高的群体对中东铁路工业遗产被损毁的事情表示谴责,同时强烈谴责因经济利益牺牲遗产的这一行径。相反,学历较低的群体则普遍表示遗产的留存没有太大意义,与上面调查一致,城市级别低的城市认为遗产的破坏和损毁在经济发展中是无可厚非的,他们主张不能为了保护而牺牲经济利益和当地的发展。同时,在调查中可以发现一个非常统一的现象,就是无论受教育高或者低,都认为目前遗产被破坏主要归因于遗产的归属方,也就是铁路局等铁路管理部门片面追求高等级铁路建设和经济发展的后果,应该从这方面下手对遗产进行本质上的保护(见图 3-17)。

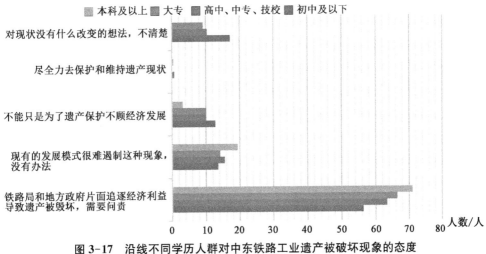

图 3-17 沿线不同学历人群对中东铁路工业遗产被破坏现象的态度

调查结果表示,在中东铁路沿线的普通民众对遗产的关注程度还不足,同时受教育程度的高低水平也直接显示了对遗产物质和精神两方面需求的阶段性关系。受教育水平较高的人,已经超越了物质层面的满足,开始进入到精神层面需求的关注阶段,所以更会关注遗产破坏的现状;受教育水平较低的人,还停留在物质表面,不重视精神需求,持有为追求经济发展要牺牲遗产的观点。

在中东铁路工业遗产的现阶段保护中,遗产很容易受到铁路部门建设高等级铁路带来的破坏,这也从侧面表示,中东铁路工业遗产价值评价,从来都不是学院派专家们、政府的小圈子的事务,而是与生活在其中大系统里的人们都息息相关的事。在中东铁路工业遗产价值评价活动中,价值主体对遗产的态度存在两股力量的作用,一方面是考察遗产自身具备的历史、艺术、情感等方面的价值信息,另一方面是遗产所带有的信息对价值主体意识和认知的意义诠释与传承。不同态度反映在价值评价活动中,会导致结果出现信息承载不平衡的现象。通常情况下,对信息承载不平衡现象的处理主要是趋同、协调的手段,让不同价值主体通过交流和沟通,形成较为一致的价值观念,进而达到价值共振。当达到价值共振的状态时,对中东铁路工业遗产的价值观就会成为全社会共同具有的内质态度,这个时候遗产的保护问题也就迎刃而解了。

中东铁路工业遗产具有时间和空间上的延展性,价值评价是为了更好地传承和保护遗产。对于价值评价的影响因素则来自很多方面,从城市开发的进程来看,中东铁路工业遗产很容易出现让位经济的现象,所以要从价值主体的需求上谨慎地考量遗产。如果对价值主体的需求进行割裂,那必然是会得到一个相对非常表面的结果,离开了价值主体的需求难以达到研究价值构成的目标。

在对沿线的价值主体进行需求调查的时候,各类群体都带有各自的需求,并且需求也有偏重,通过调查总结出来相关价值主体需求的价值目标有以下几种(见表3-12)。

表3-12 中东铁路工业遗产价值主体需求的价值目标

价值主体	主体需求的价值目标	容易造成的后果
遗产管理者（政府）	遗产管理者偏重旅游价值、经济价值、影响力等方面的标准,做不到完全坚持以客观、突出价值等为准则,一般情况下达不到真正的价值评价研究的深度	为了城市的政绩工程不顾遗产自身的实际情况,忽视民众的实际需求等
遗产归属方和使用者	遗产归属方主要强调修建高等级铁路,追求高、快、稳的经济发展,偏向于经济价值;遗产使用者则强调自身的生活和发展,强调中东铁路工业遗产"为我所用"的观念,满足物质和基本生存的追求,偏重个人享乐和追求的角度	与遗产关联最为直接,容易产生随意搭建、拆毁等破坏性行为,忽视遗产真实性

续表

价值主体	主体需求的价值目标	容易造成的后果
科研组织	从专业的角度出发,将保护作为首要任务,从多学科全面地对遗产进行保护和利用方面的探讨	精英意识强,受限于理论约束,与普通民众关联性较弱
民间组织	关注中东铁路工业遗产的保护、艺术外观、装饰等,强调单一的保护	遗产综合认识上比较欠缺,忽视经济上的发展
社区居民	关注中东铁路工业遗产的生存环境、基础设施、知名度、旅游风貌等方面	开发过度会干扰社区居民的生活状态,过于商业化

从不同的价值主体上来看,每一类价值主体都对中东铁路工业遗产有着不同的需求,从这上面也可以看出需求、文化的区别。所以价值评价,需要考虑的不是一类价值主体,而是多类价值主体的综合需求的协调,同时还受限于社会经济和时代背景的影响。

中东铁路工业遗产价值主体的需求确定,需要考虑到接下来的价值构成的研究。首先,价值主体的需求需要结合中东铁路工业遗产廊道构建的目标,一切的需求都是从遗产廊道的角度出发。其次,要结合遗产当代价值的体现。最后,要考虑几种价值主体的需求的差异之处,差异的存在决定了价值构成的区别。从价值主体的需求来对价值客体的特征进行综合分析之后,确定中东铁路工业遗产的价值构成,需要考虑本体价值、衍生价值、特征价值、经济价值的合理构成。遗产管理者(政府)作为价值主体偏重经济价值,遗产归属方和使用者偏重使用价值,科研组织偏重遗产的本体价值,民间组织和社区居民偏重文化情感价值、社会价值以及遗产对于城市形象方面提升的价值。结合不同价值主体对中东铁路工业遗产的需求,可以对其价值构成有更为清晰的了解。

3.4 中东铁路工业遗产价值构成

构成在价值评价研究领域是指价值要素按照某种需求和目的所进行的组合。中东铁路工业遗产价值构成具体是指其系统之内各种价值要素的构成关系以及要素与要素之间的协调平衡关系。

价值构成阐释的技术路线主要分为两部分(见图3-18),第一部分是结合现行相关的法律法规中所提出的价值构成内容,将其列入价值构成的普适性组成部分中。第二部分是对研究对象,也就是价值载体的特征进行阐释和分析,包括表象特征和文化特征等,然后结合其特征的总结,融合第一部分的共性内容,并且兼顾遗产廊道构建的目标,对中东铁路工业遗产的特征进行解构，配合专家问询分析出其价值构成（见图3-19）。

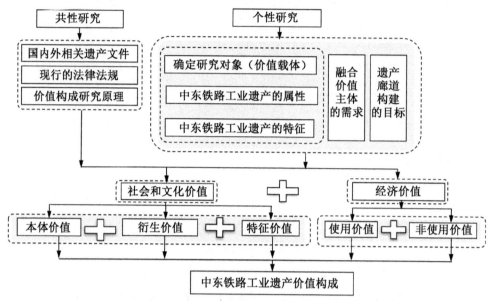

图 3-18　中东铁路工业遗产价值构成共性研究和个性研究框架图

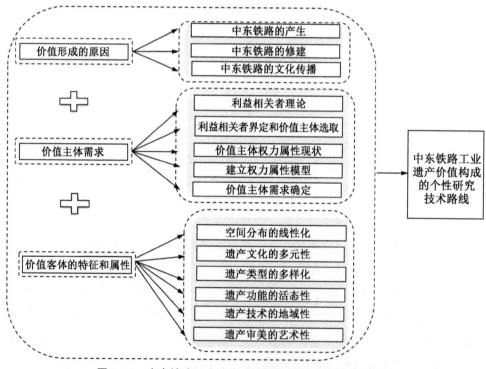

图 3-19　中东铁路工业遗产价值构成的个性研究技术路线

3.4.1 价值构成共性研究

价值构成的共性研究,是指通过研究国内外相关遗产文件、现行的法律法规以及价值构成相关的研究原理,依照研究对象的层级性,从遗产、工业遗产、铁路工业遗产的价值构成开始逐步进行研究,然后引申至中东铁路工业遗产与其他遗产的共性价值构成内容(见图3-20)。

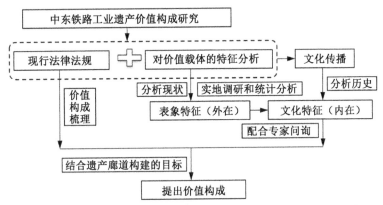

图3-20 遗产廊道视野下的中东铁路工业遗产价值构成研究技术路线

(1) **遗产价值构成的共性研究** 从遗产的价值构成上看,遗产价值评价属于认知范畴,也是遗产保护前期必须开展的工作之一。价值评价不是照葫芦画瓢的模仿过程,而是取决于对遗产自身内在价值的恰当理解,其政策也是基于对遗产内在的文化资源及相关价值进行调查、记录和定义的关键过程。遗产首要的概念就是真实性,其含义是形态、质料等因素都真实存在的遗产,在《奈良真实性文件》中有论述。其余以《威尼斯宪章》以及《世界遗产公约》为首的国际公约和条例也都形成了一系列价值评价的标准,所以无论是我国或是西方发达国家,都对遗产价值评价有着不同的看法和角度,并且出台了相应的法规。

我国现行的遗产保护法规主要是文保法,其中提及遗产制定的部分程序还属于政府行为,目前没有形成明确的遗产申报和提名程序。所以,其中涉及价值评价的专家论证、遗产审议方式都没有具体的落实指标,同时也使得遗产保护存在不透明性,与其他社会领域存在着一定的隔阂。例如,没有关于工业遗产门类的相关法规,也没有针对像中东铁路、大运河这样巨系统的复杂遗产的相关法规。我国惯常的价值标准的表现形式,是结合对价值类型的描述直接演变至评价打分表格中的选项,但是因为不同遗产由于其历史内涵的不同,会产生相异的评价标准。而价值类型的描述,也可以根据具体情况进行细分,然后再进行更为细致具体的评价,这一步骤主要是由于评价目的的不同而导致的。在确定遗产类型之后,可根据遗产价值类型和标准来重新确定评价标准,有利于对遗产价值的深化凝练。我国现行的保护制度中的价值评价方法标准仅提供了三大价值,而与实际遗产的具体联系,如情感价值、精神寄托等,由于涉及遗产地的环境与人为的感受,在相关法规中都没有提及。

(2) 工业遗产价值构成的共性研究　　工业遗产在从属关系上来看,是遗产的一种类型,与其他类遗产处于平行并列的关系。本质上看,工业遗产与其他遗产都具有遗产的共性,但由于工业遗产的核心技术属性以及意义,又使它具有其他类型遗产所不具有的特质。

学术界目前较为认可的价值评价包括构成、分布、分级三方面,同时认为价值评价目标,也在于筛选出具备真正意义的遗产,并分析其分布格局和等级。《中华人民共和国文物保护法》中归纳了三大价值。作为工业遗产的中东铁路,也脱离不开文物保护法的规定。历史价值界定在于遗产的年代价值,艺术价值在于风貌特征、审美作用等,科学技术价值在于相关遗产的材料演变等,除去这三大价值,还有很多不同的价值类型需要挖掘,比如遗产对于社会发展的积极促进作用。另外一个很重要的现象就是价值类型在各类遗产中虽有共性,却也普遍存在个性。遗产的价值研究,虽然立足于全球,但其实带有着浓郁的西方色彩,对价值的认识,也是多从西方价值观角度出发的。

在从属关系上,工业遗产属于遗产的一种。一般情况下,遗产采用历史、艺术等来进行价值构成的建立。工业遗产仍然需要从价值构成上突显其与其他遗产的不同之处,需要重点考量工业遗产的特质以及其价值判断的标准。就目前的情况来看,工业遗产的价值构成研究并不是十分明晰,因素也相对来说较为概括,多数学者认为除去三大价值之外,构成中还涵盖文化、社会、旅游、经济等价值。《下塔吉尔宪章》中对工业遗产价值构成的认定中包括了社会价值和经济价值,而这两种价值的划分较为笼统,不够细致,缺乏深入的分析。在中东铁路工业遗产价值评价的过程中,需要结合其特征等,建立结构明晰的价值构成标准。在上述观点中,比较值得关注的是旅游价值,这种价值是依附于历史、艺术等价值而存在的,在这些价值衍生和转变之后,才会使其具有旅游价值,同时旅游价值会受到区位、市场等因素的制约。基于此,旅游价值在中东铁路工业遗产的价值构成中,不是其主要部分,它只是依靠其他核心价值而存在的衍生产物,不应在中东铁路工业遗产的价值构成的构架之中。

(3) 铁路工业遗产价值构成的共性研究 工业遗产在从属关系上来看,是遗产的一种类型,与其他类型的遗产处于平行并列的关系。本质上看,工业遗产与其他遗产都具有遗产的共性,铁路工业遗产价值构成的研究可以参考工业遗产的价值构成。但由于铁路工业遗产所具有的独特的交通等服务功能属性,可以从多种角度和层面来满足价值主体的需求,又使它具有其他类工业遗产所不具有的特质。

依据马克思主义哲学之中价值认知理论的研究基础,铁路工业遗产包含其自身客观存在不受外界影响的价值,还包括在不同阶段、不同的社会环境中遗产对于价值主体所具有的意义。所以,铁路工业遗产的价值构成,包括社会和文化价值、经济价值两大类。社会和文化价值其中具有自身客观价值的称为本体价值,包括历史、科技、艺术等价值。同时,还具有本体价值衍生出来的衍生价值,这些衍生价值会受到不同时代、不同价值主体、不同环境、不同情感等因素的影响。特征价值需要依据具体的研究对象而言。

以上的这些多层次、多视角的价值构成研究,对于中东铁路工业遗产来说也同样适用。这些在中东铁路工业遗产的价值体系中属于本体价值的范畴,因为这些价值是客观存在的,表现为遗产的历史、科学、审美等方面的概念,这些价值认知适用于整个文化遗产领域,当然也涵盖了中东铁路工业遗产,差异在于针对不同遗产的价值等级以及挖掘中东铁路工业遗产的特征价值,这才是最为关键的。中东铁路工业遗产作为一种复合新型的遗产,目前关于其价值构成研究还停留在较浅显的阶段。目前关于遗产价值构成的相关研究方法,很多还是以历史、地理为基础,并且在真实性的标准上来建立对遗产文化意义的理解。

中东铁路工业遗产价值是一个综合性的价值系统,并且这个系统中由一系列分类明确、彼此关联的价值类型所构成。不同的价值主体,在不同的自身条件和环境条件的制约下,会对遗产有不同维度的认知和理解。在研究遗产价值构成的时候,要注意共时性和历时性的维度,同时要把握其价值评价的目的,也就是构建遗产廊道的最终目的。需要注意的是,中东铁路工业遗产价值构成,在某种程度上并不等同于其价值评价指标体系中的指标,因为价值构成是相互有关联的价值类型,但这种价值类型未必能通过一种量化的方式来进行评价,只能表明其价值类型和类型之间、价值类型和遗产之间的相互关系。

3.4.2 价值构成研究角度

随着价值主体自身条件的不同,如世界观、人生观、价值观的不同,对价值构成的角度也有着不同的理解。不同个体或者组织,即使是相同的个体或者组织,在不同的自身条件和利益驱动下,对于中东铁路工业遗产价值也有着不同的认识。因此,价值具有客观性,也具有主观性。中东铁路工业遗产价值构成的研究角度可以分为以下四种:

(1) 共时性和历时性角度 共时性角度,就是以静态、横向的视角对遗产进行价值构成研究,主要侧重于研究中东铁路工业遗产价值的静态构成,关注价值各个构成要素之间的关系,并且是在某一时间范围内,以特定的空间和社会领域维度作为划分依据。历时性角度,则是以动态、纵向的视角,偏重于研究中东铁路工业遗产价值发展过程中的规律,阐释遗产价值的动态构成,强调对演化过程的考察。本书对于中东铁路工业遗产价值的构成主要是从共时性角度出发,但与其他价值构成不同的是基于遗产廊道构建的目的,所以在考虑价值构成的时候要考虑遗产为遗产廊道构建所做出的贡献等。

(2) 文化资产角度 从文化资产角度来研究价值构成,就是把中东铁路工业遗产看成是一种文化资产——文化资源的经济价值形式。在对中东铁路工业遗产进行研究的时候,针对资源的稀缺度问题,需要冷静地思考遗产稀缺度和保护中东铁路工业遗产所需的资源和机会成本问题,在这其中还存在遗产的内在隐性需求以及潜在消费者的喜好观念。基于上述这种认识,有学者提出遗产的价值构成分为成本价值、效益价值两大部分。成本价值指的是与遗产相关的物化劳动价值,包含人工、取材等费用,这部分主要依靠历史资料来进行核实,如果找不到历史资料,那么需要由专家与当代进行类比;效益价值由功效价值、时间价值、未来价值等构成,功效价值指的是中东铁路工业遗产的收藏、研究、旅游价值等,时间价值由遗产自身的稀缺性和不可再生性所决定,随着时间的推移而不断升值。文化资产角度的价值构成,主要是应用在遗产廊道构建的后续利用和保护部分,在价值评价的过程中暂不涉及。

(3) 遗产功能角度 从遗产功能角度对中东铁路工业遗产进行价值构成分析,主要是综合考虑到了中东铁路工业遗产的功能属性,有利于根据不同的人为影响类型,选择不同的评价技术来服务评价对象。并且,这种方法权衡现实和潜在两种用途,促进遗产可持续利用。使用价值,顾名思义,是人们利用遗产的各类功能所产生的经济效益,也是一种物质性效应,其中的直接使用价值是遗产通过市场交易直接反映出来的价值,间接使用价值是交易的必要条件但不能直接通过交易来取得。非使用价值从本质上看,是一种象征性的效用,是人们留下遗产客观存在所自愿支付的费用。存在价值是为了使遗产继续存在而自愿支付的费用,遗赠价值是为了子孙后代及将来而自愿支付的费用,选择价值是为将来能够有选择欣赏遗产而每年自愿支付的一笔费用。这几种价值,学者观点不一,一部分学者认为可以相互依存,但也有部分学者认为不能并存。但目前存在、遗赠、选择三种价值之间,可能存在着重复计算的问题,并且其计算过程仅是停滞在理论分析的层面,所以,中东铁路工业遗产的功能属性不能单独从遗产功能角度来分析价值构成,需要结合其他的角度一同来进行阐释。

(4) 遗产空间角度 除了上述三种角度,还有从其他视角对中东铁路工业遗产价值构成进行的分析。如根据遗产在价值中体现的不同特征,可以分为有形价值和无形价值,这种分类方法较简略却也十分概括,主要凸显了有形资源(货币)和文化生态价值(精神满足)的对立。根据遗产的作用时间,中东铁路工业遗产价值还可以分成过去时、现在时和将来时三种价值类型。

根据遗产空间范围,可以分成遗产整体价值和遗产要素价值两种价值类型。遗产整体价值是对中东铁路工业遗产整体价值的分析和评价,并且与价值评价的目标——构建遗产廊道存在着密切的关系,不同的目标所对应的价值评价也必然不相同。按照系统论的思想,个体相加并不等于整体,所以中东铁路工业遗产的整体价值评价方法,需要将其从小系统中剥离开来,并且置放于更大的系统之中来进行比较,这样才能通过比较得出其整体价值。遗产要素价值,则是分层次的价值评价,包括单体层次、站点层次、城镇层次。正因为中东铁路工业遗产的价值属性存在对立的两方面,一方面承认中东铁路工业遗产价值不依附于任何事物而是绝对的客观存在,另一方面认同不同的价值主体。所以,中东铁路工业遗产价值是基于遗产的客观存在和人们对遗产的主观认知,主观性与客观性并存,兼具绝对性和相对性。

综上所述,本书选择了共时性角度、遗产功能角度、遗产空间角度三个角度来进行中东铁路工业遗产价值构成的研究。即,在遗产廊道构建的目的下,以静态、横向的态度来关注其构成,并且在某一时间范围内以特定的空间和社会领域维度作为划分依据。

3.4.3 多维价值构成和阐释

本书所述的中东铁路工业遗产价值构成,是基于《中华人民共和国文物保护法》及《中国文物古迹保护准则》中对价值的描述,并结合对中东铁路工业遗产的属性和特征分析之后才得到的结果(见表3-13)。中东铁路工业遗产价值构成从共时性角度和遗产功能角度来进行分类,在这里提倡建立一个价值分类系统,将中东铁路工业遗产价值构成分为社会和文化价值、经济价值两类(如图3-21所示)。

表 3-13 中东铁路工业遗产价值构成

一层构成	二层构成	价值构成
社会和文化价值	本体价值	历史价值
		艺术价值
		科技价值
	衍生价值	文化情感价值
		其他附属价值(社会、精神)
		工程价值
	特征价值	遗产等级化价值
		整体文化融合价值
		构建遗产廊道潜力的价值
经济价值	使用价值	直接使用价值
		间接使用价值
	非使用价值	存在价值
		遗赠价值
		选择价值

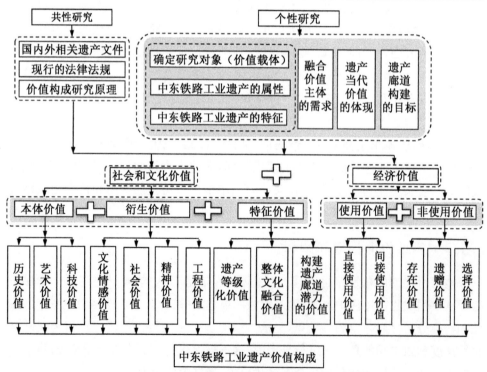

图 3-21 遗产廊道视野下的中东铁路工业遗产价值构成

● 第3章 中东铁路工业遗产价值主客体和价值构成

社会文化价值包括中东铁路工业遗产自身的本体价值、遗产的衍生价值、遗产的特征价值;经济价值是衡量中东铁路工业遗产利用和促进遗产发展的关键尺度。这两种价值并存,但经济价值很大程度上取决于社会和文化价值的大小。这种遗产价值构成的分类方式,一方面使复杂的遗产价值构成简单化,另一方面能够让利益相关者清楚价值之间的联系。

中东铁路工业遗产的社会和文化价值包括本体价值、衍生价值、特征价值三大类。针对中东铁路工业遗产价值体系,与其他体系相比所特有的就是特征价值,下面将分别对每类价值进行描述。

(1) 本体价值 中东铁路本体价值也就是共性研究部分,主要以文保法所规定的三大价值为基础,体现了中东铁路工业遗产所承载的历史事件及社会环境各方面的信息,如历史信息、艺术审美、科学技术、政治经济等方面。本体价值是中东铁路工业遗产作为一个客观的实体所呈现出来的价值。利用这些信息,可以聚焦在某一历史阶段的社会发展过程中,也可以凝结在某一段具体的历史时期。针对中东铁路工业遗产的本体价值认知,要通过对其科学的分析和研究才能全面、完整地呈现。因此,对中东铁路工业遗产本体价值的认知通常由一些相关领域,具备专业知识的专家学者来完成。

历史价值 文化是留存于建筑中的、融会在生活中的历史沉淀。对于遗产来说,代表着人类活动过的痕迹,从各个角度可以反映社会发展的进程,具有重大而又深远的意义。遗产是在历史进程中所保留下来的幸存者。作为历史的典型代表,能够穿越时空的约束,赋予历史深厚的质感,并成为历史的最佳载体。史学研究中,历史事实是历史判断的准则。而其印证,则是通过遗产的遗存和保护来传承历史信息的。在遗产的诸多类型之中,开创性的遗产尤其具有特殊的历史价值。在国内的法规文献中,介绍历史价值体现的方面主要有:出于重要历史缘由而建设,并确切投射了历史真相;与重大事件或者人物相关联,能反映真实的历史境况;反映某一时期社会方式、社会思想等;对历史文献记载进行修订和补充;类型独特且具有典型性;代表本身的演进变化和发展。中东铁路工业遗产的历史价值,也就是依据历史演进来作为标准进行价值判定,是通过遗产自身所形成的原型和历史进程来阐述历史并承载信息的价值。历史价值是中东铁路工业遗产的核心价值,也是其他类型价值的基础。

中东铁路工业遗产是人们在那段历史时期中所保留下来的历史印记。从这个角度来看,历史价值的内涵所体现的是历史性,外在表现是证明历史、补充历史、延续历史的能力。不同地域和民族的遗产,都反映了当时的社会生活和发展情况。

中东铁路工业遗产见证历史的价值反映在其是真实的遗存,同时也是凝固的标本,可以真实地证实中东铁路历史;中东铁路工业遗产补全历史的价值体现在,现有的中东铁路工业遗产,可以补全其历史记录的缺失,主要原因在于现有的历史资料难以对历史进行全面且详尽的记述。而中东铁路工业遗产则以其真实、客观、具体的存在来对缺失的历史记录进行纠正和弥补;中东铁路工业遗产传承历史的价值,主要表现在中东铁路工业遗产是人类活动历史的产物,而物质形态遗产也是其历史的体现,通过凝固的这种信息承载,形象地向人们传承历史。中东铁路工业遗产传承历史的作用,大过于历史书上的记载。

综上所述,历史价值是由中东铁路工业遗产的本质特征所决定的,针对的是中东铁路工业遗产区域的不同层次。在做决策之前,利益相关者必须认识到中东铁路工业遗产的历史价值的各个方面,从而保护遗产免受威胁。例如,哈尔滨松花江滨洲铁路桥见证了中东铁路的全线通车,是一个具有重大历史意义的事件。这个历史事件与桥梁都具有很高的历史价值,所以它是具有高历史价值的遗产典型代表。

艺术价值　在国内的法规文献中,介绍艺术价值体现的方面主要表现在各类艺术手法。具体的内容涵盖建筑艺术方面的形态、结构、模式、形式美;景观艺术方面的人文、城市、遗址景观等;遗产附着的造型,包括雕刻、壁画、塑像、装饰、陈设品;造型艺术品,还包含艺术类的设计构思和手法。

中东铁路工业遗产是按照严格的等级化来建设的,每个等级都具备固定的方案和图纸来进行标准化设计。其建筑装饰具有建立在满足结构和功能的基础之上的多样性,同时在精细的样式和实用功能之间形成逻辑性的美感。相对于形象化的表达,中东铁路工业遗产的艺术形式带有抽象的深度。如遗产的建筑形式可能带有动物或者植物实心的或空心的形式被雕刻在窗户、门、屋檐、柱子和屋顶上等。中东铁路工业遗产的艺术价值可能是在长期美学实践活动之中的复杂性总结,不仅有着精美的设计,也有着丰富多彩的装饰,都给人以审美艺术的巨大冲击。例如,哈尔滨松花江铁路桥的建设风格是建筑学研究的一个重要的范例,具有强烈的机器美感特质。同时,铁路桥在结构、比例、色彩、技术上都有独特的审美价值。

中东铁路工业遗产的艺术价值,主要表现在审美感知、体验、理想等。中东铁路工业遗产的审美感知,作用在人的五官之上,体现在当人们欣赏中东铁路工业遗产时,被其形态、色彩、质量等内在和外在的表现所吸引;中东铁路工业遗产的审美体验则是在审美感知过程之后的。在接触之后,人们对中东铁路工业遗产有了审美感知,进一步结合自身的经验而做深层的情感领悟和验证;审美理想,则是审美感知、审美体验的升华,表现了对于中东铁路工业遗产审美意识的理想化追求,反映了对于本质需求的共同性。

科技价值 科技价值,主要描述的是遗产在科学史和技术史角度的较为突出的价值。在国内的法规文献中,介绍科技价值体现的方面主要表现在设计、结构、材料等,包括规划和设计方面的区位选址、空间布局、造型结构、灾害预防、生态安全等;典型的材料和工艺,如能够代表当时的科学技术水平,或者体现技术演进过程中的重要步骤;生产及实验、交通及设施类的场地,还有重大的科学技术资料。

中东铁路工业遗产,是人类活动中运用科学技术和知识所遗留下来的成果,所以科技价值也是其价值构成中的重要组成。科学技术的价值评价应结合中东铁路建设历史和物理状况的显现。例如,哈尔滨松花江铁路桥在建筑历史上有重大意义,因为它的钢桁架技术和桁架跨度在当时的国内外铁路工程技术上均位列前列。

中东铁路工业遗产的技术价值,体现在工程技术性上,是指利用某种工艺方法建造的技能来建设和管理,是铁路工程技术的杰作和管理技术的典范。目前,很多中东铁路工业遗产的建造技术已经失传,这样技术价值表现得则更为明显。中东铁路工业遗产的科学技术价值,运用科学发展成果体现了科学进步。

选址的合理性与科学性:中东铁路选址于地形较好、坡度较低、适于修建路基的地区,这对于铁路的建设具有合理性,并且选择哈尔滨作为原料供应以及中东铁路的中心。选址的科学性与合理性是技术史中非常重要的特点。

技术的先进性:当时中东铁路修建采用国际招标的方式,反映了 20 世纪 90 年代世界铁路的先进技术都汇集于此。中东铁路工业遗产所包含的历史信息反映了当时一段时间内的生产力以及科学技术发展的水平,并且可以为科学技术史的研究提供详细的实物资料,如遗产依存以及档案文献记载等。

规划的完整性:中东铁路沿线 10 km 一小站,30 km 一大站。大站都有完备的铁路工程、管理设施便于铁路的运行,站点的规划和铁路建筑的建造均采用标准化定型的设计,规划具备完整性。

工程、施工过程的融合性:中东铁路工业遗产的技术形式与施工过程能够做到整体的统一,施工速度很快。中东铁路是一个巨型的大工程,短短 5 年完成了总体规划、工程协调以及指挥安排等工作,是非常难得的成就。

(2) 衍生价值 中东铁路工业遗产的衍生价值指的是,除去中东铁路自身的本体价值之外,其与地方外界环境的联系相关的价值,如文化情感价值、社会价值以及遗产对于城市形象方面提升的价值等。当地社区居民和中东铁路工业遗产使用者对衍生价值是最具有感受的。伴随着时间的延伸，衍生价值会受到不同因素的影响，使用者会因为不同的生活经历表现出强烈的主观色彩。但是，衍生价值减少或是升高的程度，是随着人们的情感需求而改变的，具有特定的精神象征含义。中东铁路工业遗产的社会价值，指的是遗产是居民生活记录的一部分，也是城市中相当数量的人们的认同感和归属感的基础，包含影响力度、精神价值等，都反映了遗产对人民群众生活及社会发展的影响，同时工业遗产在社会中也具有认识、教育和公证的作用。精神价值则可以通过与中东铁路工业遗产所关联的重大历史事件，以及遗产在城市历史方面是否发生过重大影响来进行判别。

(3) **特征价值**　中东铁路工业遗产的特征价值，是其区分于其他工业遗产的个性特征。由于价值评价的目的是构建遗产廊道，其特征价值的提出也是基于遗产廊道构建的目的。因为评价目的不同，其价值构成必然不同。特征价值包含以下几点：

工程价值　从哲学视角对工程的定义是有目的、有组织地改造世界的人类实践活动。中东铁路工业遗产是典型的工程遗产体系。对中东铁路工业遗产而言，"有目的"意味着遗产是为了铁路工业而建设和服务的；"有组织"是指遗产的修筑是有复杂分工的社会性活动，而不是自发、分散的个体活动；"改造"意味着中东铁路工业遗产本身工程的本质是改进、改善，而不是重复性的生产活动，也正是这个"工程"推动了中国东北地区的发展。中东铁路工业遗产是为满足某种需求而建造的，它通过本身的功能以及附加功能，实现了社会意义。工程价值由功能价值、集成价值和发展价值三部分组成。

中东铁路工业遗产的功能价值，还体现在其实用性和目的性两方面。为实现某种目标，中东铁路工业遗产采取了特殊、有利的工程技术措施。如为了加快施工速度，采用定型的标准化设计图纸并就地取材。中东铁路工业遗产的集成价值体现在其系统性。如在建设之前，通过多重方式权衡，选择最优方式来实现其修建的目的。尽管沿线的站点分为不同等级，但通过有目的的组织和管理，各站点各司其职，在自己的岗位上发挥着不同的作用。中东铁路工业遗产的发展价值，是指伴随着时代和社会的变化而不断进行更新改造的动态过程，这也是一项工程必须具备的特质。所以，针对逐渐增长的运输需要，中东铁路工业遗产处于一种动态发展的特性之中，对部分的设施进行了更换。这种动态性，是铁路系统变迁的结果，也是技术、材料更新的结果，并且遗产的真实性、完整性也存在于变化之中，是一种变化的常态。

遗产等级化价值 这个特征价值不但体现在围绕中东铁路展开的各个等级的站舍的修建，还包括其他管理设施或者住宅等工业遗产，都带有浓厚的等级化特征，体现出中东铁路工业遗产建设和管理的基本框架。

整体文化融合价值 该价值体现在以下几点：关联背景表现的是中东铁路工业遗产与其所存在和发展的自然和人文环境是紧密相连的，不能割裂自然、文化背景和历史成因，这些都能帮助更好地阐述中东铁路工业遗产价值；内容是文化传播过程中相关的精神内涵和物质实体的证据，体现在判定中东铁路工业遗产是否能够体现相关的精神内涵；跨文化的整体意义是强调价值的整体性升华。如沿线的铁路工区，其自身价值仅仅在于对铁路运营的贡献，影响力相对有限。但是将其置于文化传播过程之中，又体现出了其对于文化传播以及交流所起到的作用和贡献。动态性所体现的是中东铁路工业遗产在其存在过程中是具有生命力的，是一个不断变化的过程。中东铁路工业遗产一直保持在运营和使用的状态，也是保持文化传播活力的基本方式，能够始终促进文化交流在不断实现。

构建遗产廊道的潜力价值 中东铁路工业遗产具有构建遗产廊道的潜力价值，这也是其所具有的特殊价值。由于价值评价的目的是构建遗产廊道，所以构建遗产廊道的潜力为中东铁路工业遗产的特征价值，体现了其特殊性。中东铁路工业遗产对于构建遗产廊道具有潜力价值，也是其核心的价值构成要素。

（4）经济价值 经济价值一方面通过中东铁路工业遗产自身所具有的社会和文化价值来体现，另一方面则通过拉动周边区域的经济，并且带动相关产业的发展来表现。经济价值是不可忽视的，但其必须依附于社会和文化价值之上，不能独立存在。没有社会和文化价值，就不可能讨论经济价值，所以在处理中东铁路工业遗产的保护与利用之间的关系时，要防止过多地看重经济价值而对社会和文化价值产生破坏性行为。中东铁路工业遗产的使用价值是其作为客观存在的实物所具备的物质价值，反映了遗产满足人们需要的文化属性，包含其他如教育价值、游憩价值等，可以提供人们进行科学研究、改善环境等方面的活动。非使用价值与中东铁路工业遗产的利用无关，是遗产自身固有的内在价值，一般来说包含三种，即存在价值、遗赠价值、选择价值。存在价值是人们为了保护中东铁路继续存在而自愿支付的费用；遗赠价值是人们为了让中东铁路工业遗产保存下来给子孙后代而在现代愿意支付的费用；选择价值表现在人们自愿放弃当前对中东铁路工业遗产的利用，但却自愿支付可以在后续某个时期进行利用的费用。对于非使用价值，一般采用条件价值评价法来对其进行评价。

3.4.4 价值之间的关系

价值之间的关系,常常都包含在一种相互依存和矛盾的关系中间。价值构成中各类价值之间的关系非常复杂,其复杂之处在于遗产包含的价值类型复杂多样,需要结合遗产自身形成的历史原因和过程,来进行细致的梳理和陈述。这种价值之间的复杂关系,使得遗产的保护工作开展得十分困难,中东铁路工业遗产也不例外。

西方历史上关于遗产保护和修复上的争论,本质上也是基于各种价值所包含的内在矛盾性。关于遗产价值的讨论看似没有什么学术价值,繁复的拉锯对大多数讨论来说并不陌生。但这些讨论的实践结论却往往影响巨大,因为不只是实践者"本能的"日常决策和法规制定等,尤其是在其定义的地区,也会有意无意地受其影响。然而任何一个在后来作为遗产的建筑物,并不是从诞生之日起就具有纪念意义,而是在历史进程中成为遗产和文物,那么很容易提出这样的问题:谁,什么时候,以什么权利,凭借什么标准,可以确定其价值?抑或其具有的价值之间是什么关系?这些特质并不显见,而是在其发展过程中产生,并且常常比较缓慢。因此它们需要被发现,被理解,并最终被塑造成可想象的样子,同时不可以简单地从项目的预期、外部要求和自身需求中获得,而是只能从原则上不间断的过程实践中获得。这一过程即发掘和结合中东铁路工业遗产的价值,这一过程在参与者的知识储备和信息积累中起着重要作用——不包括非官方委任的文保工作者。李格尔(Riegl)的论文《关于现代文保的流程》虽然作为一部新法律的阐释和广告文章而出现,却使读者们至今还面对相当多的困难。即便严格理性的术语和思维逻辑显而易见,这篇文章依然有很多地方模糊不清。

19世纪,李格尔在其论文中,曾经就这个问题作出了极为精辟的阐释。其论点的创新性贡献是,第一次为人们解构了遗产的多重价值以及这些价值之间所存在的矛盾关系,并且就这个矛盾给出了非常透彻的解释,尤其他还为后人留下了关于现今价值的理论武器,为之后关于遗产历史保护留下了深刻的思考。李格尔从一系列的类似于公理的、无法推论解释的前提出发,将艺术经验抽象出来,就像明确可理解的自然科学产生的美学吸引力一样。李格尔在文章中曾说,早先的文物保护可以建立在对象的艺术和纪念价值基础上,然而这种价值已经过时了,必须被一种新的价值取代,就像纪念价值控制了19—20世纪一样。但首先,遗产的价值不由其过去的意义决定,而是仅由其对当下的意义决定。李格尔以及他对文保工作理论和目标的基础贡献破坏了一种幻觉,即存在某种客观的、一次性赋予的、使

第3章 中东铁路工业遗产价值主客体和价值构成

对象成为遗产的特征。李格尔的基础理论中提出,对象能否以及如何有价值,遗产有何意义,不在于其产生的过程,而在于其如何被理解和接受。

李格尔对20世纪美学的基本法则意识得较早,然而其设定的合理性却不是主观而是存有疑问的。以历史哲学为基础的美学法则,往往导致个体大解放的过程。因为这是完全主观建立的,不是对事物本身,而是对其产生的效应做出反应的行为。因此遗产只能获得共性,这里所说的共性就是遗产的固有价值,这种价值是一些特定地点的个别现象所有的遗产,原则上已经完全明确了目标,也就是说在不考虑特殊的客观特性情况下,仅仅评估主观的舆论效应。

连贯起来思考,这意味着彻底地突破遗产概念的界限,因为如果只是表面上可见充分的变化,现状已经存在了很长时间并经历了很多变局,原则上每件作品的旧有价值是人为赋予的,并不考虑其原始的意义和目标设定。李格尔认为"现代人"一直在设法获得这些经验。遗产本身在这里仅仅是起因和兴奋剂,"只有更多不可避免的显而易见的根基,以唤起旁观者的舆论效应,在现代人中引起法律范围内对过去和未来的设想,使个体从群体中浮现,逐渐产生群体中必要的复兴"。结合李格尔的论述,也有诸多学者带来了完全不同的多样化解读。现在的遗产,已经从最初的纪念物意义,开始逐渐转化到与生活各个方面紧密联系的利益实践,遗产保护工作也开始超越过往的经验、超越过去的知识,并且在不断提出新的挑战。因此,围绕着各个价值类型之间的关系,需要围绕着具体的研究对象,结合遗产自身不断变换的进程,来作反思。

在前面提到,美国的遗产保护学者曼森(Mason)提出了以价值为核心的遗产保护思想。这个思想的重要意义是,他将遗产保护作为一种典型的文化现象,这种现象集多种资源于一体,而价值中心的思想,在遗产保护学术界,既被看作是一种理论,又是一种研究的方法论,指导人们将遗产的价值评价,跳脱精英模式,来面对不同利益相关者的价值诠释,因此对社会环境的梳理和认知、对人们记忆的记录和整理,都是价值评价中比较关键的任务之一。李格尔严肃地对待文物崇拜,"对文物的虔诚使我们相信它融入了我们的现状。而因为它是如此的现代,以至于它必须承担我们精神占有状况的大型考验,在此始终检验每一种价值的内部资质"。年代价值存在人背景驱动的质量问题,这样文物之间的差距被拉平了,"但今天我们已经准备好了,把我们的兴趣专注于所有那些作品上的力量,那些直接触碰到我们生命感受的力量,只有从这些力量看待、维护、保存、对抗各种危险保护遗产,才是必须和重要的"。返回李格尔理论的基本内涵,遗产价值客观表象的解体及其与当下利益之间的联系,是可以对抗他们年代感的失去。一个富有的民族能够宽恕很多东西的失去,一个穷困的民族却必须投入所有的力量来解决他们陷入迷境的骄傲和精神财富。文物保护必须参与到这种力量中,在精神生活重建中共同起到作用。但这需要目标。文物保护不再只是"义务保护继承而来的东西",而必须转变为"在精神服务中有意识的工作"。

从上面的论述中可以得知,遗产所具有的价值类型,并不是简单的叠加。中东铁路工业遗产的价值也与此同理。综合价值,从字面上来理解,包含中东铁路工业遗产的本体价值、衍生价值、特征价值、经济价值这几种类型,在具体的价值评价中,这个比例应该如何来进行反映和调整,是亟待深入的研究方向。中东铁路工业遗产属于遗产的概念范畴,所以法律法规所规定的三大价值,必然是这几种价值中所占比例最大的。在三大价值之中,也存在着一定的矛盾性,如历史、艺术两大价值的冲突,温德尔认为,在历史和艺术分别处于两大阵营的时候,艺术价值相比之下能起到更重要的效用。

由此看来,本体价值的比例最大,这一点毋庸置疑,本体价值是中东铁路工业遗产价值的存在基础,没有本体价值,也就不需要讨论后面的几种价值类型。其余的几种价值类型与本体价值都是依附的关系,衍生价值、特征价值、经济价值这几个价值类型相对于本体价值更为主观一些,而这几种价值之间的区分又非常困难。例如,衍生价值与中东铁路工业遗产所在的东北地域的"文化自明性"关联极大,通常偏重于除去中东铁路工业遗产自身的本体价值之外,剩余的与地方外界环境的联系那部分的精神诠释。衍生价值伴随着时间的延伸,会受到不同的影响,但衍生价值会减少还是会升高,都是跟随人们的情感需求而来,具有特定的精神象征含义,同时也偏向于政治、教育等层面。特征价值与其他类型的价值关系相比,主要是依据了中东铁路工业遗产廊道构建的目的性而来的。如果没有遗产廊道的目的性和指向性,那么其特征价值也会改变。经济价值与特征价值相同,都是依据人的主观性。遗产廊道构建是为了中东铁路工业遗产最终的开发和保护,在对其进行作用的时候,需要涉及经济价值,而经济价值中所包含的使用价值和非使用价值,也要结合具体的遗产来进行讨论。使用价值是中东铁路工业遗产在其开发和利用中所涉及的,当他们被当作商品和市场产品时,就会偏重经济价值。非使用价值是遗产固有的价值,不以其是否进入市场为参考,所以很多学者也表示非使用价值和本体价值之间具有界限模糊性。

综上所述,中东铁路工业遗产各类价值之间的关系是相互依赖、相互影响的。本体价值作为这几种价值类型的核心,是首要讨论的对象。本体价值、衍生价值、特征价值在中东铁路工业遗产廊道构建中是较为关注的部分,而经济价值则需要在开发和利用遗产的时候进行讨论和分析。

3.4.5　整体价值关联

上面已经论述,根据中东铁路工业遗产的特殊性和构建遗产廊道的属性和特征,可以将中东铁路工业遗产价值分成遗产整体价值和遗产要素价值两种价值类型。中东铁路工业遗产从遗产廊道理论的视野出发,具有整体的完整性,其价值也不能单独割裂来看。中东铁路作为西伯利亚大铁路的一部分,跨越2 500多千米,设有多处铁路支线,并且仍在正常使用中。再者沿途各站点遗存的大量铁路工业遗产,都曾经支持和确保铁路的正常运行,具有较高的整体完整性,不能孤立、静止地看作单独遗产的价值。

遗产整体价值是对中东铁路工业遗产整体价值的分析和评价,并且与构建遗产廊道的价值评价目标之间存在着密切的关系,不同的目标所对应的价值评价也必然不相同。按照系统论的思想,个体相加并不等于整体,所以中东铁路工业遗产的整体价值评价方法,需要将其从小系统中剥离开来,并且置放于更大的系统之中来进行比较,这样才能通过比较得出其整体价值。遗产要素价值,则是依据遗产廊道的保护层级,对中东铁路工业遗产进行分层次的价值评价,包括单体层次、站点层次、城镇层次。正因为中东铁路工业遗产的价值属性存在对立的两方面,一方面承认中东铁路工业遗产价值不依附于任何事物,是绝对的客观存在;另一方面认同不同的价值主体。所以,中东铁路工业遗产价值是出于对遗产的客观存在和人们对遗产的主观认知,主观性与客观性并存,兼具绝对性和相对性。对整体价值的评价将在第五章进行详细论述。

第 4 章
中东铁路工业遗产价值评价指标体系和模型构建

  遗产廊道视野下的中东铁路工业遗产价值评价,是一个非常复杂的定性、定量相结合的综合研究过程,而其价值评价模型的准确建构对于价值评价结果来说至关重要。本章对多种价值评价模型进行优缺点的比较后,选取了结构方程模型方法来建构价值评价模型。建立中东铁路工业遗产价值评价结构方程模型,需要经过以下几个步骤:首先,从第三章中东铁路工业遗产的价值构成入手,对中东铁路工业遗产的价值进行进一步的深层挖掘,进而提炼出针对性的价值评价指标,结合前人文献综述以及调查问卷,对价值评价的指标进行选取和优化并得到结果;其次,从模型设定入手,确定其显变量和潜变量等模型变量,然后设定测量方程和结构方程,结合其设定,建构模型;最后,根据调研问卷数据,分别进行测量方程模型和结构方程模型的验证性因素分析,然后通过路径系数来确定价值评价指标体系中每个指标的权重,并得出最终的结果。具体的技术路线见图 4-1。

  建构遗产廊道视野下的中东铁路工业遗产价值评价模型,首先需要确定完整、准确的指标体系。一方面需要秉持系统性、借鉴性、科学性、方向性,优先考虑遗产廊道整体保护的建立原则;另一方面则需要采用系统分析和专家询问等方式,深层挖掘中东铁路工业遗产的特征,对价值指标的针对性进行总结,从而选取和优化价值评价指标。需要在科学选取指标的基础上保证指标的实用性和代表性,进而确定初步的指标体系构成。同时考虑指标体系的系统性和完整性,避免指标之间出现重复和交叉的现象,利用相应的数据和统计分析,并探讨每个层级指标之间的相互关系和影响力,兼顾数据的准确性,以确保其可以进行下一步的计算。最后结合数据的检验结果,对指标进行筛选,从而建立最终的、完整的、准确的价值评价指标体系。

● 第4章 中东铁路工业遗产价值评价指标体系和模型构建

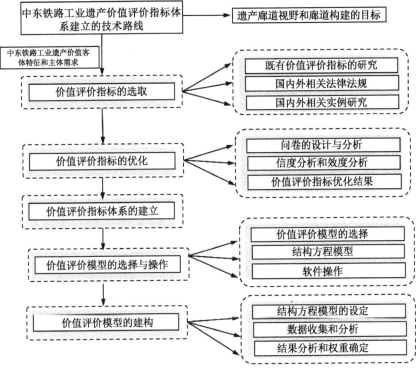

图 4-1 遗产廊道视野下的中东铁路工业遗产价值评价技术路线

4.1 价值评价指标的选取及体系的优化

确定遗产价值评价指标体系的时候,参考借鉴了大量国内外遗产的价值评价的方法。但还需要结合中东铁路工业遗产的特征,来建构一个适合其自身的、具有针对性、具有特殊性的价值评价指标体系。

4.1.1 价值评价指标的针对性

中东铁路工业遗产价值评价指标的针对性,是指其价值评价指标的选取和优化,需要体现其价值的特殊性的影响和制约。中东铁路工业遗产的多重价值,是由更深层次的价值评价指标来构成的。价值评价指标的选取,可以让指标体系更加完善,而其指标的针对性,更能体现出中东铁路工业遗产的全面价值特殊性。指标的针对性指的也是中东铁路工业遗产价值是否能够真实、客观地被指标所全面反映。指标是指标体系的基础，指标的针对性则是对中东铁路工业遗产价值特征的更深层次的挖掘。

（1）遗产的模块化特征　模块化的相关理论和方法，认为模块化是一种抽象出来的思维和方法论。中东铁路工业遗产是一个构成复杂的群体，对它们进行评价也是一项烦冗的工作。深层次地挖掘中东铁路工业遗产的模块化特征，有利于帮助后续模块化地分析遗产，模块化地对遗产进行价值评价，提供了更为清楚的资料，也可以方便开展遗产廊道构建的研究。

遗产的模块化特征是中东铁路工业遗产深层挖掘出来的特征之一。模块化特征所表现出来的是所有中东铁路工业遗产自相似的倾向和价值同质化的属性。为了适应中东铁路快速修建的过程，短时间完成高效率的建设活动，沿线工业遗产的修建都是依据相关的标准化图纸来进行建设，定型化、标准化的手段贯穿其中。从小到大，从单体的平立面、构件到站点、城镇的配置和布局等，都能看到标准化图纸的痕迹（见图4-2）。标准化和模块化是不同的，标准化所体现的是依据图纸得到的实例所呈现出来的表象特征，而中东铁路工业遗产的模块化特征则是不定向的，是按照很多的标准化现象所总结出来的模块化特征，这也是中东铁路工业遗产的与众不同之处，即在标准化表象的基础上所呈现出来的衍化特征。

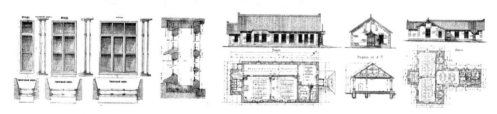

a）窗户的标准图纸　　　　　　b）学校及校舍的标准图纸

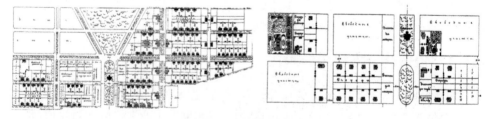

c）站点居住生活区规划标准图纸

图4-2　标准化图纸范例

模块化特征表现非常明显的是中东铁路沿线的各级站点，如昂昂溪站，是中东

第4章　中东铁路工业遗产价值评价指标体系和模型构建

铁路当时站点等级中的二等站点，其采用明显的定型化、标准化设计，分为上下两层，局部二层，从屋顶、立面等设计中可以看出昂昂溪站点与其他的二等站设计非常接近，类型也较为统一。

在中东铁路运营的这段时期中，需要应对短期内修建完成的压力，依靠了规模生产化的理念，使其建设活动充满了计划性。整个中东铁路工业遗产的模块化特征是在缓慢发展和前行的，这个过程不是突兀的，没有非常明显的时空划分，而是潜移默化、润物无声的影响和作用，让所有工业遗产的建设都在有条不紊、有计划地运行。在收集和总结中东铁路工业遗产的历史资料和历史照片之后，经过现场实地踏勘，可以发现，这些标准化的图纸并不是空中楼阁，而是真真切切建造出来的，小到构件，大到城镇规划，都可以发现参考的标准图纸。这些标准图纸所带来的就是标准化的表象，而标准化所引申和衍化出来的则是模块化特征，标准化是模块化的初级阶段，它所指代的是中东铁路工业遗产具备通常的属性。

然而在实际的建设中，标准化图纸无法满足大量的建设需求。经过对中东铁路工业遗产实际的调研和踏勘，可以发现，虽然整体中东铁路各工业遗产的风格和样式较为类似，但并不完全一致。同一类型的工业遗产虽然产自标准化图纸，但是细微之处都存在着差异。不同类型的工业遗产由于功能、规模的差异，设计上就存在着不同，但是在不同之中又蕴涵着相同的构件和材料纹理。从图纸和实例的比较中可以发现，标准化的现象存在于中东铁路工业遗产之中，虽然表面看起来如出一辙，可细节上都存在着大大小小的差异，极具特色。这些差异的存在，让中东铁路工业遗产富有活力，充满着乐趣感。同时，这些差异不是大相径庭，也不是每个建筑肆意变化的产物，而是在一定的范围内的有限的"相同"，如装饰肌理、功能变换、色彩和构件等，在标准化的基础上来进行不同细节的组合，就会得到很多种组合的结果。这些组合表面上看起来是为了区别于其他工业遗产，但本质上是让这些建筑适应了多样化的需求市场。从组合元素的互换行为中可以看出，标准化的界限在不断模糊，而从中剥离的模块化特征则逐渐显现。总结起来，就是于不同之处见相同，于相同之处见不同。

构件的模块化特征　每个中东铁路工业遗产都是一个建筑实体，实体中包含各种各样的建筑单元构件。单元构件功能不同，类别也不尽相同。依据功能的不同，可分为装饰性、功能性、结构性等多种类别。在中东铁路工业遗产的这些构件中，都可以挖掘到模块化特征的存在，在装饰性构件中表现得尤为突出。对于建筑来说，装饰性构件是最能表现其艺术性特色的主要部分。中东铁路工业遗产的统一性和类似性，大部分都表现在此，其包含的类别有门窗、屋檐、墙面转角等，其中也体现着模块化的特征(见表4-1)。

表 4-1 装饰构件模块化特征

部位	分类	实例			
檐下装饰	方形			波形	
	组合			异形	
墙面装饰	禺石				
山墙落影	规则阶梯式				
	不规则阶梯式				

建筑平面模块化 中东铁路穿越中国东北地区严寒地域,整体中东铁路工业遗产都分布在其沿线,因此为了满足防寒保温的需求,需要考虑使用规整平面,避免使用转角较多的平面,这样可以减少热量散失,能够达到降低体积系数进而适应严寒气候的目的。因此,建筑功能类型受限于规整的平面限定,其平面设计非常容易成为模块化设计的结果,即使需要多功能的空间组合,也是在单一平面的基础之上、受限于体积系数的原则之下采取一定的方式组合形成的,组合的方式也相对比较有限,造成了中东铁路工业遗产较为统一和类似的面貌。在具体的实际施工上,部分中东铁路工业遗产依据具体情况在定型化设计上进行了简单的修改,也使其面貌具有了多样化的形式。例如,军事及附属类遗产是中东铁路工业遗产中比较典型的类别之一,也是其中最为富含模块化特征的类别。此类遗产在修建之时,多是出于军事需求在高效完成情况下修建。严格的等级化和装饰性的削弱,使其在中东铁路工业遗产中较具模块化特色,其中以兵营等最为突出。兵营和马厩在标

准化设计的原则上,在不同的区域引申出多种不同的组合平面类型(见表 4-2)。

表 4-2 军事及附属类遗产的模块化特征

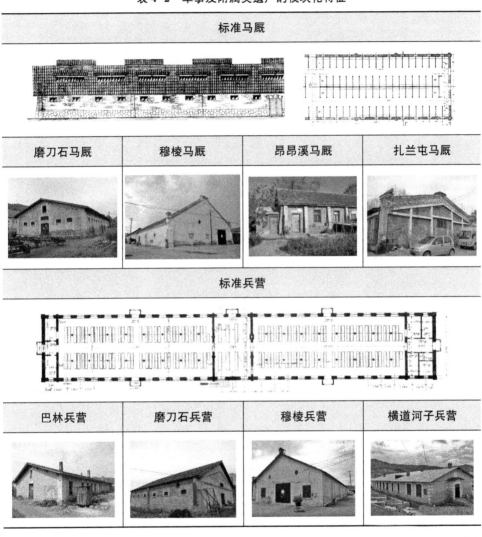

等级的模块化特征 中东铁路工业遗产的标准化设计取自不同等级,所以,严格的等级划分也是其整体面貌统一多样的缘由之一。最能体现等级的遗产是站房类遗产,分为一等站至会让站等六个等级,站房按照等级的不同,各自有设计的图纸。在站点的等级差异上,不光是站房的等级有着明确的划分,还包括其他类别遗产配置的区别,这种区别表现在细节上,也表现在整体上。从等级的模块化特征可以看出,这种特征既具有表层的通用性,也具有本质上的衍生性(如表 4-3 所示)。

表 4-3　不同站点等级的站房遗产多样性

等级	典型实例		
一等站	哈尔滨站	大连站(未建成,只有设计图纸)	
二等站	满洲里站	昂昂溪站	绥芬河站
三等站	一面坡站	安达站	穆棱站
四等站	海林站	磨刀石站	细鳞河站
五等站	完工站	兴安岭站	帽儿山站

● 第4章 中东铁路工业遗产价值评价指标体系和模型构建

站点和城镇的模块化特征 因为中东铁路沿线地区包含多种不同的地域环境和自然气候条件,所以修建中东铁路的条约中规定了铁路附属地的辖属区域。为了适应铁路管理和运营,沿线的站点和城镇等都有与之对应的规划图纸,为沿线的站点规划和城镇规划提供了模块化的设计方向,这些都成为中东铁路工业遗产模块化特征的主要依据。

对于站点和城镇来说,其模块化特征的主要表现在中东铁路工业遗产群体的组合方式上。中东铁路工业遗产群体是由一定的单体建构筑物遗产采用不同的形式,以一定数量组成的。在中东铁路修筑过程中,除了给沿线不同站点配置明确规定之外,还提供了规划图纸。这些图纸准确标注了不同类型的单体建构筑物的数量和类型,并且限定了组合的方式,所以无论组合能有多少种变换,整个工业遗产群体的面貌都较为类似和接近,这也是造成中东铁路工业遗产沿线模块化的主要缘由,也是其产生统一中兼具多样化成果的原因。所以,总结起来,用"限定"的组合来配置"限定"的单体建构筑物,形成"限定"的中东铁路工业遗产群,并且在接近的基地情况下来对群体进行城镇的规划,就会产生模块化的布局结果(图4-3)。

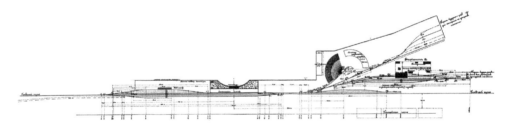

图4-3 二等站铁路站区标准配置示意图

从这点上看,在设定中东铁路工业遗产价值评价指标的时候,很多工业遗产共性的指标应用在中东铁路上并不具备一定程度的针对性。所以在确定初选的指标时,需要结合中东铁路工业遗产价值的同质化和模块化现象,来考虑对价值评价指标体系的选取和筛选。

(2) 遗产区域的保护整合 从遗产廊道的角度来看,中东铁路工业遗产并不只是单纯的一个建构筑物,也不是一个站点、一个城镇,而是需要考虑整条中东铁路沿线的所有工业遗产,形成沿线遗产区域的保护和整合。中东铁路穿越多个省份,每个遗产区域内部的保护政策都不尽相同,造成了遗产区域之间协调不力等现象。中东铁路工业遗产是一个复杂且巨大的遗产系统,对遗产系统内部的遗产进行有序的调查和遗产构成标准的确定等任务是非常重要的步骤。在之前完成的普查工作之中,相关省份的主管文物机构和部门已经初步完成了对中东铁路工业遗产的相关调查工作,如滨洲线松花江铁路大桥,中东铁路管理局,绥芬河铁路交涉局、俱乐部等旧址。

但是这些遗产区域对于中东铁路工业遗产的认定标准存在着一定的偏差,对整体价值的认识也严重不足,导致对遗产价值的评价和判断工作不够到位,造成了诸如很多遗产没有被明确登记在案、同样价值下遗产保护标准不同、保护遗产对应态度悬殊等问题。例如,昂昂溪在文物普查工作中所登记的全部历史遗产共111栋,被全部合并为全国重点文物保护单位。与之形成明显反差的是作为历史文化名镇的横道河子镇,拥有中东铁路工业遗产过百,然而登记为全国重点文物保护单位的仅有5栋;作为中东铁路中心枢纽城市的哈尔滨,拥有很多历史价值意义重大的中东铁路工业遗产,然而目前公布的级别仅为历史建筑,没有登记为全国重点文保单位。在这些遗产区域之间,存在着或大或小的差异,导致同样价值的中东铁路工业遗产,其保护等级和整合方式等都有着严重的不足。毋庸置疑的是,没有被纳入全国重点文保单位或者级别等级不够的中东铁路工业遗产,在下一轮城市建设中,很有可能因为身份的不明确而导致消失。尤其是目前已经失去实际功能的展线上的一些铁路本体类遗产,包括线路、隧道、涵洞、桥梁等,它们的消失,必将直接影响着中东铁路工业遗产的整体性和完整性。

因此,在制定价值评价指标的时候,需要对中东铁路工业遗产的判定标准进行详细的确认,来取得遗产区域之间的保护和整合。在目前相关研究的原则上,对其进行补充调研的工作,同时需要认真参考相关新型遗产如文化线路等文件来确定中东铁路工业遗产的遗产构成,针对单体建构筑物上的保护级别需要进行详细判定,同时应突出中东铁路工业遗产的整体性和完整性,从本质上对遗产的价值进行探讨。

遗产廊道视野下的中东铁路工业遗产,正是出于这样的目的和背景所产生的。因为这个价值评价体系所面临的不是单一遗产,而是在整个遗产廊道大环境下的对所有中东铁路工业遗产价值的思考和判定。遗产区域的保护和整合,首当其冲的是在遗产廊道视野下对中东铁路沿线进行合理的遗产分区,其次是需要考虑对单体建构筑物类遗产的级别划分研究。结合中东铁路历史上根据铁路运营所设置的站点、区段等和现代铁路管理的便利性,同时需要兼顾中东铁路历史文化传播过程,科学地将中东铁路划分为干线和支线。并且,在干线和支线内部,结合中东铁路工业遗产目前保存的完整度、遗产的真实性、分布的集中性、区段的核心性等影响因子来制定遗产分区的判定原则。在整条中东铁路的沿线城镇、城市中,对所有的中东铁路工业遗产采取同样的形式来保护,显而易见不具备合理性和可操作性。

第4章 中东铁路工业遗产价值评价指标体系和模型构建

例如在沿线的"T"字形铁路线路区段内,可以依据现有铁路系统管理所划分的区段来进行合理的保护分区,用来制定某一区段内相应的保护措施,提高合理性和可操作性。

而对中东铁路工业遗产中的单体建构筑物等分级,也要在中东铁路沿线进行统一制定和统一规划,避免出现同等价值之下有不同分级结果的现象,也为了改善现有遗产价值高而保护力度不足的现状。例如中东铁路沿线的历史大站——博克图站,存在很多中东铁路工业遗产,其单体建构筑物的价值与已经列入文保单位的遗产相比,并不存在非常明显的高低之分。但是在实际的操作过程中,这些遗产由于没有受到保护,导致被损毁和破坏的现象时有发生,这种情况在中东铁路沿线中并不少见。这一类在价值评价指标的设置中,也要有针对性研究,同时需要进行系统的梳理,对这些价值高、等级低的遗产进行有利的保护和分析。中东铁路工业遗产在沿线有上千栋,对不同的单体建构筑物、站点、城镇采取重点保护的措施都是需要在构建不同层次遗产廊道中重点考虑的,而这个时候价值评价的工作就显得尤为重要。对中东铁路工业遗产的遴选和保护,分类是首要工作,不可能做到完善地保护每一个工业遗产,要做到注意先后主次。从前面的分析中可以看出,在中东铁路工业遗产中存在模块化特征,也能清楚地看出其明显的分层。根据价值评价的结果,需要对中东铁路工业遗产进行清晰的辨别,可以分清哪一种类型更为特殊,哪一些遗产价值更大,哪一类更具有保护的意义。

在中东铁路工业遗产的保护中,经常存在构件缺失的现象,而受限于遗产的历史性和自身的特征,很难进行全部的更换和修复,这时遗产区域的保护整合就显得尤为重要了。通常在这个区域的中东铁路工业遗产缺失的构件,可以在另一个区域中找到,而且是能够非常方便地找到,这对于遗产廊道构建中后期的中东铁路工业遗产修复的工作更具有意义。同时,遗产区域的保护和整合可以更好地实现中东铁路工业遗产和遗产之间的维护工作,效率提高且质量提高,并且对遗产修复的专业性要求有了显著的降低,使用者自身就可以完成维护和修补的工作。

(3) 遗产价值的延续性 中东铁路工业遗产,是一个巨大的遗产系统,也是一个复杂的聚集体,不光显示了20世纪中国东北地区的文化传播过程,体现了多层次的知识交流并引申出非常分明的中东铁路建筑文化。同时,在这其中,还融入了时间和空间的交融,聚合了多种历史故事、人物在中东铁路工业遗产之上。并且,鲜明地展现了世界工业文明在中国东北地区的发展历程,带来了传统文化与外来文化碰撞的回响,形成了独特的中东铁路地域文化。因此,中东铁路工业遗产是一个从整体性来进行思考的巨系统,并且契合遗产廊道的特质,其因铁路线路而串联,形成了一线、一中心、多点的遗产系统,价值十分厚重。

中东铁路工业遗产留存于中东铁路沿线,沿用至今,见证了整个中国东北地区历史发生的过程。从价值的角度来说,其从整体上认识的视角比从单体建构筑物的单纯相加的视角更具有深刻的含义,因此中东铁路工业遗产是具有遗产廊道属性的遗产群体。

中东铁路工业遗产价值的延续性,从时空的发展角度而言,表现在历史功能的消散和当下功能的转变之上。比较明显的是在沿线中东铁路工业遗产的展陈规划设计和利用之中,这种方式是目前来说实现其社会价值的主要手段之一,也是为了将多年研究成果向沿线的不同价值主体、利益相关者所展现的最佳方式。对中东铁路工业遗产价值进行合理评价,需要清晰地梳理其遗产的历史功能和现在的使用功能,并综合考虑现有使用功能是否恰当,如不恰当需重新赋予。就目前的实地调研情况可知,中东铁路工业遗产中的绝大部分都在使用中,并且其中有很大比例的部分在沿用其原有功能。对于这类遗产的价值,需要对其价值的延续性的标准进行合理、恰当的规定。而对于那些失去历史功能的中东铁路工业遗产,则是遗产价值延续性重点的考量部分。例如哈尔滨铁路大桥,已经失去历史的交通功能,目前在相关部门的规划设计之下,成为一个链接哈尔滨市区江南江北地域的特殊渠道,被改造成为一个类似于高线公园的区域。一方面,这种遗产价值的延续性可以充分地表达出遗产价值的重要性,还能在现实生活中为遗产的利用和人们的休闲提供一个合理的空间,目前说来这种方式是最能被人所接受的。例如在博克图站至兴安岭站的区段之间废弃的新南沟展线路段,该路段不光拥有很多遗留的展线线路,还留存很多中东铁路工业遗产。这种展线在中东铁路的技术史上拥有着重要的意义。针对这种已经失去功能并且废弃的展线,其遗产价值的延续性则有多种方向可以参考。例如,可以将展线修复并建设蒸汽机车观光专线,在秀丽的山岭之间穿梭,感受蒸汽机车的无穷吸引力,再配合中东铁路工业遗产点缀其中,将会是一副非常好的画面。横道河子机车库,也正在进行遗产价值的延续性使用改造,规划中对机车库自身、转盘和轨道等进行连接设计,通过原有机车进库的展示来让人们回到历史场景之中。机车库中部分区域沿用其原有功能,其余的区域开辟出来做成具有相应主题的展览空间。这种真实性和原功能共同组合的方式,是中东铁路工业遗产价值延续性展示的最佳形式。沿线其余站点中的中东铁路工业遗产,也可以与当下美丽乡村所结合,以遗产作为主要元素,保护为辅助手段,配合乡村规划,形成片区来进行规划。

现存的中东铁路工业遗产,大部分都有确定的归属方和使用者,并且都在沿用原有的使用功能和状态。出于一些现实的生活和使用需求，需要对遗产的细节、布局、风格等进行一定的改造，但是这些改造有些时候对于遗产来说是毁灭性的、颠覆性的，会影响遗产的整体质量，同时也会伤害民众的社会记忆和社会情感，例如已经被拆毁的尚志车站，就是为了满足铁路功能的需求所进行的拆除活动，在社会上引起了强烈的反对意见。所以，在对中东铁路工业遗产价值进行评价的过程中，需要考虑到其归属方和使用者的实际需求，尽可能地延续其原有功能和价值，防止造成因改变其功能而造成破坏。对于中东铁路工业遗产在确实需要转变功能的情况下，需要充分照顾现有使用功能的恰当性，防止因为功能的失衡造成难以挽回的损坏。对于中东铁路工业遗产来说，遗产价值的延续性，最好的方式就是利用，而利用的渠道就是沿用原有功能或者是变换新的功能，在保护设计中对遗产需要用尊重的态度来分析以免加快损坏的速度，利用这种方式可以充分地实现其价值。

此外，中东铁路工业遗产组成类型多变，不同的遗产类型在现今时代中也有着不同的保护和利用方式。例如公建类型的遗产，自身体积大、形象突出、风格明显、结构稳定、空间开阔，有着较为便利的改造条件。虽然经历了超过百年的历史时期，但是自身基础条件相对来说还保存较好，有利于现今社会对遗产的使用需求，可以在经过简单的改造和修复之后快速适应角色的变换，从而达到价值最大化的目的。

总结而言，中东铁路工业遗产价值的延续性，从遗产诞生之日就开始伴随遗产一路随行，与之同步存在，不仅仅显示着遗产的过去特征，也彰显着遗产的现今特征。灵动的价值延续性，可以让中东铁路工业遗产充分渗入到生活中的方方面面，带动城市的整体风貌和服务特色，也可以发挥其旅游和商业、文化和传播等诸多服务作用。对于中东铁路工业遗产价值的延续性，表现在对历史功能的利用基础之上，不光要提出一些基本的原则性需求，还需要对不同类别的中东铁路工业遗产提供有参考意义的延续使用方向。也正是这种价值的延续性，才让中东铁路工业遗产不同时期的文化沉淀能够丰满地叠加，形成了它的特殊性和针对性。

4.1.2 价值评价指标选取

价值评价指标的选取过程，主要是依据指标的选取原则，对指标进行选取和筛选，分为共性研究和个性研究两部分。共性研究是对相关的文献中的指标进行选取和提炼，国内相关工业遗产价值评价指标体系中所选取的指标，都具有共性。个性研究则需要依据中东铁路工业遗产的属性和特征，从中提炼出具有针对性的指标,进而为下一步指标的优化奠定基础(如图4-4所示)。

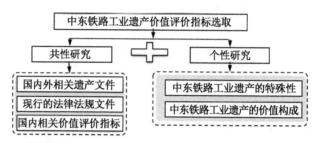

图4-4 遗产廊道视野下的中东铁路工业遗产价值评价指标选取技术路线

(1) 指标的选取原则 中东铁路工业遗产价值评价指标的选取,应该具有典型性、实用性、全面性。而其原则,要通过结合遗产廊道构建的目标来进行制定。在遗产廊道视野的支持下,中东铁路工业遗产价值评价指标的选取过程,需要遵循的原则有如下几点:

针对性原则 中东铁路工业遗产的价值评价,从指标的选取到优化等过程,都是针对中东铁路工业遗产这个特殊的价值客体而言的。在价值评价指标选取的过程中,需要对其他工业遗产进行不同程度的借鉴和参考,因为它们从本质上具有共性的研究之处。同时,还需要考虑中东铁路工业遗产自身所具有的特征和特殊性,所以指标的选取原则要具有针对性,以便于价值的评价。

借鉴性和全面性原则 中东铁路工业遗产在性质上属于工业遗产的一种,所以其价值评价指标需要参考和借鉴国内外关于工业遗产价值评价体系的成果。在此基础上选取一些通用的指标,还需要结合中东铁路工业遗产的特质以及实际情况,构建一个价值评价指标体系,使其具有共性和个性。同时,不同的价值评价主体和利益相关群体,在价值评价的过程中都有相互的利害关系,因此在选取指标的时候,要识别和理解其价值倾向,让其公平地参与到价值评价过程中,从而使结果更具有参考意义。

系统性和科学性原则 中东铁路工业遗产的价值评价,需要从不同角度来系统地表现人们对其的认知,并且应该适当反映局部与整体的关系。另外要注意遴选指标,防止因为指标过多而造成的计算烦琐等问题,这反映了指标选取的系统性。同时,指标的选取需要以科学的方法来作为中心思想,并且符合相关国家的法规和政策以及相关遗产保护的理论。价值评价指标体系也是经过理论和实践融合的产物,所以要具体问题具体分析,考虑某一类因素的客观量化结果,兼顾价值评价活动的灵活性。

● 第4章 中东铁路工业遗产价值评价指标体系和模型构建

导向性原则 价值评价指标的选取需要结合研究对象的目的和主题,能全面反映评价目的并且具有代表性。由于中东铁路工业遗产价值评价体系的建立是为了构建遗产廊道而服务的,所以在导向性和目的上要严格把控遗产廊道的理论视野。方向的误导会给价值评价结果带来偏差,所以在指标的选取过程中要充分发挥价值评价的正确导向作用。

优先考虑原则 随着中东铁路沿线城市建设的不断发展,很多遗产面临着被毁坏的危险。在价值体系构建中,指标选取要适当地优先考虑遗产稀缺性指标。

(2) 指标的选取过程 中东铁路工业遗产价值评价的指标选取,是在上述原则的基础上对相关的文献中的指标进行选取和提炼。国内相关价值评价指标体系中所选取的指标,都具有共性和个性。基于此,结合文献综述,对工业遗产价值评价指标进行了统计和分析(见表4-4)。

表4-4 国内工业遗产价值评价指标频次统计分析表

一级指标	二级价值评价指标	出现频次
历史价值	年代久远/创建年代早/时间久远/历史年代的久远程度/工业历史建筑的始建年代	>20
	与重大历史事件或伟大的历史人物的联系/历史背景与人物	>20
	原真性/真实性/建筑变迁/结构、材料、工艺技术、使用功能、环境方面的原真性	>10
	完整性/风貌完整度/地域产业链、厂区或生产线的完整性/本身、信息的完整性/空间的完整性/格局及风貌完整性	>20
	城市规划布局/工业遗产的空间集聚性/布局	3
	行业发展/城市产业发展史中所占的地位	2
	历史事件的时序与重要性/时空代表性/工业历史的阶段性、久远性、传承性	3
	社会生产方式、生产关系的发展变化的见证/反映时代特色的程度/承载城市某个历史时期的工业活动信息/工业、企业发展史的相关度	>5
科学技术价值	生产工艺的先进性/行业开创性/先进的生产工艺、行业的领先独创、开创性价值	>20
	名优产品较多/名优产品	2
	技术创新/反映某一特定时期科学的发展水平/结构与技术特色	>20
	工程技术的独特性与先进性/工艺传统、流程、人工技能的稀缺度/工业技术的见证/工业设备与技术/建筑设备/机械设备的安装	>5

续表

一级指标	二级价值评价指标	出现频次
科学技术价值	行业技术/行业的可考察度	3
	材料特征/材料使用/建筑材料	>5
	结构技术/建筑结构	>5
	施工工艺与技术/工艺水平/建筑施工水平/工艺技术/建构筑物的设计施工	>5
	工业、建筑、规划等学科的特殊价值/对建筑史研究的重要程度/建筑设计与建造技术/空间组织的艺术性	>5
	科技影响力/科研教育价值/建筑具有的精神教化作用	>5
	特殊程度/特殊的生产工艺/工艺独特性/产业技术稀缺度/人工技能的稀缺度	>5
	外国引进技术/技术先进性	4
社会文化价值/社会情感价值	社会认同与情感/社会责任/文化与情感认同,精神激励/社会影响力	>20
	企业文化/劳模精神/企业精神、企业理念/企业文化精神、形象/企业文化延续性	>10
	归属感/生活相关的社会归属感/文化归属感	>5
	认同感/企业精神、文化、理念/民族和地域认同度/情感与象征价值/精神认同度/建筑的心理认同	>10
	影响力度/感染力	3
	精神价值/精神象征	2
	城市形象力/城市文化多样性/城市象征力/提升所在地的社会及政府形象潜力	>20
	文化认知度	4
	生活相关度/对大众生活影响力/历史关联度/生产和生活的延续性/历史生活关联度	>10
	在城市发展中经济发展、经营管理、解决就业的社会贡献度/推动经济发展/推动城市化	>5
	工业遗产形态的城市意向度/城市意向度	4
	建筑所具有的精神象征性/城市象征力	3
	具有的民族认同度和地域认同度	3
	产业类文化的代表度/企业文化的代表度/产业文化认同感/与工业生产有关的文化	>5
	风貌特色/地区风貌特色表现度	3

续表

一级指标	二级价值评价指标	出现频次
艺术审美价值	建筑工程美学/建筑、造型、装饰/时代建筑艺术风格特征与审美需求/反映时期建筑发展的特点/地域建筑美学特征	>20
	工业景观个性突出/工业景观特征/景感度	3
	是否是某著名建筑师作品	3
	建筑风格/建构筑物的风格样式对近代建筑史研究的重要程度/自身体现的艺术感染力/建筑造型与风格的艺术性	>5
	产业风貌特征/建筑风貌特征/风貌特征/产业特征	>10
	空间布局/空间特征/对周边建筑及街区布局的影响/地区风貌	4
	遗产地工业遗产组合/完整性与规模	>5
	景观地标/明显的标志性景观地标或者节点	>20
	特定时期因工业生产所衍生的审美价值表现度/美学价值	4
	造型、比例、色彩、装饰等形式意义上的美学价值/形式风格/设计水平	>5
	保护利用潜力/结构可利用性/工业遗产再利用的潜力/改造潜力/建筑原有功能的沿用	>20
	整体质量/建筑质量	4
	安全程度/结构安全性	3
	现状保存状态的完好程度/重建、修复/使用性质与使用状况/技术层面改造难易程度、经济性、可行性	>5
	为城市带来经济效益/工业旅游/物质再生和产业价值	>5
	工业建设投资大/厂区规模/遗产规模	>5
	区位、区域、空间、建筑自身具有再利用价值/自身开发产生的经济价值	>5
	区位条件及市场条件/区位价值/市场区位/区位优势/自然地理位置/交通便捷性	>20
	场地、景观利用价值/环境与设施改造/设施服务/维护可行性	>5
	可利用的未建设用地	2
	经济增值/成本及收益/改造成本优势	4
环境价值	自然环境/生态环境质量/周边环境状况/区域环境/与周围环境的协调关系	>10
	景观现状/环境状况/景观价值/对周边环境的影响性/对遗产地周边产业结构的影响力	>5

续表

一级指标	二级价值评价指标	出现频次
环境价值	人文环境/地方文化特色/人工环境塑造度	4
	企业本身环境质量/自身环境价值优劣	3
	基地对环境产生的破坏与影响/污染程度	>5
	和谐性/工业遗产的完整性/协调性	2
其他	稀有景观/稀有程度/稀缺性/建筑类型的稀有性/独特性/反映某种独特的工艺或者景观	>20
	客源条件/客源市场	2
	规划政策价值/远期规划	2
	现状保存价值/使用现状	>20
	与其他旅游资源互补性/相邻景点	>5

从表4-4中可以看出，与价值评价相关的基础文献中多数都提到了评价的指标。本书对提及频次较多的指标，先初步予以保留；提及频次较少的指标先留存，结合中东铁路工业遗产自身的特征和个性再采取删除或者保留的措施。基于此，本书初步选取了中东铁路工业遗产价值评价指标(见表4-5)。

表4-5 价值评价指标体系中指标初步选取

一阶指标	二阶指标
历史价值	年代久远度
	与重大历史事件或伟大的历史人物的联系
	真实性
	完整性
	社会进程的见证
	遗产的稀缺程度
艺术价值	建筑工程美学
	反映中东铁路时期建筑发展的特点
	明显的标志性景观地标或者节点
	风格的独特性
	与街区和周围环境的和谐度

续表

一阶指标	二阶指标
科技价值	设计的特殊性
	某行业的领先程度
	工程技术的独特性与先进性
	建筑材料、结构、施工的先进性
	反映中东铁路时期科学的发展水平
	建构筑物的结构与材料对建筑史研究的重要程度
社会文化价值	认同感
	归属感
	社会责任与社会情感
	对城市形象的影响力
	社会的记忆程度
利用价值	保护利用潜力
	现状保存价值
	所处城镇的保护现状
	功能改变可行性
	使用现状
	交通区位可达性

4.1.3 价值评价指标体系的优化

优化的过程主要是为了更好地对中东铁路工业遗产作出全面、综合的价值判断，并且使其各方面的价值得到充分彰显，为中东铁路工业遗产廊道构建和保护提供依据。

（1）问卷的设计与分析 指标的优化采用预分析问卷调查，并同时使用SPSS软件对数据进行统计分析，从而遴选出更具有操作性、代表性且最优的中东铁路工业遗产价值评价指标。

问卷的设计 运用问卷来收集数据的方法已经广泛应用到各种社会学相关的

领域中。问卷的设计至关重要,其结果受到问卷的指标设计、问卷的对象和样本的采样、对数据的处理等很多因素的影响。鉴于上述问题,调查问卷的设计也要遵循一定的原则来保证数据来源的准确性。调查结果的可信度和实用性与问卷的设计息息相关,而能否遵循有关原则对其结果的优劣程度有着至关重要的影响。具体的原则如下:问卷要表明所调查的目标,这样能够使被调查者更好地了解并参与到问卷的调查过程中;问卷的中心思想要明确,并且需要有鲜明的主题和合理的层次;问卷中所涉及的指标,需要使用日常人们所了解的词汇和语言,意义清晰、简单、明了,根据调查对象的不同来决定是否采用专业语言和专业术语等,避免使用缩写等;为了避免对调查对象的引导和误导,问卷设计中所涉及的指标,不能带有问卷设计者主观的倾向性。调查问卷设计的篇幅不宜过长,尽量控制在3~5页之内,避免调查对象产生疲劳的感觉。

在遵循上述原则的前提之下,问卷的结构设计要合理、清晰。一般来说,调查问卷主要由五部分组成:描述问卷目的和意义的引导词、如何填写问卷的说明、被调查者的相关信息和基本情况、问卷主要的问题、结束语和联系方式。问卷中所涉及的指标,都应具有相应的阐释和描述,以确定被调查者对各指标的具体含义都能够准确地理解和认知。

问卷对中东铁路工业遗产单体价值评价的指标采用5点计量法,用以衡量每个指标的影响程度。例如,当被调查者觉得某个指标"极其重要"的时候,那么其分数就为"5分",以此类推,从"极其重要"到"不重要"需要给出的分值是5,4,3,2,1分。

问卷的分析 指标优化问卷调查的对象群体,主要是东北地区研究中东铁路工业遗产的相关高校教师和科研人员等,还包括一些非政府组织的中东铁路爱好者和志愿者等、相关政府和设计院的人士以及居住在中东铁路沿线的部分民众。参与问卷调查的人群,需要覆盖中东铁路工业遗产的利益相关人群和学者,这样能够有效保证问卷的可用性。

调研的方式采用三种:其一,在沿线调研的时候,对沿线的社区居民、建筑所有权者、当地管理者等进行口头问询;其二,对高校科研人员、相关价值研究的学者等,利用"问卷星"软件设置好问题,并发放至微信群等进行问卷的回收;其三,对研究较为深入的科研人员,通过一对一见面问询、发送邮件、电话访谈等方式进行问卷的回收。此次调研共发放问卷80份,回收73份,回收率91.25%,其中有效的问卷72份,无效1份,有效回收率为90%(见表4-6)。

第4章 中东铁路工业遗产价值评价指标体系和模型构建

表 4-6 调查对象的主要特征统计

类别	详细分类	问卷数	总比例
性别	男	47	65.3%
	女	25	34.7%
年龄	30 岁以下	23	31.9%
	30~<40 岁	10	13.9%
	40~<50 岁	17	23.6%
	50~<60 岁	14	19.4%
	60~<70 岁	7	9.7%
	70 岁及以上	1	1.4%
工作年限	0~<5 年	31	43.1%
	5~<10 年	17	23.6%
	10~<15 年	12	16.7%
	15~<20 年	10	13.9%
	20 年及以上	2	2.8%
工作性质	相关社会保护团体及个人	21	29.2%
	政府相关人员	7	9.7%
	地方文史工作者	2	2.8%
	游客及参观人员	5	6.9%
	社区居民	3	4.2%
	遗产使用者	6	8.3%
	遗产所有权者	4	5.6%
	学术团体及科研工作者	19	26.4%
	其他遗产管理机构	5	6.9%

在统计学中,收集到的问卷需要利用软件中的信度分析和效度分析来检验其真实性和有效性。

(2) 信度分析和效度分析

信度分析 信度分析(Reliability Analysis)是反映被调查对象的真实程度的指标,重点针对调研数据的可靠性来进行检验。信度分析是指调查所得结果所表现出来的一致性以及稳定性,并非调查问卷本身以及测验本身。

内在信度主要是对组成量表的题项的内在一致性程度进行检测,即所有量表中的同一个题项是否采用同一个特征概念进行描述。而外在信度,是来判断不同时间被调研人员所给出的结果是否相同。方法层面上常用的有重测信度法、α信度系数法等。由于问卷数据获取的困难性,本书选择了内在信度中的克朗巴哈(Cronbach)α系数(以下简称α系数)来检测。α系数是标准函数,在测验问卷的内部一致性的时候,通过测量各个相关系数矩阵均值进而得出α系数,α系数的计算公式为:

$$\alpha = \frac{\omega r}{1+(\omega-1)r} \tag{4-1}$$

在计算式(4-1)中,ω代表的是问卷的数量指标,r则指代指标之间的相关系数,α系数的值介于0~1。α系数受到量表的项目数和相关系数均值两方面因素的作用。当量表的项目数一致的时候,相关系数均值的大小与内在信度呈现正相关,α系数的值越大,说明内在信度越高。根据相关学者的研究,如果α系数大于0.7,那么题项有良好的信度,由此确定了α系数取值的标准(见表4-7)。

表4-7 克朗巴哈α系数的取值大小范围

取值范围	参考标准范围
0.9≤α	结果可信,内在信度特别高
0.8≤α<0.9	结果可信,内在信度高
0.7≤α<0.8	结果可信,内在信度可以接受
0.6≤α<0.7	结果可信,存在一定问题
α<0.6	存在问题,需要重新设置

调查问卷的信度分析,主要是利用原始调查问卷的数据,运用SPSS软件里的信度分析模块来计算每一个α系数,根据系数的高低来对价值评价指标进行优化。如果指标的α系数在0.7及以上,接受并予以保留;反之,α系数小于0.7,那么指标将要被删除或者更改。

效度分析 效度分析(Validity Analysis)指代的是问卷结果是否达到目的的有效度分析。内容效度分析依赖于研究者对所选取指标的逻辑性。本书在研究问卷调研的时候,对以往学者的研究内容进行了充分的汲取,并融合中东铁路工业遗产自身特性,对使用的问卷指标和表达都进行了完善和调整。从这方面来看,问卷的效度分析是符合要求的。所以下一步重点通过探索性因素分析(Exploratory Factor

Analysis，EFA)，进而达到检验结构效度分析的目的，来证明问卷的结构有效性。

(3) 价值评价指标体系优化结果 根据调查问卷所统计的结果，应用 SPSS 软件对每个中东铁路工业遗产价值评价指标的 α 系数进行计算，并结合其所得到的取值范围，来考虑对指标所采取的措施。一般条件下，为提高信度所采取的措施是对指标进行缩减，主要依据两个方式：删除与其他指标的相关程度（Corrected Item-Total Correlation）低于 0.5 的指标；删除该指标后 α 系数增加，则删除该题项。本书将上述两点作为优化指标的依据。

本书所使用的调查问卷中共有 5 大类指标，分别是历史价值、艺术价值、科技价值、社会文化价值、经济利用价值。将五个大类划分为 26 个指标，利用软件逐一对每个指标进行信度分析后，得到测量结果如表 4-8 所示。

表 4-8 信度分析表

因素	指标	CITC	指标的 α 系数	因素的 α 系数
历史价值	年代久远度	0.478	0.829	0.830
	与历史人物和事件的联系	0.694	0.783	
	真实性	0.639	0.795	
	完整性	0.671	0.790	
	社会进程的见证	0.481	0.830	
	遗产的稀有程度	0.691	0.787	
艺术价值	建筑工程美学	0.753	0.804	0.856
	反映中东铁路时期建筑艺术特点	0.772	0.800	
	是否是标志性景观	0.735	0.809	
	风格的独特性	0.363	0.901	
	与街区和周围环境的和谐度	0.765	0.801	
科技价值	设计的特殊性	0.562	0.677	0.740
	某行业的领先程度	0.420	0.719	
	技术的先进性	0.389	0.727	
	建筑材料、结构、施工的先进性	0.395	0.726	
	反映中东铁路时期科学的发展水平	0.503	0.696	
	建构筑物的结构与材料对建筑史研究的重要程度	0.592	0.669	

续表

因素	指标	CITC	指标的α系数	因素的α系数
社会文化价值	认同感	0.452	0.811	0.805
	归属感	0.459	0.808	
	社会责任与社会情感	0.627	0.756	
	对城市形象的影响力	0.747	0.718	
	社会的记忆程度	0.698	0.735	
经济利用价值	保护利用潜力	0.675	0.789	0.836
	使用现状	0.791	0.734	
	所处城镇的保护现状	0.598	0.822	
	交通区位可达性	0.608	0.818	

从表4-8可知,年代久远度、社会进程的见证、风格的独特性、某行业的领先程度等8个题项的CITC均低于0.5。所以,删除这些指标,对余下的指标重新进行分析(见表4-9)。由表4-9可知,历史价值等5个因素的α系数大于标准值0.7,CITC的值大于标准值0.5,说明指标都满足研究需求。

表4-9 删除指标后的信度分析

因素	指标	CITC	指标的α系数	因素的α系数
历史价值	完整性	0.682	0.825	0.856
	真实性	0.683	0.823	
	与历史人物和事件的联系	0.743	0.800	
	遗产的稀有程度	0.695	0.818	
艺术价值	建筑工程美学	0.762	0.878	0.901
	反映中东铁路时期建筑艺术特点	0.815	0.858	
	是否是标志性景观	0.801	0.864	
	与街区和周围环境的和谐度	0.736	0.888	
科技价值	设计的特殊性	0.765	0.831	0.879
	反映中东铁路时期科学的发展水平	0.795	0.804	
	建构筑物的结构与材料对建筑史研究的重要程度	0.741	0.852	

续表

因素	指标	CITC	指标的α系数	因素的α系数
社会文化价值	社会责任与社会情感	0.790	0.816	0.882
	对城市形象的影响力	0.792	0.815	
	社会的记忆程度	0.733	0.867	
经济利用价值	保护利用潜力	0.675	0.789	0.836
	使用现状	0.608	0.818	
	所处城镇整体的保护现状	0.791	0.734	
	交通区位可达性	0.598	0.822	

Kaiser-Meyer-Olkin(KMO)检验统计量是探索性因素分析的首要任务，也是因子分析的基础。KMO用于比较指标和指标之间的简单相关系数和偏相关系数的大小来判断相关性，常见于多元统计的过程中。一般取值范围介于0~1，其值越大，说明越适合做分析。通常情况下，取值在0.5以下，不适合做因子分析。范围在0.5~0.6的时候效果较差，可以接受的范围是0.7及以上。另外，还需要考虑巴特利特球形检验(Bartlett's Test of Sphericity)来测验变量是否独立抑或是单位阵。如果结果显示为单位阵，则不适宜做因子分析，当值Sig.＜0.005时则适宜做因子分析。只有上述满足条件之后，才可以进行探索性因素分析，但同时还需要几个数据才说明具有好的结构效度：因素载荷值要求必须大于0.5，交叉载荷值小于0.4。

在本书的中东铁路工业遗产价值评价指标体系中，需要反复对其进行结构效度的检验，以达到以下标准：指标能够充分反映对因素的表达、对交叉载荷过大的指标进行删除处理、对构面不符的指标进行调整。不断对效度进行计算，并且进行重复操作，直到最终获得具有良好结构效度的指标。本书的指标体系中指标数量为18个，利用SPSS分析后得到结果(见表4-10)。

表4-10 KMO和Bartlett's检验

	KMO检验	0.907
Bartlett's检验	近似卡方	6 736.754
	Df	153
	Sig.	0.000

由表 4-10 可见,KMO 检验值为 0.907,Bartlett's 球形检验值显著(Sig.< 0.001),代表基本符合做因子分析的条件,然后利用主成分分析法对因子进行提取,分析结果见表 4-11。

从表 4-11 中可以看出,结果显示为 17.378%、15.603%、15.486%、13.262%、13.213%,总方差解释达到了 74.942%,大于 50%,说明指标解释能力较强,其因素荷载见表 4-12。

表 4-11 总方差解释

指标	初始特征值			提取载荷平方和			旋转载荷平方和		
	总计/%	方差/%	累积/%	总计/%	方差/%	累积/%	总计/%	方差/%	累积/%
1	7.747	43.040	43.040	7.747	43.040	43.040	3.128	17.378	17.378
2	1.812	10.069	53.109	1.812	10.069	53.109	2.809	15.603	32.981
3	1.406	7.812	60.921	1.406	7.812	60.921	2.787	15.486	48.467
4	1.327	7.372	68.293	1.327	7.372	68.293	2.387	13.262	61.728
5	1.197	6.648	74.941	1.197	6.648	74.941	2.378	13.213	74.942
6	0.587	3.259	78.200	—	—	—	—	—	—
7	0.533	2.964	81.163	—	—	—	—	—	—
8	0.454	2.524	83.687	—	—	—	—	—	—
9	0.434	2.409	86.096	—	—	—	—	—	—
10	0.384	2.134	88.230	—	—	—	—	—	—
11	0.349	1.939	90.170	—	—	—	—	—	—
12	0.324	1.797	91.967	—	—	—	—	—	—
13	0.289	1.603	93.570	—	—	—	—	—	—
14	0.268	1.490	95.060	—	—	—	—	—	—
15	0.255	1.417	96.477	—	—	—	—	—	—
16	0.230	1.281	97.758	—	—	—	—	—	—
17	0.216	1.199	98.956	—	—	—	—	—	—
18	0.188	1.044	100.000	—	—	—	—	—	—

提取方法:主成分分析

第4章 中东铁路工业遗产价值评价指标体系和模型构建

表4-12 因素荷载系数

指标	艺术价值	历史价值	经济利用价值	社会文化价值	科技价值
与街区和周围环境的和谐度	0.839	—	—	—	—
反映中东铁路时期建筑艺术特点	0.816	—	—	—	—
是否是标志性景观	0.816	—	—	—	—
建筑工程美学	0.787	—	—	—	—
真实性	—	0.839	—	—	—
遗产的稀有程度	—	0.805	—	—	—
完整性	—	0.786	—	—	—
与历史人物和事件的联系	—	0.747	—	—	—
所处城镇的保护现状	—	—	0.885	—	—
保护利用潜力	—	—	0.764	—	—
使用现状	—	—	0.729	—	—
交通区位可达性	—	—	0.720	—	—
对城市形象的影响力	—	—	—	0.828	—
社会的记忆程度	—	—	—	0.820	—
社会责任与社会情感	—	—	—	0.791	—
建构筑物的结构与材料对建筑史研究的重要程度	—	—	—	—	0.860
反映中东铁路时期科学的发展水平	—	—	—	—	0.803
设计的特殊性	—	—	—	—	0.785

基于上述分析,对量表进行探索性因素分析,得到的结果说明每个题项均落到对应的因素中(见表4-13)。通过上述分析,说明本书所设计的量表具有良好的结构效度。

表4-13 探索性因素分析结果

潜变量	指标	因素载荷	解释总方差/%	KMO	Bartlett's球形显著性
历史价值	完整性	0.807	64.605	0.781	0.000
	真实性	0.767			
	与历史人物和事件的联系	0.830			
	遗产的稀有程度	0.811			

续表

潜变量	指标	因素载荷	解释总方差/%	KMO	Bartlett's 球形显著性
艺术价值	建筑工程美学	0.843	78.439	0.802	0.000
	反映中东铁路时期建筑艺术特点	0.885			
	是否是标志性景观	0.932			
	与街区和周围环境的和谐度	0.879			
科技价值	设计的特殊性	0.899	80.926	0.746	0.000
	反映中东铁路时期科学的发展水平	0.897			
	建构筑物的结构与材料对建筑史研究的重要程度	0.902			
社会文化价值	社会责任与社会情感	0.909	81.926	0.745	0.000
	对城市形象的影响力	0.915			
	社会的记忆程度	0.891			
经济利用价值	保护利用潜力	0.845	65.540	0.714	0.000
	所处城镇整体的保护现状	0.911			
	交通区位可达性	0.699			
	使用现状	0.767			

（4）价值评价指标体系的建立　经过对信度和效度结果的分析，对中东铁路工业遗产价值评价指标进行优化，删除8个，保留18个，每个指标的评价标准分为2～3个不等。结合上述选取的指标，构建了一套包含2个二级指标、5个三级指标、18个四级指标的中东铁路工业遗产价值评价指标体系。

在价值评价指标体系中，历史价值的因子评价层分为完整性、真实性、遗产的稀有程度、与历史人物和事件的联系，制定相应的评价标准（见表4-14）。

表4-14　历史价值因素评价层

因素评价层	因子评价层	评价标准
历史价值 A_1	完整性 C_1	整体物质结构保存状况完好，外部空间没有发生改变，内部空间经过一定的整修和维护，完整性基本为70%及以上
		整体物质结构保存状况较差，外部和内部空间都发生了一定的改变

续表

因素评价层	因子评价层	评价标准
历史价值 A_1	完整性 C_1	整修,存在私搭乱建现象,完整性在30%~70%之间
		整体物质结构保存状况非常差,外部、内部空间都已经发生改变,破败不堪,私搭乱建现象严重,几乎看不出原貌,完整性小于30%
	真实性 C_2	遗产的材料、设计、使用功能没有发生改变
		遗产的材料和设计发生了部分改变,使用功能没有发生改变/遗产的材料和设计没有发生改变,使用功能发生改变
		遗产的材料、设计、功能和位置均发生了改变
	遗产的稀有程度 C_3	在中东铁路沿线中非常稀缺,数量在全线少于10个
		在中东铁路沿线中比较稀缺,数量在全线有11~20个
		在中东铁路沿线中稀缺性一般,数量在全线有21~30个
		在中东铁路沿线中不稀缺,数量在全线有31个及以上
	与历史人物和事件的联系 C_4	曾经发生过比较知名的事件,与历史人物和事件联系密切
		曾经发生过比较知名的事件,与历史人物和事件联系不密切/没有发生过知名事件,但与历史人物和事件联系较密切
		没有发生过比较知名的事件,与历史人物和事件联系不密切

在价值评价指标体系中,艺术价值的因子评价层分为与街区和周围环境的和谐度、建筑工程美学、反映中东铁路时期建筑艺术特点、是否是标志性景观,并依此制定相应的评价标准(表4-15)。

表4-15 艺术价值因素评价层

因素评价层	因子评价层	评价标准
艺术价值 A_2	与街区和周围环境的和谐度 C_5	在视觉功能上与周边环境非常和谐,周围都是同时期的建筑遗产,形成一定的建筑群
		在视觉功能上与周边环境较和谐,周边方圆20 m之内有一些同时期建筑,也有新建的建筑
		在视觉功能上与周边环境的和谐度很差,周围都为新建建筑
	建筑工程美学 C_6	建筑工程具有非常高的艺术表现力、感染力和审美价值
		建筑工程具有较高艺术表现力、感染力和审美价值
		建筑工程艺术表现力、感染力和审美价值一般
		建筑工程艺术表现力、感染力和审美价值较低

续表

因素评价层	因子评价层	评价标准
艺术价值 A_2	反映中东铁路时期建筑艺术特点 C_7	建构筑物能够典型反映中东铁路时期建筑艺术特点
		建构筑物能够局部反映中东铁路时期建筑艺术特点
		建构筑物无法反映中东铁路时期建筑艺术特点
	是否是标志性景观 C_8	是所在地的标志性景观
		不是所在地的标志性景观

在价值评价指标体系中,科技价值的因子评价层分为建构筑物的结构与材料对建筑史研究的重要程度、设计的特殊性、反映中东铁路时期科学的发展水平,并依此制定相应的评价标准(表4-16)。

表4-16 科技价值因素评价层

因素评价层	因子评价层	评价标准
科技价值 A_3	建构筑物的结构与材料对建筑史研究的重要程度 C_9	完整地采用了当时比较流行的新结构、新形式,建构筑物的结构与材料对建筑史研究的重要程度非常高
		在砖混结构建筑中,局部部位采用了新材料、新形式,建构筑物的结构与材料对建筑史研究的重要程度一般
		整体使用了普通的砖混建筑技术和材料,不具有先进性,建构筑物的结构与材料对建筑史研究的重要程度较低
	设计的特殊性 C_{10}	设计和施工非规格化图纸,为单独设计施工和建造
		设计在中东铁路全线具有规格化图纸,按照图纸施工和建造
	反映中东铁路时期科学的发展水平 C_{11}	完全反映当时条件下的先进技术水平
		部分反映当时条件下的先进技术水平
		不能反映当时条件下的先进技术水平

在价值评价指标体系中,社会文化价值的因子评价层分为社会责任与社会情感、对城市形象的影响力、社会的记忆程度,依此制定相应的评价标准(表4-17)。

表4-17 社会文化价值因素评价层

因素评价层	因子评价层	评价标准
社会文化价值 A_4	社会责任与社会情感 C_{12}	人们对遗产的认同感和归属感非常明显,社会责任与社会情感很强烈,可感知度很强烈
		人们对遗产的认同感和归属感一般,社会责任与社会情感属于中等的程度,可感知度一般
		人们对遗产的认同感和归属感很弱,社会责任与社会情感程度较低,可感知度较低

第4章 中东铁路工业遗产价值评价指标体系和模型构建

续表

因素评价层	因子评价层	评价标准
社会文化价值 A_4	对城市形象的影响力 C_{13}	对城市形象影响较大,影响着城市的色彩、布局等
		对城市形象影响一般
		对城市形象影响较低
	社会的记忆程度 C_{14}	遗产在中东铁路的地域范围内横向比较的社会影响力非常大,社会记忆深刻
		遗产在中东铁路的地域范围内横向比较的社会影响力一般,社会记忆一般
		遗产不具有在中东铁路的地域范围内横向比较的社会影响力,不存在社会记忆

在价值评价指标体系中,利用价值的因子评价层分为保护利用潜力、所处城镇的保护现状、交通区位可达性、使用现状,并依此制定相应的评价标准(表4-18)。

表4-18 利用价值因素评价层

因素评价层	因子评价层	评价标准
利用价值 A_5	保护利用潜力 C_{15}	基础条件比较好,保护利用潜力很大,修复难度很小
		基础条件一般,保护利用潜力较大,修复难度中等
		基础条件很差,保护利用潜力很小,修复难度很大
	所处城镇的保护现状 C_{16}	所在的地区中东铁路遗产已有一定的保护规划,环境适于改造
		所在的地区中东铁路遗产已有一定的保护意识,但是没有保护规划,所在环境适于改造
		所在的地区中东铁路遗产没有保护规划,所在环境不适于改造的进行
	交通区位可达性 C_{17}	遗产在中东铁路沿线的交通可达性很强,区位利于未来的发展
		遗产在中东铁路沿线的交通可达性适中,区位对未来的发展一般
		遗产在中东铁路沿线的交通可达性差,区位不利于未来的发展
	使用现状 C_{18}	遗产在使用状态,且状况良好
		遗产在使用状态,但是状况较差
		遗产在废弃状态,但状况良好
		遗产在废弃状态,但状况较差

结合上述选取的指标,构建了中东铁路工业遗产价值评价指标体系。二级指标为历史价值、艺术价值、科技价值、社会文化价值、利用价值;三级指标为完整性、真实性、遗产的稀有程度、与历史人物和事件的联系、建筑工程美学、与街区和周围环境的和谐度、反映中东铁路时期建筑艺术特点、是否是标志性景观、设计的特殊性、建构筑物的结构与材料对建筑史研究的重要程度、反映中东铁路时期科学的发展水平、社会责任与社会情感、对城市形象的影响力、社会的记忆程度、保护利用潜力、所处城镇的保护现状、交通区位可达性、使用现状(表4-19)。

表 4-19 中东铁路工业遗产价值评价指标体系

因素评价层	因子评价层
历史价值 A_1	完整性 C_1
	真实性 C_2
	遗产的稀有程度 C_3
	与历史人物和事件的联系 C_4
艺术价值 A_2	与街区和周围环境的和谐度 C_5
	建筑工程美学 C_6
	反映中东铁路时期建筑艺术特点 C_7
	是否是标志性景观 C_8
科技价值 A_3	建构筑物的结构与材料对建筑史研究的重要程度 C_9
	设计的特殊性 C_{10}
	反映中东铁路时期科学的发展水平 C_{11}
社会文化价值 A_4	社会责任与社会情感 C_{12}
	对城市形象的影响力 C_{13}
	社会的记忆程度 C_{14}
利用价值 A_5	保护利用潜力 C_{15}
	所处城镇的保护现状 C_{16}
	交通区位可达性 C_{17}
	使用现状 C_{18}

4.2 价值评价模型的选择与操作

中东铁路工业遗产价值评价模型的选择与操作,主要是针对以往研究中适用于价值评价的模型和方法进行综合比较,分析了其各自的优缺点、局限性和适用性,最终选择和确定适用于遗产廊道视野下的中东铁路工业遗产的价值评价模型,并利用相关软件和模型构建对其进行操作。

4.2.1 价值评价模型的选择

中东铁路工业遗产价值模型,是通过合适的方法和程序来对遗产资源的价值进行评价,其中包含多个指标和内容,如历史价值、科技价值、艺术价值等。

(1) 常见价值评价方法的比较 常见的价值评价模型类型多样,各有特色,如逻辑框架法、德尔菲法、数据包络分析法等,对这些评价方法综合进行了比较,除方法描述外,还分析了其各自的局限性和适用性(见表4-20)。

表4-20 常见的评价方法比较分析

方法名称	方法描述	局限性	适用性
逻辑框架法	对与评价内容之间相关的所有需要考虑的因素进行联系,同时分析每个层次之间的相互影响、结果与预想目的之间的联系,容易理解	评价项目的框架使用比较复杂	定量分析,分析结果一般
前后对比法	对研究对象在实施过程中的每一个变化来进行分析,并找出其变化的原因和措施,找到本质和规律来进行对比分析	评价结果偏向于主观,包含主观判断	定量与定性相结合,结果较好
成功度评价法	通常根据评价事物的完成目标的程度来进行评价,操作非常简单	需要专家对评价事物进行评价,主观性极大	定性分析,分析结果较好
德尔菲法	选取部分专家结合自己专业知识和经验进行反复征询直到意见基本一致	需要专家进行评价,主观性很大,对专家地位等都有一定的影响	定性分析,分析结果较好
数据包络分析法	建立数学模型来进行决策,对计算过程进行简化	权重会根据决策单元的变化而变化	定量分析,分析结果一般
灰色决策法	通过对研究对象的已有信息和数据进行不确定系统分析,来实现对研究对象发展规律的推测和分析	对问题是灰色还是白色很难下结论,影响方法的选择	定量分析和定性分析相结合,分析结果较好
结构方程模型	通过线性方程组处理多变量之间的关系,利用观测变量来表现潜变量,同时能预估误差和给予修正从而得出最佳结果	在样本数量较大的时候,对精确性的要求较高	定量和定性分析相结合,分析结果很好

根据上述对各类评价方法和模型的选择,综合中东铁路工业遗产价值评价的

特性,其价值评价的指标较多,并且评价指标较难量化。同时,调查样本的数据量收集得较多,在分析和评测中会存在误差,常见的评价方法较难准确评价。所以,结合遗产廊道视野下的中东铁路工业遗产价值评价的特点,选择结构方程模型,能够很好地对相关问题进行处理和优化。

(2) **结构方程模型的概念**　结构方程模型是常见的数理工具,多应用在统计分析中,建立在协方差矩阵的基础之上,主要的研究方式是进行变量相互关系的研究。综合来说,结构方程模型可以运用多种解决方式对复杂问题进行深入的分析,如采用了多元回归分析等方法,弥补了传统的统计方法的缺陷。结构方程模型还运用了如路径分析、确认型因子分析方法等对自变量和因变量之间的关系进行诠释。最初,结构方程模型应用于生物遗传科学,在20世纪70年代左右被学者应用和推广于统计学领域,进而延伸至多个学科来研究复杂的影响关系,并取得了很好的研究成效。结构方程模型中的变量主要包括两种:一种是呈现显性特征的显变量,显变量的主要表象是可以通过测量而得出观测变量,如人们对中东铁路遗产的认同程度等;另一种则是潜变量,潜变量的存在是一种研究事物的抽象特征,鉴于所研究内容的复杂性和目前认知水平,无法通过测量直接得出,如中东铁路工业遗产的价值等。传统的统计学方法,不能十分清晰地表达和诠释变量之间的内在结构和关系。结构方程模型的出现,完美地解决了这一问题,通过显变量来表示相对应的潜变量。采用结构方程模型,可以优化价值评价指标体系,解决变量不能准确计算而导致计算结果出现偏差的问题。

(3) **结构方程模型的优势**　结构方程模型在应用中解决了很多实际的研究问题,根据需要可以同时对多种因素之间的影响关系进行非常好的解释,主要归因于结构方程模型的几大优势:

在实证研究中的支撑作用较大,同时扩大了测量范围　结构方程模型从实证研究问题的多因素之间的内在联系出发,明确解释了因素和因素的相互交叉影响关系。还用相关理论来确定各种变量之间的影响,通过实证的数据和结果分析来不断进行调整,使其关系更为准确和优化。并且,结构方程模型完美地解决了传统方法只能用直观的可测量数据这一弊端,在方程中融合潜变量和显变量的结构关系,还可以预测误差和有效度等信息,扩展了研究对象模型的变量观测范围。结构方程模型突破了显变量与多个潜变量之间的复杂关系研究的瓶颈,不仅可以估算多个变量之间的影响和从属关系,同时在模型拟合的过程中还可以掌握可测量的显变量数据的效度和信度。这个优势让结构方程模型在社会学科、管理学等学科的应用中脱颖而出,得以推广。

可以系统地同时处理多变量　传统的统计方法中,对因变量的计算方法是逐一进行的,如回归分析就是单一路径。在很多复杂问题的模型设计中,单一路径并不能完整地解决问题,也存在说服力差的弊端。在中东铁路工业遗产价值评价的过程中,明显存在多个变量,并且其变量之间的路径关系是非常多变的,不能只考虑一个变量而忽视其余变量的作用。所以,在这点上,传统的统计模型明显不如结构方程模型的说服力强。在对中东铁路工业遗产价值评价模型进行计算的时候,不能使用直观数据来计算的潜变量之间的影响,可以交给结构方程模型来很好地估算其中价值指标的作用。

允许结构方程中存在测量误差,放宽误差限制　中东铁路工业遗产价值评价中不可避免地存在误差项。同时,在研究不能直接观测到的变量的时候,也会存在一定的误差。使用结构方程模型的方法,对中东铁路工业遗产价值评价进行分析时,很多变量都不能直接获得可观测的数据。这些变量都需要用其他变量来表示,所以允许存在一定的误差,而且这个误差对模型的构建影响可以忽略掉,这也是选择结构方程模型的优势之一。

兼顾变量自身和变量之间的关系,修正过程动态化　在传统的统计方法中,模型一般都要经过假设、计算、分析、调整的过程。如果模型不是一次成功而需要进行再次调整的话,那么重复之前程序的工作量和分析量都十分庞大。结构方程模型在每次计算之后,可以根据每一次的计算结果,结合对问题的具体分析和认知,去改变变量之间的关系,进而对模型不断进行优化和修正,从而使模型达到最优。

模型拟合较科学　在传统的统计方法中,常采用的是残差平方和最小来判别模型的拟合程度。在结构方程模型中,可以使用卡方与自由度比值来说明模型的协方差阵和数据的协方差阵之间的拟合效果。通俗地说,对理论的协方差与实际数据的协方差进行比较分析,可以比较变量之间的关系,从整体上来考虑结构方程模型的拟合程度。在最终的拟合结果之中还可以多向选择出最适合、最优越的模型,使其更具有说服力。如 CMIN 值可以查看卡方检验结果,均方差根 RMR、拟合优度指数 GFI 等值可以查看均差方根和拟合优度指数,调整的拟合优度指数 AGFI、规范拟合指数 NFI、相对拟合指数 RFI、增量拟合指数 IFI、比较拟合指数 CFI 等,这些指数都可表示模型的解释能力高低与否。

4.2.2　结构方程模型

(1) 结构方程模型的构成

测量方程　测量方程所表示的是潜变量和显变量的相互关系。具体的表达形式见式(4-2)。

$$x = \Lambda_x \times \xi + \delta$$
$$y = \Lambda_y \times \eta + \varepsilon \tag{4-2}$$

式(4-2)中各变量分别指代的含义如下：x 代表的是外源显变量，也就是外源指标组成向量；Λ_x 代表的是外源显变量和指标之间的两者相互关系和影响作用结果；δ 则指代的是向量矩阵，主要是由 x 的误差项组成的；y 代表的是内源显变量，也就是内生指标组成向量；与 Λ_x 指代含义类似，Λ_y 指代的是内生指标与内生潜变量之间的两者相互关系和影响作用结果；ε 则指代的是向量矩阵，主要是由 y 的误差项组成的。

结构方程 结构方程用来表示潜变量和显变量之间的相互影响，具体见式(4-3)。

$$\eta = B\eta + \Gamma \zeta + \xi \tag{4-3}$$

在式(4-3)中，η 表示的是内生潜变量组成向量，Γ 表示的是外生潜变量组成向量，也就是外生潜变量对内生潜变量的作用和影响，B 表示的是内生潜变量之间的关系，ζ 代表的是残差项，ξ 代表外生潜变量。

(2) 应用中需注意的问题 如上面所述，结构方程模型具有非常大的优势，同时也广泛应用于社会学科和管理学科等。尤其是在评价影响方面有着传统方法不可比拟的优势。但同时，还有一些问题要格外注意：

模型的建立要基于相关理论 在建立结构方程模型的过程中，需要依靠研究人员专业的理论知识以及实际工作经验。在专业知识的基础之上，才可以提出一个假设并且建立可供测验的模型，进而利用结构方程模型来对其验证，没有专业知识和理论基础的假设模型只能存在于想象之中，无异于是脱离实际的空中楼阁。

较大的样本量保证 在对结构方程模型进行验证的时候，需要靠较大的样本量作为依据，这也是为了得到有参考价值的，较为稳定、准确的参数。结构方程模型的参数要满足一致性和正态分布的假设，并且采用渐近理论来进行估计。所以，在样本容量较大的前提下，才会保证协方差的准确性，结构方程模型的拟合度才会合理。一般来说，因子的指标在 3 个左右，而样本的容量在变量的 10 倍以上才可以满足基本的要求。

(3) 结构方程模型建立的步骤

模型构建 模型构建是结构方程的首要步骤，这一步骤要求研究人员根据相关的理论知识和相关研究，确定潜变量和显变量之间的关系。模型构建主要有以下几个方面：①确定潜变量；②确定测量变量，在确定潜变量之后，结合反映潜变量包含的内容，确定测量变量；③构建基本模型，需要对所研究的项目进行细致的分析，从而确定测量变量与潜变量之间、潜变量与潜变量之间的关系。

模型识别 模型识别是对结构方程预估参数进行判断的一个步骤，在这个步骤中，模型中的参数要被判断能否被观测数据计算出估计值。模型的识别有以下几个规则：①t规则识别法，公式是$t \leqslant (p+1)(q+g+1)/2$，其中$t$是被观测数据估计得到的参数个数，$p$和$q$表示显变量的数目。②两步规则识别法，就是将模型识别分为两个步骤，第一个步骤是判断测量模型能否被识别，第二个步骤是判断结构模型能否被识别。③MIMIC规则识别法，MIMIC是一种特殊的多变量多指标的模型，也被人们称为零B模型。这个识别法的特点是内生变量可以拥有不少于1个指标，而外生变量都是可测量的。假如MIMIC模型在$p=1=q$的时候，那么这个模型是可识别的直线回归方程。总结模型识别，当未知的参数个数小于等于方程个数的时候，也就是恰好识别和过度识别两种情况，才可以说明结构方程模型具有效果比较好的可信度和检验结果。

模型拟合 拟合是对结构方程模型的一种验证过程，也称为参数估计阶段。在这个步骤中，主要是对模型预估的理论参数值与实际的观测计算值进行比较，比较程度的大小反映了结构方程模型与实际样本数据的拟合程度。在这个阶段中比较常用的方法是最大似然估计法。在结构方程模型预测值和实际样本观测值越接近的时候，残差矩阵接近零，说明模型与样本拟合得越好。在模型的拟合过程中，有很多直观的指数来对模型进行拟合度检验，如CMIN值可以查看卡方检验结果。

模型评价 这个步骤是鉴定模型拟合的效果好坏。在模型评价的阶段，研究人员需要考虑多个方面的内容，如判断模型估计的参数是否恰当。如果估计结果出现负值，那么说明模型需要进行修正或者拟合。每个拟合指数，如卡方检验结果CMIN值都有对应的可接受范围（见表4-21）。

表4-21 常用的拟合指数接受范围

名称	接受范围
不规范拟合指数（TLI）	介于0~1之间，越大越好
比较拟合指数（CFI）	介于0~1之间，越大越好
增量拟合指数（IFI）	介于0~1之间，越大越好

续表

名称	接受范围
拟合优度卡方检验 $\chi^2 = \sum(O_i - E_i)^2/E_i$	一般介于2～3之间,但是在样本量大的时候,值会随之变大,所以还要参考其他的参数
近似误差均方根(RMSEA)	小于等于0.5
拟合优度指数(GFI)	介于0～1之间,越大越好
简约基准拟合指数(PNFI)	通常用于不同自由度模式的比较,但是如果不做模式比较的时候,值大于0.5的时候表示结果比较好
简约拟合指数(PGFI)	介于0～1之间,一般要大于0.5

模型修正 如果模型评价中其所计算出来的相关指数超出了标准范围,就需要进行修正。这个步骤需要研究者在已有相关研究和理论分析的前提下,对模型所计算出的结果进行分析,进而对路径采取修改、增加和剔除的措施来提高模型的拟合指数,使之优于先前的模型结果。相关的操作手段主要有以下几个:删除无明显作用的指标、改变测量模型等。模型修正的过程是一个反复的过程,通过如改善模型、添加结构参数、剔除不必要的指标等技术手段,来整合和优化路径,并且再重新进行计算,直到模型的拟合指数达到标准为止。需要注意的是,在实际的操作中,找到一个各方面都很优秀的模型是比较困难的,而研究者所能做的,就是找到一个比较合理且与实际情况比较吻合的模型。

4.2.3 结构方程模型的软件操作

(1) 结构方程模型分析软件选择 结构方程模型是由较为复杂的数学推演而出的,随着社科类应用的不断推广,相应的软件也在不断更新与进步。结构方程建立操作可以使用多种软件,比较常见的有 SPSS Amos、STATA、LISREL、Mplus 等软件。SPSS Amos 使用人数最多,接受程度最高,主要原因是软件使用菜单操作而非编程,简单易上手。而 STATA 是既可以编程又可以使用菜单操作的软件,相对来说也比较好用,但是需要具备编程的基础,不如 SPSS Amos 的操作简易。LISREL 在操作的时候,利用输入程序进行结构方程模型的运算,对数据的要求很高。在程序语句的输入中,可观测变量、潜变量等内容都需要严谨地输入相对应的代码,而且在路径中不能出现错误。同时 LISREL 需要输入协方差矩阵数据代替原始数据,还需要通过 PRELIS 对数据进行一个步骤的转化。所以,本书选择 SPSS Amos 软件进行计算,其在操作上具有以下几方面的优点:

● 第4章 中东铁路工业遗产价值评价指标体系和模型构建

快速创建模型 在实践操作中,SPSS Amos 软件以图形见长,可以快速便捷地建立模型,并且探索和检验各种变量之间的作用和关系。在绘图上,SPSS Amos 可以非常直观地进行拖放式绘图,无需编程即可快速定制路径图。在操作界面,只需要绘制出路径图形,分别导入数据即可,操作简单易行。

综合的分析结果 SPSS Amos 软件在建立结构方程模型的每个步骤上,都可以提供图形环境,在 SPSS Amos 的操作界面用鼠标点击工具即可更换模型,通过这种快速建模方法可以检验变量如何产生作用以及为何会发生此作用。

简易且功能强大 SPSS Amos 软件具有方差分析、协方差、假设检验等多种分析方法,并且还具有贝叶斯和自抽样的方法应用。在一定程度上,克服了样本条件的限制。

具有透明性、可扩展性 其他模型如非递归模型,也可以在 SPSS Amos 中实现。SPSS Amos 程序在软件接口上可以与 VB、SAS 等进行对接,也扩展了软件使用的范围,所以其具有透明性和可扩展性。

(2) **SPSS Amos 软件的操作程序**

利用 SPSS 建立 SAV 文件 常用的数据都是 EXCEL 格式的,这种数据不能直接代入 SPSS Amos 软件中,需要在 SPSS 中将 EXCEL 文件转化为 SAV 格式,然后才可以代入 SPSS Amos 中进行操作。

建立结构方程 打开 SPSS Amos 的主界面,可以看到左侧是 SPSS Amos 的操作区域,也就是建模的各种工具栏。右侧是 SPSS Amos 软件的建模区域,也就是在这里进行模型 Amos Graphics 的设定和改变等,在工具栏中选择"👑",可以在建模的区域建立结构方程的主体结构,建立完初步的模型之后,利用工具栏中的旋转"🌀"和移动"🚚"按钮,调整每一个变量至合适的位置,直至整个模型看起来相对美观即可停止(见图 4-5)。

数据导入和计算 将数据代入结构方程,点击"File"按钮和"Data Files",选择数据文件名,根据"View Data"可以浏览相关本地的数据文件。然后,导入可观测变量,点击"View"然后点击"Variables In Dataset",引入可测变量,并且将其转移到所对应的位置。随后,对不可观测的变量进行命名,点击"plugins"后点击"Name Unobserved Variables"和"Objects Properties"。最后的步骤是设定变量之间的路径,在这个步骤中,选择工具栏中的"←"来设定变量之间的路径。在潜变量的操作中,还有个关键的步骤是,需要对潜变量给出残差,利用工具栏中的"👤"按钮,并且对其进行命名,与上面相同,使用"Objects Properties"。与此同时,选择工具

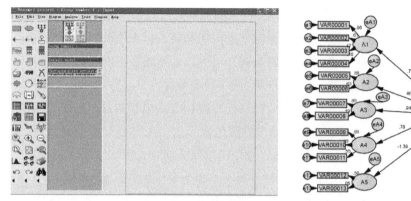

图 4-5　SPSS Amos 软件主要操作界面及建立结构方程模型示例

栏中的数据输出类型,点击" "，即可以选择输出的估计和统计结果。在完成上述步骤之后,可以选择工具栏中的" "，开始对模型进行运行和计算。

(3) SPSS Amos 软件的结果查看与解释　在完成 SPSS Amos 软件的操作过程之后,点击工具栏中的" "，然后点击"Unstandardized Estimates"按钮,即可查看所设定结构方程模型的非标准化估计结果,与此类似,点击"Standardized Estimates"即可查看标准化估计结果。可以看到结构方程模型上出现完整的路径系数等内容。点击工具栏中的按钮" "即可查看统计分析的结果,然后点击"Estimates"可以看到结构方程中的路径系数和载荷系数的估计和检验结果。然后根据检验结果表"Regression Weights"可以查看路径系数和载荷系数之间的关系及影响。最后,根据其中的指数大小,来辨别模型的拟合效果,如果拟合效果不好,那么需要对模型重新进行修正,直到模型得到很好的拟合效果为止。由表"CMIN"可以查看卡方检验结果。表"RMR，GFI"中的均方差根 RMR、拟合优度指数 GFI、调整的拟合优度指数 AGFI,表"Baseline Comparisons"中的规范拟合指数 NFI、相对拟合指数 RFI、增量拟合指数 IFI、比较拟合指数 CFI 等,以上的这些指数都可以表明结构方程模型的解释能力是否达到标准。需要注意的是,各种指数需要综合来看,而不是单独地查看其中某一个指数。

4.3　价值评价结构方程模型构建

价值评价结构方程模型构建的主要技术路线有如下步骤:结构方程模型设定,

其中涵盖模型变量、测量模型、结构模型的设定以及结构方程模型的建立;数据收集和分析,根据样本数据进行收集和统计,同时利用软件进行信度分析、探索性因子分析、测量模型和结构模型的验证性因素分析等;最后对模型的结果和权重进行确定,得到最终价值评价体系的权重。

4.3.1 结构方程模型设定

本书所建立的中东铁路工业遗产价值评价指标体系,是由三个层次的指标来构成的,其中遗产价值、二级指标都是不可观测的变量,三级指标是可以用来直接观测得到的变量,所以遗产价值、二级指标都是潜变量,而三级指标是显变量。因此,中东铁路工业遗产价值评价指标体系所反映的结构方程模型是一个矩阵方程。

(1) 模型变量的设定 中东铁路工业遗产价值评价指标体系是三级指标体系,其中一级指标价值评价为内生潜变量,代码为 B,也是内生抽象概念。二级指标包括历史价值、艺术价值、科技价值、社会文化价值、利用价值,这些为外生潜变量,也就是外生抽象概念。三级指标包括" C_1 完整性"" C_2 真实性"" C_3 遗产的稀有程度"" C_4 与历史人物和事件的联系"" C_5 与街区和周围环境的和谐度"" C_6 建筑工程美学"" C_7 反映中东铁路时期建筑艺术特点"" C_8 是否是标志性景观"" C_9 建构筑物的结构与材料对建筑史研究的重要程度"" C_{10} 设计的特殊性"" C_{11} 反映中东铁路时期科学的发展水平"" C_{12} 社会责任与社会情感"" C_{13} 对城市形象的影响力"" C_{14} 社会的记忆程度"" C_{15} 保护利用潜力"" C_{16} 所处城镇的保护现状"" C_{17} 交通区位可达性"" C_{18} 使用现状",这些都为外生显变量,可以当作观测变量(见表4-22)。

表 4-22 相关变量表

潜变量	指标	代码
内生潜变量	中东铁路工业遗产价值	—
外生潜变量	历史价值	$A_1(C_1-C_4)$
	艺术价值	$A_2(C_5-C_8)$
	科技价值	$A_3(C_9-C_{11})$
	社会文化价值	$A_4(C_{12}-C_{14})$
	利用价值	$A_5(C_{15}-C_{18})$

(2) 测量模型的设定 在结构方程中,潜变量是无法直接观测而得到的数据,一般都是需要通过可观测变量来表达。好的可观测变量可以很好地反映潜变量的

特征,可观测变量一般都用所对应的因子来表示,本书做出了如下的测量模型假设。测量模型的具体公式见式(4-4)。

$$
\begin{aligned}
C_1 &= \mu_1 A_1 + \rho_1 \\
C_2 &= \mu_2 A_1 + \rho_2 \\
&\vdots \\
C_4 &= \mu_4 A_1 + \rho_4 \\
C_5 &= \mu_5 A_2 + \rho_5 \\
&\vdots \\
C_{18} &= \mu_{18} A_5 + \rho_{18}
\end{aligned} \quad (4\text{-}4)
$$

根据式(4-4),整理出来所对应的矩阵,如式(4-5)所示:

$$
\begin{bmatrix} C_1 \\ C_2 \\ C_3 \\ C_4 \\ C_5 \\ C_6 \\ C_7 \\ C_8 \\ C_9 \\ C_{10} \\ C_{11} \\ C_{12} \\ C_{13} \\ C_{14} \\ C_{15} \\ C_{16} \\ C_{17} \\ C_{18} \end{bmatrix} = \Lambda \times \xi + \delta = \begin{bmatrix} \mu_1 & 0 & 0 & 0 & 0 \\ \mu_2 & 0 & 0 & 0 & 0 \\ \mu_3 & 0 & 0 & 0 & 0 \\ \mu_4 & 0 & 0 & 0 & 0 \\ 0 & \mu_5 & 0 & 0 & 0 \\ 0 & \mu_6 & 0 & 0 & 0 \\ 0 & \mu_7 & 0 & 0 & 0 \\ 0 & \mu_8 & 0 & 0 & 0 \\ 0 & 0 & \mu_9 & 0 & 0 \\ 0 & 0 & \mu_{10} & 0 & 0 \\ 0 & 0 & \mu_{11} & 0 & 0 \\ 0 & 0 & 0 & \mu_{12} & 0 \\ 0 & 0 & 0 & \mu_{13} & 0 \\ 0 & 0 & 0 & \mu_{14} & 0 \\ 0 & 0 & 0 & 0 & \mu_{15} \\ 0 & 0 & 0 & 0 & \mu_{16} \\ 0 & 0 & 0 & 0 & \mu_{17} \\ 0 & 0 & 0 & 0 & \mu_{18} \end{bmatrix} \times \begin{bmatrix} A_1 \\ A_1 \\ A_1 \\ A_1 \\ A_2 \\ A_2 \\ A_2 \\ A_2 \\ A_3 \\ A_3 \\ A_3 \\ A_4 \\ A_4 \\ A_4 \\ A_5 \\ A_5 \\ A_5 \\ A_5 \end{bmatrix} + \begin{bmatrix} \rho_1 \\ \rho_2 \\ \rho_3 \\ \rho_4 \\ \rho_5 \\ \rho_6 \\ \rho_7 \\ \rho_8 \\ \rho_9 \\ \rho_{10} \\ \rho_{11} \\ \rho_{12} \\ \rho_{13} \\ \rho_{14} \\ \rho_{15} \\ \rho_{16} \\ \rho_{17} \\ \rho_{18} \end{bmatrix} \quad (4\text{-}5)
$$

潜变量"A_1 历史价值" 潜变量"A_1 历史价值",由"C_1 完整性""C_2 真实性""C_3 遗产的稀有程度""C_4 与历史人物和事件的联系"四个测量变量来表示。

潜变量"A_2 艺术价值" 潜变量"A_2 艺术价值",由"C_5 与街区和周围环境的和谐度""C_6 建筑工程美学""C_7 反映中东铁路时期建筑艺术特点""C_8 是否是标志性景观"四个测量变量来表示。

潜变量"A_3 科技价值" 潜变量"A_3 科技价值",由"C_9 建构筑物的结构与材料对建筑史研究的重要程度""C_{10} 设计的特殊性""C_{11} 反映中东铁路时期科学的发展水平"三个测量变量来表示。

潜变量"A_4 社会文化价值" 潜变量"A_4 社会文化价值",由"C_{12} 社会责任与社会情感""C_{13} 对城市形象的影响力""C_{14} 社会的记忆程度"三个测量变量来表示。

潜变量"A_5 利用价值" 潜变量"A_5 利用价值",由"C_{15} 保护利用潜力""C_{16} 所处城镇的保护现状""C_{17} 交通区位可达性""C_{18} 使用现状"四个测量变量来组成。

(3) 结构模型的设定 在这个步骤中,基于已有的研究和相关探索性研究的实证来界定潜变量之间的假设关系。在假设关系的基础上,形成结构方程模型的理论框架。结构方程的公式见式(4-6)。

$$\begin{aligned} A_1 &= \gamma_1 A + D_1 \\ A_2 &= \gamma_2 A + D_2 \\ A_3 &= \gamma_3 A + D_3 \\ A_4 &= \gamma_4 A + D_4 \\ A_5 &= \gamma_5 A + D_5 \end{aligned} \quad (4\text{-}6)$$

根据公式所整理出来的矩阵方程为:

$$\begin{bmatrix} A_1 \\ A_2 \\ A_3 \\ A_4 \\ A_5 \end{bmatrix} = \boldsymbol{\Gamma} \times \boldsymbol{\eta} + \boldsymbol{\zeta} = \begin{bmatrix} \gamma_1 \\ \gamma_2 \\ \gamma_3 \\ \gamma_4 \\ \gamma_5 \end{bmatrix} \times A + \begin{bmatrix} D_1 \\ D_2 \\ D_3 \\ D_4 \\ D_5 \end{bmatrix}$$

结构模型的假设是基于路径的方式来进行表达的,反映着潜变量的特征,并且对应着潜变量之间的作用和影响。

(4) 结构方程模型的建立 根据上面的分析研究过程,结合中东铁路工业遗产的特点,建立了如图 4-6 所示的中东铁路工业遗产价值评价结构方程模型。

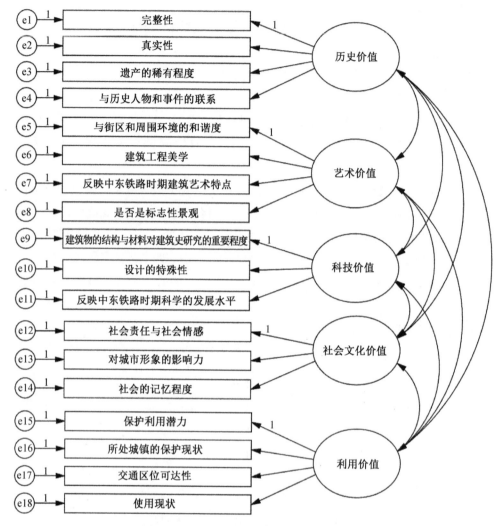

图 4-6 价值评价指标体系 SEM 初始路径

4.3.2 数据收集和分析

（1）样本数据收集统计 在上述章节的基础上，选取中东铁路沿线的人员进行走访和问卷调查，针对专家采用邮件等调查方式，对数据进行收集和统计，使其具有客观性和可靠性。

（2）信度分析 对 616 个样本的数据使用 SPSS 的可靠性分析进行信度分析，直接给出分析结果如表 4-23 所示。

第4章 中东铁路工业遗产价值评价指标体系和模型构建

表 4-23 潜变量的信度分析

潜变量	指标数目	α 系数
历史价值	4	0.814
艺术价值	4	0.830
科技价值	3	0.809
社会文化价值	3	0.783
利用价值	4	0.856
总体	18	0.905

α 系数是测量信度时使用最为广泛的指数,通常情况下,α 系数在大于 0.7 的时候,量表同质性被认为是比较好的。从表 4-23 数据中可以得到,所有的 α 系数都大于 0.7,所以可以判断,数据是比较可信的。

(3) 探索性因子分析　探索性因子分析,主要是对所收集的数据进行因子分析,需要对所收集的数据进行检验,判断样本数据做分析的可行性。然后利用 SPSS 软件中的因子分析模块,计算得出结果(见表 4-24)。

表 4-24 变量检验

变量名称	相关指数		
总体变量	KMO 度量		0.907
	Bartlett's 检验	Approx. Chi-Square	6 736.754
		df	153
		Sig.	0.000
历史价值	KMO 度量		0.815
	Bartlett's 检验	Approx. Chi-Square	1 082.908
		df	6
		Sig.	0.000
艺术价值	KMO 度量		0.825
	Bartlett's 检验	Approx. Chi-Square	1 563.109
		df	6
		Sig.	0.000
科技价值	KMO 度量		0.738
	Bartlett's 检验	Approx. Chi-Square	982.814
		df	3
		Sig.	0.000

续表

变量名称	相关指数		
社会文化价值	KMO 度量		0.737
	Bartlett's 检验	Approx. Chi-Square	1 014.244
		df	3
		Sig.	0.000
利用价值	KMO 度量		0.779
	Bartlett's 检验	Approx. Chi-Square	1 008.354
		df	6
		Sig.	0.000

从表 4-24 中可得知，每个变量的 KMO 都大于 0.7，总体值大于 0.8，说明变量的结果可以被接受，并且 Bartlett's 检验的结果也在标准范围之内。由表 4-25 可以看出，前五个主成分特征值都大于 1，而且累积%在 74.791，根据标准来看，大于 50%说明变量可以被接受的，并且解释能力较好。

表 4-25 主成分分析

成分	初始特征值			提取平方和载入			旋转平方和载入		
	合计	方差	累积%	合计	方差	累积%	合计	方差	累积%
1	7.747	43.040	43.040	7.747	43.040	43.040	3.128	17.378	17.378
2	1.812	10.069	53.109	1.812	10.069	53.109	2.809	15.603	48.467
3	1.406	7.812	60.921	1.406	7.812	60.921	2.787	15.486	48.467
4	1.327	7.372	68.293	1.327	7.372	68.293	2.387	13.262	61.728
5	1.197	6.648	74.941	1.197	6.648	74.791	2.378	13.213	74.941
6	0.587	3.259	78.200	—	—	—	—	—	—
7	0.533	2.964	81.163	—	—	—	—	—	—
8	0.454	2.524	83.687	—	—	—	—	—	—
9	0.434	2.409	86.096	—	—	—	—	—	—
10	0.384	2.134	88.230	—	—	—	—	—	—
11	0.349	1.939	90.170	—	—	—	—	—	—

续表

成分	初始特征值			提取平方和载入			旋转平方和载入		
	合计	方差	累积%	合计	方差	累积%	合计	方差	累积%
12	0.324	1.797	91.967	—	—	—	—	—	—
13	0.289	1.603	93.570	—	—	—	—	—	—
14	0.268	1.490	95.060	—	—	—	—	—	—
15	0.255	1.417	96.477	—	—	—	—	—	—
16	0.230	1.281	97.758	—	—	—	—	—	—
17	0.216	1.199	98.956	—	—	—	—	—	—
18	0.188	1.044	100.000	—	—	—	—	—	—

提取方法:主成分分析法

(4) 测量模型的验证性因素分析 在本书的研究内容中,为了对测量模型结果进行合理的分析和解释,需要对模型计算的结果给予评价,主要参考的是路径系数值,在这里用 ϑ 表示(见表4-26)。

表4-26 模型路径系数评价标准

模型类别	路径系数	评价标准
测量模型	$\vartheta \leqslant 0.6$	指标对潜变量的影响作用较小
	$0.6 < \vartheta \leqslant 0.7$	指标对潜变量的影响作用较大
	$0.7 < \vartheta \leqslant 0.8$	指标对潜变量的影响作用很大
	$0.8 < \vartheta \leqslant 1$	指标对潜变量的影响作用极大
结构模型	$\vartheta \leqslant 0.2$	潜变量与潜变量之间的影响作用较小
	$0.2 < \vartheta \leqslant 0.4$	潜变量与潜变量之间的影响作用一般
	$0.4 < \vartheta \leqslant 0.6$	潜变量与潜变量之间的影响作用较大
	$0.6 < \vartheta \leqslant 1$	潜变量与潜变量之间的影响作用极大

在进行验证性因素分析的时候,需要根据已有的相关价值评价的研究理论和知识,对中东铁路工业遗产的自身价值构成进行解析,然后设置模型的参数以及变量之间的相互影响关系,并进行检验和修正。在运算结果中,可以看到模型的标准化因子载荷(见表4-27)。

表 4-27　因子载荷

变量关系	因子载荷	变量关系	因子载荷
$C_1 \leftarrow A_1$	0.74	$C_{13} \leftarrow A_4$	0.86
$C_2 \leftarrow A_1$	0.76	$C_{14} \leftarrow A_4$	0.78
$C_3 \leftarrow A_1$	0.81	$C_{15} \leftarrow A_5$	0.78
$C_4 \leftarrow A_1$	0.78	$C_{16} \leftarrow A_5$	0.88
$C_5 \leftarrow A_2$	0.83	$C_{17} \leftarrow A_5$	0.67
$C_6 \leftarrow A_2$	0.88	$C_{18} \leftarrow A_5$	0.69
$C_7 \leftarrow A_2$	0.85	$A_1 \leftarrow B$	0.79
$C_8 \leftarrow A_2$	0.78	$A_2 \leftarrow B$	0.73
$C_9 \leftarrow A_3$	0.86	$A_3 \leftarrow B$	0.74
$C_{10} \leftarrow A_3$	0.86	$A_4 \leftarrow B$	0.76
$C_{11} \leftarrow A_3$	0.81	$A_5 \leftarrow B$	0.61
$C_{12} \leftarrow A_4$	0.89		

从表 4-27 中可以看出，验证性因素分析中的二级指标对于价值评价产生的影响中都大于 0.6，系数分别为 0.79、0.73、0.74、0.76、0.61，历史价值的影响最大，其次是社会文化价值，利用价值对于价值的影响最小，为 0.61（如图 4-7 所示）。

（5）结构模型的验证性因素分析　在结构方程模型建立和分析的过程中，比较核心的内容是验证性因素分析（CFA），其主要目的是确定式中的潜在因素是否能被其中的显变量所代表。比如以中东铁路工业遗产价值评价为例，验证性因素分析的内容就是确定历史价值作为潜在变量能否真的被其下的几个可测量显变量所代表。琳达（Linda. R. Z）提出，在结构方程模型分析前，必须以测量模型分析作为基础准备工作。因为可以较为真实和直观地反映出研究内的各个变量之间的关系，并且能呈现构面间的因素问题。并且，在人文社会科学学科的研究领域，验证性因素分析的重视程度远远大于结构方程模型的设定。重视了验证性因素分析，才更有可能在模型的假设、评价以及结果的验证方面达到更深入的层次。结合结构方程模型的相关理论，在做分析的时候需要采用验证性因素分析的二阶段模式调整，即在运行结构方程之前必须验证测量模型，这个步骤也被称为验证性因素测量模式变量缩减。如果在验证过程中，发现其指标和匹配适度在可以接受的范围内，那么就可以进行下一步完整的结构方程模型运行了；如果指标和匹配适度超出

● 第4章 中东铁路工业遗产价值评价指标体系和模型构建

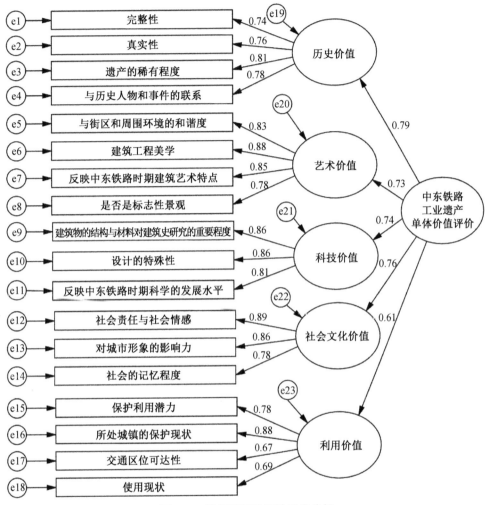

图4-7 测量模型验证性因子分析

了可接受的范围,配适程度较差的时候,要根据实际经验以及相关知识来对模型进行调整。测量模型需要满足收敛效度的要求,主要有以下几个指标可以检验其是否具有收敛效度:每个因素的荷载(Factor Loading)需要具有显著性,其因素荷载的值需要大于0.7;信度组成(Composite Reliability)同样需要大于0.7,如果信度越高,那么说明这些指标的一致性越大;平均析出方差(Average Variance Extracted)的数值越大的时候,则表示各个可测量变量对于潜变量因素的解释程度较高,也表示构成指标具有非常高的收敛效度和信度,一般要求值大于0.5。在对模型进行调整的过程中,一般采用的方法是变量缩减,可以根据以下几个方式来进行调整:①删除因素荷载不符合标准的题项,例如因素荷载在0.5以下的话,说明这个题项的信度不佳,无法充分地解释潜变量,也无法用这个指标的测量来表示潜变量的测量;②删除可能存在共线性的一些测量指标;③删除残差不独立的测量指标。

一阶验证性因子分析 中东铁路工业遗产价值评价层面主要由5个二级指标和18个三级可测量指标组成,通过SPSS Amos计算得到结构模型的验证性因素分析模型(见图4-8)。在每个潜变量之间进行验证性因子分析所得到的参数值如表4-28所示。

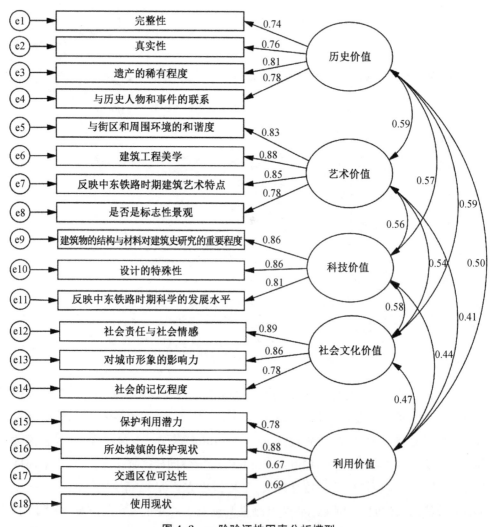

图4-8 一阶验证性因素分析模型

第4章 中东铁路工业遗产价值评价指标体系和模型构建

表4-28 模型拟合度指数

拟合指标	可接受的范围	测量值
CMIN	—	297.593
DF	—	125
CMIN/DF	<3	2.381
GFI	>0.9	0.950
AGFI	>0.9	0.931
RMSEA	<0.08	0.047
IFI	>0.9	0.974
TLI(NNFI)	>0.9	0.968
CFI	>0.9	0.974

模型的相关拟合指标,可以很好地反映出模型拟合的程度。根据中东铁路工业遗产价值评价指标的模型拟合,可以看出其一阶验证性因素分析模型的拟合指标CMIN/DF为2.381,标准是小于3,所以说明其拟合达到了标准。

在进行路径系数的分析时,从路径系数中可以看出,交通区位可达性、使用现状两个指标的标准化因素负荷的值都接近0.7,在可接受范围之内;除去这两个指标,其他各个指标的标准化因素载荷值均大于0.7,残差均为正而且显著(见表4-29)。历史价值、艺术价值、科技价值、社会文化价值、利用价值的组成信度CR值均大于0.7,平均析出方差的指标值分别为0.603、0.698、0.710、0.717、0.577,均大于0.5,均达到收敛效度的标准,说明这个模型的配适度在可接受的范围。因此,保留全部指标来进行下一步的分析。

表4-29 一阶验证因子模型路径系数

二级指标	三级指标	非标准化因素载荷	标准误 S.E.	C.R. (t-value)	P	标准化因素载荷	CR	AVE
历史价值	完整性	1	—	—	—	0.741	0.858	0.603
	真实性	0.914	0.051	18.093	***	0.763		
	与历史人物和事件的联系	0.963	0.05	19.262	***	0.815		
	遗产的稀有程度	1.035	0.056	18.59	***	0.784		

续表

二级指标	三级指标	非标准化因素载荷	标准误 S.E.	C.R. (t-value)	P	标准化因素载荷	CR	AVE
艺术价值	建筑工程美学	1	—	—	—	0.83	0.902	0.698
	反映中东铁路时期建筑艺术特点	1.039	0.04	26.079	***	0.877		
	是否是标志性景观	1.003	0.04	25.12	***	0.853		
	与街区和周围环境的和谐度	0.963	0.044	21.998	***	0.777		
科技价值	设计的特殊性	1	—	—	—	0.858	0.880	0.710
	反映中东铁路时期科学的发展水平	0.965	0.038	25.087	***	0.86		
	建构筑物的结构与材料对建筑史研究的重要程度	0.914	0.039	23.311	***	0.808		
社会文化价值	社会责任与社会情感	1	—	—	—	0.888	0.883	0.717
	对城市形象的影响力	0.937	0.035	26.773	***	0.865		
	社会的记忆程度	0.883	0.038	23.343	***	0.783		
利用价值	保护利用潜力	1	—	—	—	0.782	0.843	0.577
	所处城镇的保护现状	1.143	0.053	21.461	***	0.881		
	交通区位可达性	0.827	0.05	16.446	***	0.666		
	使用现状	0.868	0.051	17.107	***	0.689		

二阶验证性因子分析 在结构方程模型中，如果潜变量只能由测量指标来表现，那么被称为一阶因子模型，如果潜变量还可以由其他的潜变量来预测，那么这称为高阶因子模型。本书所涉及的中东铁路工业遗产的价值评价，通过历史价值、艺术价值、科技价值、文化情感价值、利用价值五个潜变量预测，就是一个特殊的一阶验证性因子模型，也可以称为二阶验证性因子模型（如图4-7所示）。计算后可以通过表"CMIN"查看卡方检验结果。当卡方与自由度的比值在2～5之间，说明模型与数据之间有可以接受的拟合效果，CMIN/DF为2.332，小于3以下标准。

表 4-30 模型拟合度指数

拟合指标	可接受的范围	测量值
CMIN	—	303.141
DF	—	130
CMIN/DF	<3	2.332
GFI	>0.9	0.949
AGFI	>0.9	0.933
RMSEA	<0.08	0.047
IFI	>0.9	0.974
TLI(NNFI)	>0.9	0.969
CFI	>0.9	0.974

在表 4-31 中可以看出,利用价值的标准化因素负荷接近 0.7,为可接受范围,其他各个指标的标准化因素载荷均大于 0.7,残差均为正而且显著。整体的组成信度 CR 值为 0.848,大于 0.7,平均析出方差为 0.529,大于 0.5,均达到收敛效度的标准,配适度也在可接受的范围,因此保留全部的指标进行下一步分析。

表 4-31 二阶验证因子模型路径系数

二级指标	非标准化因素载荷	标准误 S.E.	C.R. (t-value)	P	标准化因素载荷	CR	AVE
历史价值	1	—	—	***	0.79		
艺术价值	1.184	0.095	12.501	***	0.729		
科技价值	1.199	0.094	12.699	***	0.742	0.848	0.529
社会文化价值	1.084	0.083	13.065	***	0.757		
利用价值	0.873	0.082	10.652	***	0.605		

从验证性因子分析结果来看,模型的整体拟合较好,说明模型和指标是合理的。本书所得的价值评价模型,也可以供其他类似的评价研究作为参考,如遗产修护技术评价、遗产保护方案的评选、可移动文物的价值评估等,在此基础上,结构方程模型还可以进一步优化和调整。

4.3.3 结果分析和权重确定

(1) 结构方程 结构方程模型即价值评价模型的潜变量之间的关系方程,一阶验证性模型中的方程为：

$$A_1=0.59\times A_2+0.57\times A_3+0.59\times A_4+0.50\times A_5$$

$$A_2=0.56\times A_3+0.54\times A_4+0.41\times A_5$$

$$A_3=0.58\times A_4+0.44\times A_5$$

$$A_4=0.47\times A_5$$

$$A_5=A_5$$

二阶验证性模型为：

$$B=0.79\times A_1$$

$$B=0.73\times A_2$$

$$B=0.74\times A_3$$

$$B=0.76\times A_4$$

$$B=0.61\times A_5$$

（2）**测量方程**　测量方程就是潜变量和显变量之间的影响作用的方程，如下所示：

$$C_1=0.74\times A_1$$

$$C_2=0.76\times A_1$$

$$C_3=0.81\times A_1$$

$$C_4=0.78\times A_1$$

$$C_5=0.83\times A_2$$

$$C_6=0.88\times A_2$$

$$C_7=0.85\times A_2$$

$$C_8=0.78\times A_2$$

$$C_9=0.86\times A_3$$

$$C_{10}=0.86\times A_3$$

$$C_{11}=0.81\times A_3$$

$$C_{12}=0.89\times A_4$$

$$C_{13}=0.86\times A_4$$

$$C_{14}=0.78\times A_4$$

$$C_{15}=0.78\times A_5$$

$$C_{16}=0.88\times A_5$$

$$C_{17}=0.67\times A_5$$

$$C_{18}=0.69\times A_5$$

● 第4章 中东铁路工业遗产价值评价指标体系和模型构建

从上述方程的结果中可以看出,变量之间的拟合结果较好。

(3) 结论分析 在验证性因子分析中,可以看出,在中东铁路工业遗产的价值评价中,每个潜变量的作用大小不同,通过路径系数可以作出分析(见表4-32)。

表4-32 结构模型结论分析

结构模型	变量	路径系数	说明
一阶验证性因子分析	历史价值←艺术价值	0.59	变量之间的影响较大
	历史价值←科技价值	0.57	变量之间的影响较大
	历史价值←社会文化价值	0.59	变量之间的影响较大
	历史价值←利用价值	0.50	变量之间的影响较大
	艺术价值←科技价值	0.56	变量之间的影响较大
	艺术价值←社会文化价值	0.54	变量之间的影响较大
	艺术价值←利用价值	0.41	变量之间的影响较大
	科技价值←社会文化价值	0.58	变量之间的影响较大
	科技价值←利用价值	0.44	变量之间的影响较大
	社会文化价值←利用价值	0.47	变量之间的影响较大
二阶验证性因子分析	历史价值←单体价值评价	0.79	变量之间的影响很大
	艺术价值←单体价值评价	0.73	变量之间的影响很大
	科技价值←单体价值评价	0.74	变量之间的影响很大
	社会文化价值←单体价值评价	0.76	变量之间的影响很大
	利用价值←单体价值评价	0.61	变量之间的影响很大

从表4-32中可以看出,一阶验证性因子分析里的历史价值对艺术价值、社会文化价值的影响都较大,路径系数都为0.59。其次是科技价值对社会文化价值的影响、历史价值对科技价值的影响都较大,路径系数分别为0.58和0.57,艺术价值对利用价值、科技价值对利用价值的路径系数分别为0.41和0.44,相对其他路径系数为最小。在二阶验证性因子分析中,利用价值对于中东铁路工业遗产价值评价的路径系数为0.61,影响最小,其余的对中东铁路工业遗产的价值评价影响都很大,历史价值、艺术价值、科技价值、社会文化价值、利用价值等路径系数分别为0.79、0.73、0.74、0.76、0.61。上述分析表明,价值评价指标体系所设的指标对中东铁路工业遗产价值的影响程度都很大,这些都是价值评价中需要考虑的变量。测量模型与结构模型的相互关系影响结论见表4-33。

表 4-33　测量模型分析

变量关系	路径系数	说明
完整性	0.74	指标对潜变量影响作用很大，需要考虑
真实性	0.76	
与历史人物和事件的联系	0.81	
遗产的稀有程度	0.78	
建筑工程美学	0.83	
反映中东铁路时期建筑艺术特点	0.88	
是否是标志性景观	0.85	
与街区和周围环境的和谐度	0.78	
设计的特殊性	0.86	
反映中东铁路时期科学的发展水平	0.86	
建构筑物的结构与材料对建筑史研究的重要程度	0.81	
社会责任与社会情感	0.89	
对城市形象的影响力	0.86	
社会的记忆程度	0.78	
保护利用潜力	0.78	
所处城镇的保护现状	0.88	
交通区位可达性	0.67	
使用现状	0.69	

从表 4-33 中可以看出，社会责任与社会情感的路径系数为 0.89，说明这个指标在中东铁路工业遗产价值评价的过程中具有非常大的影响；设计的特殊性、反映中东铁路时期建筑艺术特点、对城市形象的影响力三者的路径系数在 0.86~0.89 之间，影响很大。在对遗产进行价值评价时，这些指标都需要考虑。并且，这个结果与中东铁路工业遗产的特点相符合，在中东铁路工业遗产中，特殊设计的、保存完整的、风格非常独特的遗产，如尚志火车站等，具有很大的价值，需要优先进行保护。

（4）权重确定　根据上述指标的路径载荷，计算中东铁路工业遗产价值评价的二级指标历史价值、艺术价值、科技价值、社会文化价值、利用价值的权重分别为 0.218、0.201、0.205、0.209、0.167，其他三级指标具体详见表 4-34。

第4章 中东铁路工业遗产价值评价指标体系和模型构建

表 4-34 权重确定表

一级指标	二级指标	归一化权重	三级指标	权重	归一化权重
中东铁路工业遗产单体价值评价	历史价值	0.218	完整性	0.239	0.052
			真实性	0.246	0.054
			与历史人物和事件的联系	0.263	0.057
			遗产的稀有程度	0.253	0.055
	艺术价值	0.201	建筑工程美学	0.249	0.050
			反映中东铁路时期建筑艺术特点	0.263	0.053
			是否是标志性景观	0.256	0.051
			与街区和周围环境的和谐度	0.233	0.047
	科技价值	0.205	设计的特殊性	0.339	0.070
			反映中东铁路时期科学的发展水平	0.341	0.070
			建构筑物的结构与材料对建筑史研究的重要程度	0.320	0.066
	社会文化价值	0.209	社会责任与社会情感	0.350	0.073
			对城市形象的影响力	0.341	0.071
			社会的记忆程度	0.308	0.064
	利用价值	0.167	保护利用潜力	0.260	0.043
			所处城镇的保护现状	0.292	0.049
			交通区位可达性	0.220	0.037
			使用现状	0.228	0.038

第 5 章
中东铁路工业遗产价值评价应用研究

本章结合上一章节所构建的模型,选取中东铁路工业遗产中的成高子站至横道河子站段进行模型的应用研究。在应用中,针对遗产廊道视野下的中东铁路工业遗产价值评价的多个层次进行数据的实际代入,来检验所建立的模型是否能够被应用。在这一章节之中,针对中东铁路工业遗产整体价值评价的研究,创新性地采用了世界遗产理论体系中的比较法对其进行阐释。然后,本章基于价值评价的结果,分别从整体、城镇、站点、单体四个层次对中东铁路工业遗产廊道进行多层次的构建研究,整体技术路线如图 5-1 所示。

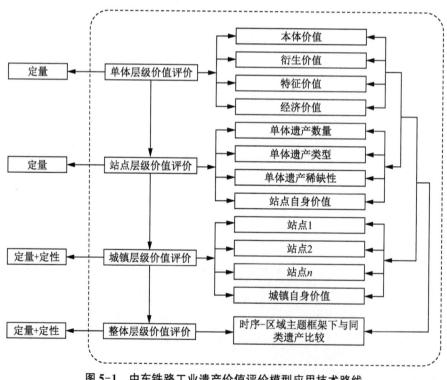

图 5-1　中东铁路工业遗产价值评价模型应用技术路线

5.1 中东铁路工业遗产层级价值评价

在中东铁路整个历史的演进过程中,随着历史的延伸,以中东铁路为核心主题的多种文化元素集聚起来,成为沿着中东铁路线分布的丰富文化现象。哈尔滨作为中东铁路的核心城市,其内部具有与其他车站不同的特殊性,需要单独研究。但为了体现廊道的线形、普适特征,本小节选取哈尔滨段内成高子站至横道河子站来进行价值评价模型的应用研究,判断模型的可应用性。

5.1.1 单体层次价值评价

单体层次价值评价的模型应用研究,选取了中东铁路滨洲铁路桥作为案例。滨洲铁路桥位于松花江畔斯大林公园东侧,共计19跨,包括下承式、上承式钢桁架桥,是中东铁路工业遗产中跨度最大的桥梁,具有代表性和唯一性。对滨洲铁路桥的价值评价见表5-1。

表5-1 滨州铁路桥价值评价表

因素	评价指标	滨洲铁路桥价值评价
历史价值	完整性	滨洲铁路桥遗产整体保存相对完好,主体钢结构已经更换,桥头堡保存较好,其余有后续修建的设施
	真实性	滨洲铁路桥的位置没有发生改变,其结构为钢桁架桥,形式虽然发生了部分变化,但主体桥头堡形式未变
	与历史人物和事件的联系	滨洲铁路桥是体现中东铁路作为文化线路的精神内涵和物质实证的证据,曾经承载过中东铁路这条文化线路上发生的重大事件——中东铁路的通车,具有重大历史见证意义
	遗产的稀有程度	尽管钢桁架发生改变,但是滨洲铁路桥是中东铁路沿线唯一一个还在正常使用的钢桁架桥,具有很大的稀缺性
艺术价值	是否是标志性景观	滨洲铁路桥是哈尔滨标志性景观,展现了中东铁路的历史
	建筑工程美学	滨洲铁路桥的材料选择、结构样式对近代建筑史研究十分重要,滨洲铁路桥在整个环境中所表现出来的感染力与审美价值特色很高,能够带给人们以感动和自豪的情绪,并且具有独特的审美价值。滨洲铁路桥的造型、比例、色彩独具特色
	反映中东铁路时期建筑艺术特点	滨洲铁路桥的景观风貌充分体现了中东铁路时期的特殊艺术特色,并且是非常重要的地标建筑
	与街区和周围环境的和谐度	滨洲铁路桥在整个环境中非常和谐,也是一处风景优美的景观。但是新的高铁江桥紧挨而建,影响了风貌的和谐

续表

因素	评价指标	滨洲铁路桥价值评价
科技价值	反映中东铁路时期科学的发展水平	滨洲铁路桥采用铸铁下悬钢桁架结构,其钢铁铸造水平和沉箱桥墩施工技术反映了当时的科学技术发展水平
	设计的特殊性	桥梁跨度采用通用定型设计,根据松花江跨度进行桥梁跨度的组合,设计没有特殊性
	建构筑物的结构与材料对建筑史研究的重要程度	滨洲铁路桥具有强烈的工业时代特色,如桥梁的跨度、结构技术水平都在当时中国处于较高水平,对建筑史研究具有重要作用
社会文化价值	社会责任与社会情感	滨洲铁路桥在整个环境中所表现出来的感染力与情感价值特色很高,所具备的社会责任和社会情感的力度很大,在很多人心目中,滨洲铁路桥就是家乡的象征
	对城市形象的影响力	在城市文化形象或城市人们情感认同中的重要程度非常高,代表着哈尔滨的城市形象。滨洲铁路桥是连接哈尔滨南北的第一座跨江桥梁,在社会中具有重大的影响力度
	社会的记忆程度	人们对滨洲铁路桥的社会记忆程度很高,几乎等同于中东铁路以及这个城市发展的起点
利用价值	保护利用潜力	滨洲铁路桥作为联系江两岸的步行通道,桥梁的旅游功能已经合理转化,其结构或空间所具有的再利用潜力很大
	所处城镇的保护现状	哈尔滨目前的中东铁路遗产保存现状较为一般,位列中等
	交通区位可达性	交通区位非常便利,位于道里区核心地段,交通条件优越,可达性较强
	使用现状	滨洲铁路桥现已被改造成博物馆,使用状态良好

根据上一章节所得的权重数据,对滨洲铁路桥进行价值评分如下:历史价值得分为 $3\times0.052+2\times0.054+4\times0.057+2\times0.055=0.602$;艺术价值得分为 $3\times0.050+4\times0.053+3\times0.051+2\times0.047=0.609$;科技价值得分为 $2\times0.07+3\times0.07+3\times0.066=0.548$;社会文化价值得分为 $3\times0.073+3\times0.071+3\times0.064=0.624$;利用价值得分为 $3\times0.043+3\times0.049+3\times0.037+3\times0.038=0.501$。最终滨洲铁路桥的价值评分为 2.884。

根据滨洲铁路桥的价值评分,对选取的成高子站至横道河子站的中东铁路工业遗产依次进行价值评价得分的计算。在 2013 年至 2016 年间,通过 3 次集中调研(每次 15 至 20 天)和持续性的调研(周末和假期时间),对中东铁路沿线各火车站点进行实地走访。调研前期的内业流程主要是确定调研统计计划、收集资料、确定调研对象、下载和打印地图。实地走访包括进行现场全方位拍照、GPS定位、与当地居民进行访谈、调研表填写、调研信息整理、调研总结等过程,对沿线目前存在的131个火车站近1422个中东铁路工业遗产进行判别和登录的工作,详细记录了遗产的地理位置、遗产保存现状、照片及遗产相关访谈信息(见附录2)。在经过初步的筛选和遗产统计之后,为了保证所选择示例的典型性和针对性,本书选取了成高子站至横道河子站的遗产点作为研究对象,具体的站点名称和站点的遗产分布如表5-2所示。

表5-2 中东铁路成高子—横道河子段站点工业遗产数量分布

站点名称	遗产单体数量	站点名称	遗产单体数量	站点名称	遗产单体数量
成高子	6	乌吉密	6	土塔河子	1
舍利屯	8	尚志	11	冷山	7
阿城	13	马延	4	洗马	1
亚沟	2	一面坡	101	高岭子	2
玉泉	10	九江泡	6	分岭河	3
小岭	12	万山	5	冶山	3
平山	5	苇河	9	绿水	1
帽儿山	12	青云	5	横道河子	129
蜜蜂	2	亚布力	5		
小九	5	石头河子	16		

注:工区一般为三栋,计数计为1,兵营包含兵营、马厩、食堂、禁闭室等,计数也计为1。部分铁路工区遗产数量合并到邻近的站点。

按照之前章节中的工业遗产价值评价体系,对各遗产点依次进行价值评价。经过大量的计算过程,得到价值评价结果如表5-3所示。

表5-3 中东铁路工业遗产价值评价结果

站点名称	遗产单体数量	价值评价结果			
		一级	二级	三级	四级
成高子	6	0	3	2	1
舍利屯	8	1	4	2	1
阿城	13	0	9	3	1
亚沟	2	0	0	2	0

续表

站点名称	遗产单体数量	价值评价结果			
		一级	二级	三级	四级
玉泉	10	1	4	4	1
小岭	12	1	6	3	2
平山	5	1	2	2	0
帽儿山	12	2	2	6	2
蜜蜂	2	0	0	2	0
小九	5	0	3	2	0
乌吉密	6	0	2	3	1
尚志	11	1	2	7	1
马延	4	0	2	2	0
一面坡	101	7	41	48	5
九江泡	6	1	1	3	1
万山	5	0	2	2	1
苇河	9	1	2	5	1
青云	5	0	1	3	1
亚布力	5	0	0	5	0
石头河子	16	1	5	8	2
土塔河子	1	0	0	1	0
冷山	7	0	2	5	0
洗马	1	0	0	1	0
高岭子	2	0	2	0	0
分岭河	3	0	1	2	0
治山	3	0	2	1	0
绿水	1	0	1	0	0
横道河子	129	13	71	31	14

5.1.2 站点层次价值评价

按照上文所述,在中东铁路工业遗产的构成中,站点层次是其与其他工业遗产所区分的特殊层次。站点层次的价值评价,主要是依托于站点内部的遗产单体层次的价值评价结果,同时依据站点不同的等级规模和自身的价值,来构建一个适用于站点层次的价值评价体系。

(1) 站点等级构成 中东铁路工业遗产历史上共包含站点 140 个,目前还留存有遗产的站点共 120 个。中东铁路历史站点等级分为 6 个,包括一等站、二等站、三等站、四等站、五等站以及会让站;现在的站点等级分为 5 个,分别是一等站、二等站、三等站、四等站、会让站/乘降所。中东铁路站点的历史等级分为以下六个:

一等站 中东铁路一等站,全线共有两个,分别是哈尔滨站和大连站。哈尔滨站是中东铁路干线和支线的枢纽,配有车站、管理局、机车库、总工厂、医院、教堂、宾馆、俱乐部、兵营等各类铁路相关设施。其中,中东铁路总工厂带有机检、组装等多个车间,其占地规模、建筑技术、功能组织在当时中国均处于较高的水平。别具一格的哈尔滨火车站是当时新艺术运动风格的典型代表,设计师为基特维奇,设计上注重曲面、圆形、扁券等元素的应用,风格优美活泼,具有较高的历史和艺术价值。

二等站 中东铁路上的二等站有满洲里、海拉尔、博克图、昂昂溪、横道河子、绥芬河,多采用标准化的规划平面,站区带有车站、教堂、机车库、医院、兵营等附属设施。车站区域走向多与铁路平行,采用棋盘格的布局形式,站前布置绿化广场,重要的标志性建筑如教堂与车站等形成主要轴线,统率格局。位于山区的二等站,如博克图等则非常注重与地形的有机组合,布局灵活自由没有明显的中轴线,教堂则被置于地形较高的位置。

三等站 中东铁路沿线的三等站主要有扎兰屯、安达、一面坡、穆棱等,同样采用标准的规划设计,只是在站点规模和配备的附属设施标准上有所降低,如车站、教堂、机车库等的规模较小。站区布局在遵循定型设计的同时又与地形有利结合,如一面坡偏重与山脉、河流的相互依托,呈现浓浓的自然风情。

四等站 中东铁路的四等站有赫尔洪德、伊列克得、对青山、阿城、乌吉密等,由于等级较低,车站规模很小。一般只有与铁路平行的一片住宅区,站区仅有车站和防御工区两个附属建筑,防御工区多位于站区两端,铁路两侧分别部署一个。

五等站 中东铁路上的五等站有扎赉诺尔、免渡河、玉泉、小岭、烟囱屯等,其平面布置与四等站基本相同,只是车站面积明显降低。

会让站 中东铁路沿线会让站数量庞大,一般每隔 10 km 距离有一个会让站。会让站的作用是供铁路会车,因此附属设施很少。通常只是配置一个铁路工区,工区包括俄国工人居住所、中国工人居住所和设备储藏所三个建筑,并且采用标准化设计,其外不设围墙。

(2)**站点层次价值评价指标设置**　中东铁路是由许多站点构成的,这也是中东铁路工业遗产与其他工业遗产所区分的一个特殊性。按照系统论的相关观点,站点层次价值的评价一方面是通过中东铁路工业遗产的价值来实现,另一方面是通过站点自身的价值功能来实现,前者是站点层次价值评价的核心。遗产数量、类型、分布、稀缺性等方面所存在的巨大差异,使每个站点都呈现出不同的价值特色,也具有不同的价值吸引力。总结说来,站点层次的价值特色,直接取决于站点拥有遗产数量的多少、遗产类型的丰富程度、遗产分布是分散还是紧凑、所拥有遗产是否是中东铁路全线稀少的类型等条件。而站点自身的价值评价因素则包括历史等级高低、站点曾经发生过的历史事件和有关人物的重要性。通过以上所有的指标,就可以决定站点层次的价值评价等级。因此,将站点中所包含的中东铁路工业遗产数量、类型、分布、质量,站点历史等级等内容作为指标来进行价值评价,下面对指标分别进行阐释:

站点中的中东铁路工业遗产数量　该指标是指每个站点中现存的遗产数量。虽然遗产的价值不能单纯地进行相加,但是遗产数量越多,整体性价值越大,站点的价值就越大,等级也就越高。

站点中的中东铁路工业遗产类型　该指标是指站点遗产类型的丰富程度。按照中东铁路工业遗产的构成和统计,中东铁路全线共有 25 种类型,但是并不是每个站点都会包含所有的遗产类型,这就需要对全线的遗产资源进行完善的统计和分类,然后对每个站点进行详细的总结,从而得到站点所拥有的遗产类型丰富程度。

站点中的中东铁路工业遗产分布　该指标是指遗产单体和单体之间的空间分布状况,也就是遗产单体的空间组合情况。遗产的空间分布越集中,对于遗产保护的优势越大,更有利于成片保护以及规划的实施;相反,如果工业遗产的分布比较分散,则不适用于集中成片保护。因此,站点的遗产分布越集中,价值越大。

站点中的中东铁路工业遗产稀缺性　中东铁路工业遗产的类型共有 25 个,如果站点拥有具有稀缺类型的遗产的话,那么站点的价值就会增加(见附录3)。

站点等级　该指标主要考虑的是站点的历史等级和现在等级。由于中东铁路沿线站点采用标准化等级设计,不同等级的站点配有不同的规划设计图。当站点等级较高时,其相应的配套设施和建筑样式均比较高级,占地规模和城镇人口数量都比较突出,因此站点的等级对于站点层次价值的大小也有很大的影响。

曾发生过的历史事件和名人影响度　该指标主要考虑的是站点上曾经发生过

的历史事件和名人影响的程度。一些站点尽管等级较低,却因为历史事件和名人的影响使其名气剧增。如作为五等站的扎赉诺尔站,等级较低,却曾经发生过中东铁路事件;再如昂昂溪车站,毛主席 1949 年造访苏联时曾在此停留。

综上所述,站点层次的价值评价相关指标如表 5-4 所示。

表 5-4 中东铁路工业遗产站点层次价值评价指标体系

指标	构成	指标分解	具体阐释
单体遗产价值	遗产数量	一、二、三级的遗产数量在 9 个以下	统计单体层次级别在一、二、三级的遗产数量,数量越多分数越高,按照三个等级来进行打分
		一、二、三级的遗产数量在 10～20 个	
		一、二、三级的遗产数量在 21～30 以上	
		一、二、三级的遗产数量在 31 个及以上	
	遗产类型丰富程度	拥有 1～3 种遗产类型	按照中东铁路工业遗产单体种类类型来进行打分,种类越多分数越高
		拥有 4～5 种遗产类型	
		拥有 6～8 种遗产类型	
		拥有 9~13 种遗产类型	
	遗产分布密集程度	拥有成片的遗产所形成的历史街区	按照中东铁路工业遗产空间聚集度
		没有成片的遗产所形成的历史街区	
	站点遗产的平均质量	遗产平均质量系数为 4 及以下	遗产整体质量平均水平
		遗产平均质量系数为 4～5(不包括 4、5)	
		遗产平均质量系数为 5 及以上	
	所拥有遗产的稀缺程度	拥有的遗产类型在全线不超过 5 个	站点是否包含在全线属于稀缺的、少数的遗产类型
		拥有的遗产类型在全线有 6～10 个	
		拥有的遗产类型在全线有 11～20 个	
		拥有的遗产类型在全线有 21 个以上	
站点价值	站点历史等级	站点历史等级为一等站	站点以及会让站分别为一至五等、会让站
		站点历史等级为二等站	
		站点历史等级为三等站	
		站点历史等级为四等站	
		站点历史等级为五等站	
		站点历史等级为会让站	

续表

指标	构成	指标分解	具体阐释
站点价值	站点现在等级	站点现在等级为一等站	站点现在的等级为一等、二等、三等、四等、五等
		站点现在等级为二等站	
		站点现在等级为三等站	
		站点现在等级为四等站	
		站点现在等级为五等站	
	历史影响度	名人或历史事件等级较高，在中东铁路沿线乃至全国都有重要影响	曾经发生过的历史事件或者拥有的名人在社会经济、文化发展方面所起的作用
		名人或历史事件等级一般，在当地有重要影响	
		站点没有历史影响度	

在建立站点价值评价指标体系的基础上，运用层次分析法来确定中东铁路站点层次价值评价的权重。首先，设计专家打分表，邀请相关研究人员填写调查问卷，以填表的方式对指标和因子打分，共计发放问卷8份。将数据输入计算机，进行处理。对每位研究人员给出的数据运用 YAAHP 软件进行一致性检验，对其余的问卷进行平均计算得到各个评价因子的权重（见图5-2）。

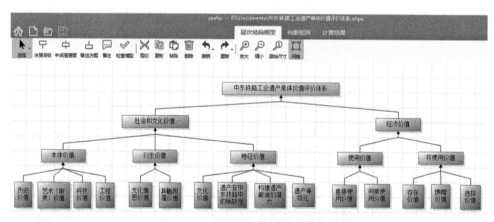

图5-2 利用 YAAHP 软件计算权重

确定层次模型之后，YAAHP 软件根据模型来生成判断矩阵，判断矩阵的数据录入有两种方式，一种是文本形式输入，另外一种是拖动滑动条来完成录入（图5-3）。

在数据的录入过程中，YAAHP 软件可实时显示矩阵的一致性，并根据情况即

第5章 中东铁路工业遗产价值评价应用研究

图 5-3　YAAHP软件的矩阵数据录入

时进行调整。但是,人工调整矩阵需要依靠经验和知识,缺乏一定的科学性。而且,在专家问卷调查数据中直接进行调整很可能是不合理的。YAAHP软件提供了不一致判断矩阵的自动修正功能。经过计算,中东铁路工业遗产站点层次价值评价体系的权重已经得出,在软件中可以直接看到数值。

从计算结果可知,首先在两个因素层中,遗产数量和所拥有遗产稀缺程度所占权重较大,分别为0.4283和0.2440,其次是站点遗产的平均质量和历史影响度,数值分别为0.099和0.0864,遗产分布密集程度和遗产类型丰富程度数值分别为0.0632和0.0405,数值最小的指标是站点历史等级和站点现在等级,数值分别为0.0186和0.0200。从上述数值中可以看出,遗产数量、所拥有遗产稀缺程度和站点遗产的平均质量是中东铁路成高子—横道河子段站点层次价值评价中影响较大的因素,站点历史等级和站点现在等级的权重虽然较小,但是在考虑站点价值评价的时候,也需要对其进行综合考虑。

(3) 站点层次价值评价实证　中东铁路工业遗产是站点等级划分最重要的影响因素。依据中东铁路工业遗产站点层次价值评价指标体系,以站点为单元,通过对工业遗产的数量、类型、品质和空间分布的分析,得出具体中东铁路成高子站至横道河子站各站点的价值评价结果,为下一步遗产廊道的构建奠定基础。每个指标计算如下:

遗产数量差异　对中东铁路成高子站至横道河子站各站点拥有的工业遗产数量进行统计分析(如图5-4所示),横道河子的遗产数量为134个,一面坡为101个,其余站点的遗产数量均不到20个,所以在遗产数量的比较上差异性较大。

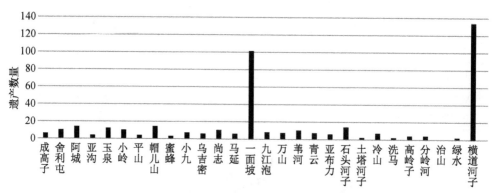

图 5-4 中东铁路成高子—横道河子段的遗产数量分布示意图

根据中东铁路工业遗产站点层次价值评价指标体系,遗产数量差异可分为四个等级。第一等级遗产数量≤9,第二等级遗产数量为10~20个,第三等级遗产数量为21~30个,第四等级遗产数量≥31个。从统计中可知,第一等级为成高子、舍利屯、亚沟、平山、蜜蜂、小九、乌吉密、马延、九江泡、万山、苇河、青云、亚布力、土塔河子、冷山、洗马、高岭子、分岭河、治山、绿水;第二等级为阿城、玉泉、小岭、帽儿山、尚志、石头河子;第三等级无;第四等级为一面坡、横道河子。

遗产类型的丰富程度 前面已述中东铁路工业遗产可分为铁路本体遗产和城镇工业遗产两大类,共含25小类遗产,成高子站至横道河子站,每个车站的遗产类型统计见表5-5。从表中可知,一面坡和横道河子的工业遗产类型最为丰富,分别为12类和13类,而蜜蜂站、亚沟站、土塔河子站等均仅有1类的工业遗产。

表 5-5 成高子—横道河子段站点遗产类型统计

站点名称	所包含遗产类型数目	站点名称	所包含遗产类型数目
成高子	5	九江泡	5
舍利屯	5	万山	5
阿城	5	苇河	5
亚沟	1	青云	3
玉泉	7	亚布力	3
小岭	6	石头河子	4
平山	4	土塔河子	1
帽儿山	6	冷山	3
蜜蜂	1	洗马	1

续表

站点名称	所包含遗产类型数目	站点名称	所包含遗产类型数目
小九	5	高岭子	3
乌吉密	3	分岭河	1
尚志	5	治山	3
马延	3	绿水	1
一面坡	12	横道河子	13

根据中东铁路工业遗产站点层次价值评价指标体系,遗产类型的丰富程度可分为四个等级:第一等级遗产类型数量为1~3类,第二等级为4~5类,第三等级为6~8类,第四等级拥有遗产类型数量≥9类。从遗产类型的丰富程度上来看,成高子站至横道河子站中的第一等级为亚沟、蜜蜂、乌吉密、马延、青云、亚布力、土塔河子、冷山、洗马、高岭子、分岭河、治山、绿水;第二等级为成高子、舍利屯、阿城、平山、小九、尚志、九江泡、万山、苇河、石头河子;第三等级为玉泉、小岭、帽儿山;第四等级为一面坡、横道河子。

遗产分布的密集程度 遗产分布的密集程度主要考察站点内的遗产是否可以形成连续的街区,从而有助于将来中东铁路工业遗产廊道构建的有序开展。根据成高子站至横道河子站沿线的调研情况,一面坡、横道河子具有大片的历史街区,有利于未来保护的实施。其余站点拥有的遗产数量较少,可以考虑在将来与周边的节点站点进行合并打包来保护,而非采用单一站点的保护措施。

遗产稀缺程度 遗产稀缺程度主要考察的是站点内是否拥有全线稀缺的遗产类型。根据中东铁路全线的统计,将此指标分为四个等级。第一等级为站点拥有的遗产在全线≤5个,满足此条件的站点有横道河子,其拥有遗产类型管理机构(全线数量为3)、铁路工业(全线数量为3);一面坡,拥有遗产类型商业(全线数量为4)、铁路工业(全线数量为3)、城镇工业(全线数量为2);玉泉,拥有遗产类型教育(全线数量为4);阿城,拥有遗产类型城镇工业(全线数量为2)。

第二等级为站点拥有的遗产在全线为6~10个,满足此条件的站点有九江泡站,拥有遗产类型车站厕所(全线数量为6)。

第三等级为站点拥有的遗产在全线为11~20个,满足此条件的站点有成高子站,拥有遗产类型浴池(全线数量为20);舍利屯站,拥有遗产类型浴池(全线数量为20)、遗产类型医疗(全线数量为18);小九,拥有遗产类型浴池(全线数量为20);尚志,拥有遗产类型浴池(全线数量为20);马延,拥有遗产类型浴池(全线数量为20);万山,拥有遗产类型浴池(全线数量为20);青云,拥有遗产类型浴池(全线数量为20);冷山,拥有遗产类型浴池(全线数量为20);小岭,拥有遗产类型水泵房(全线数量为16);苇河,拥有遗产类型水泵房(全线数量为16);石头河子,拥有遗产类型水泵房(全线数量为16);帽儿山,拥有遗产类型医疗(全线数量为18)。

第四等级为站点拥有的遗产在全线超过21个,满足此条件的站点为亚沟,拥有遗产类型工区(全线数量为72);平山,拥有遗产类型站房(全线数量为57)、桥梁(全线数量为32)、普通住宅(全线数量为927)、高级住宅(全线数量为27)。还有其他站点,如蜜蜂、乌吉密、亚布力、土塔河子、洗马、高岭子、分岭河、治山,拥有的遗产在全线数量超过21个,在此不一一列举。

(4) 站点遗产平均质量 站点遗产平均质量表现的是站点内部中东铁路工业遗产平均质量的高低程度。各个等级的工业遗产点数量根据评价级别不同,一、二、三、四等级的遗产分别乘以系数10、7、4、1,然后将所得数字与工业遗产单体的数量进行比值,便可以得出中东铁路沿线各站点的平均质量(F)。公式为:

$$F=(10\times C_1+7\times C_2+4\times C_3+1\times C_4)/W$$

式中:F——站点内工业遗产的平均品质;

W——代表站点中各级工业遗产点的数量之和;

C_1,C_2,C_3,C_4——站点中一级、二级、三级、四级的遗产数量。

对各站点的中东铁路工业遗产平均质量进行计算(如图5-5所示)。根据站点层次价值评价指标可分为四个等级。第一等级为平均质量得分为6及以上的站点,包括小岭(得分6.25)、绿水(得分为7)、横道河子(得分为6.38);第二等级为平均质量得分为5~6分的站点,包括成高子(得分为5)、舍利屯(得分为5.875)、阿城(得分为5.846)、玉泉(得分为5.5)、帽儿山(得分为5)、平山(得分为5)、小九(得分为5.8)、马延(得分为5.5)、一面坡(得分为5.64)、九江泡(得分为5)、苇河(得分为5)、高岭子(得分为5)、治山(得分为5.6);第三等级为平均质量得分为4~5分的站点,亚沟(得分为4.5)、包括乌吉密(得分为4.5)、尚志(得分为4.81)、万山(得分为4.4)、石头河子(得分为4.84)、冷山(得分为4.86);第四等级为平均质量得分为4分及以下的站点,包括蜜蜂(得分为4)、分岭河(得分为4.2)、青云(得分为4)、亚布力(得分为4)、土塔河子(得分为4)、洗马(得分为4)。

(5) 站点历史和现状等级 中东铁路在修建之时,按照严格的等级划分建造

第5章 中东铁路工业遗产价值评价应用研究

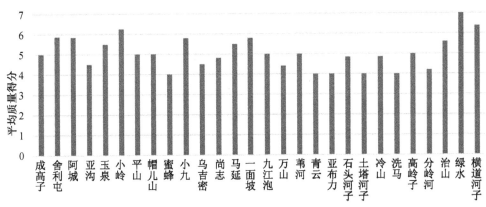

图 5-5 中东铁路成高子—横道河子段各站点的工业遗产平均质量得分

沿线的工业遗产,整理成高子站至横道河子站之间的站点历史等级如表 5-6 所示。

表 5-6 站点历史等级统计表

历史等级	站点名称
一等站	无
二等站	横道河子
三等站	一面坡
四等站	阿城、乌吉密、石头河子
五等站	玉泉、小岭、帽儿山、苇河、高岭子
会让站	成高子、舍利屯、亚沟、平山、蜜蜂、小九、尚志、马延、九江泡、万山、青云、亚布力、冷山、土塔河子、洗马、分岭河、治山、绿水

站点的级别与工业遗产的数量类型等成正相关,级别越高,站点拥有的工业遗产类型数量越多(见表 5-7)。

表 5-7 中东铁路成高子站至横道河子站的站点现状等级

现在等级	站点名称
一等站	无
二等站	阿城、玉泉、一面坡
三等站	平山、尚志、亚布力、苇河、横道河子
四等站	成高子、舍利屯、小岭、帽儿山、蜜蜂、小九、乌吉密、万山、青云
乘降所	亚沟、治山
已撤销的站点	九江泡、马延、白帽子、石头河子、土塔河子、冷山、洗马、分岭河、高岭子、绿水

(6) **历史影响** 历史影响指站点是否发生过知名的历史事件或者是有过历史人物，比较知名的站点有横道河子站、尚志站等。

结合上述分析，对中东铁路成高子至横道河子段站点价值进行计算得到结果（见表 5-8）。从表 5-8 可知，一面坡站和横道河子站的分数较为突出，其余的站点分数分布比较均衡，需要根据进一步的计算来看最终的得分。

表 5-8 中东铁路成高子至横道河子段站点价值得分

站点名称	单体遗产价值				站点自身价值			
	遗产数量	类型丰富程度	遗产分布密集程度	遗产平均质量	遗产的稀缺程度	历史等级	现在等级	历史影响
成高子	1	2	1	3	2	1	3	1
舍利屯	1	2	1	3	2	1	3	1
阿城	2	2	1	3	4	3	5	1
亚沟	1	1	1	1	1	1	2	1
玉泉	1	3	1	3	4	2	5	1
小岭	2	3	1	4	2	2	3	1
平山	1	2	1	4	1	1	4	1
帽儿山	2	3	1	3	2	2	3	1
蜜蜂	1	1	1	1	1	1	3	1
小九	1	2	1	3	1	1	3	1
乌吉密	1	1	1	2	3	3	3	1
尚志	2	2	1	2	1	1	4	2
马延	1	1	1	3	1	1	1	1
一面坡	4	4	2	1	4	4	5	1
九江泡	1	2	1	3	1	1	1	1
万山	1	2	1	2	1	1	3	1
苇河	1	2	1	3	2	2	4	1
青云	1	1	1	1	1	1	3	1
亚布力	1	1	1	1	1	1	4	1
石头河子	2	2	1	2	2	3	1	1
土塔河子	1	1	1	1	1	1	1	1

续表

站点名称	单体遗产价值				站点自身价值			
	遗产数量	类型丰富程度	遗产分布密集程度	遗产平均质量	遗产的稀缺程度	历史等级	现在等级	历史影响
冷山	1	1	1	2	2	1	1	1
洗马	1	1	1	1	1	1	1	1
高岭子	1	1	1	3	1	2	1	1
分岭河	1	1	1	1	1	1	1	1
冶山	1	1	1	3	1	1	2	1
绿水	1	1	1	4	1	1	1	1
横道河子	4	4	2	4	4	5	3	2

上面已经对各项指标数值进行了分析计算，结合 YAAHP 软件所分析出的权重结果，得到分数如表 5-9 所示。

表 5-9 中东铁路成高子至横道河子段站点得分

站点名称	单体遗产价值				站点自身价值			
	遗产数量	类型丰富程度	遗产分布密集程度	遗产平均质量	遗产的稀缺程度	历史等级	现在等级	历史影响
成高子	0.04283	0.081	0.0632	0.297	0.488	0.0186	0.06	0.0864
舍利屯	0.04283	0.081	0.0632	0.297	0.488	0.0186	0.06	0.0864
阿城	0.08566	0.081	0.0632	0.297	0.976	0.0558	0.1	0.0864
亚沟	0.04283	0.0405	0.0632	0.099	0.244	0.0186	0.04	0.0864
玉泉	0.04283	0.1215	0.0632	0.297	0.976	0.0372	0.1	0.0864
小岭	0.08566	0.1215	0.0632	0.396	0.488	0.0372	0.06	0.0864
平山	0.04283	0.081	0.0632	0.396	0.244	0.0186	0.08	0.0864
帽儿山	0.08566	0.1215	0.0632	0.297	0.488	0.0372	0.06	0.0864
蜜蜂	0.04283	0.0405	0.0632	0.099	0.244	0.0186	0.06	0.0864
小九	0.04283	0.081	0.0632	0.297	0.244	0.0186	0.06	0.0864
乌吉密	0.04283	0.0405	0.0632	0.198	0.732	0.0558	0.06	0.0864
尚志	0.08566	0.081	0.0632	0.198	0.244	0.0186	0.08	0.1728
马延	0.04283	0.0405	0.0632	0.297	0.244	0.0186	0.02	0.0864

续表

站点名称	单体遗产价值				站点自身价值			
	遗产数量	类型丰富程度	遗产分布密集程度	遗产平均质量	遗产的稀缺程度	历史等级	现在等级	历史影响
一面坡	1.7132	0.162	0.1264	0.099	0.976	0.0744	0.1	0.0864
九江泡	0.04283	0.081	0.0632	0.297	0.244	0.0186	0.02	0.0864
万山	0.04283	0.081	0.0632	0.198	0.244	0.0186	0.06	0.0864
苇河	0.04283	0.081	0.0632	0.297	0.488	0.0372	0.08	0.0864
青云	0.04283	0.0405	0.0632	0.099	0.488	0.0186	0.06	0.0864
亚布力	0.04283	0.0405	0.0632	0.099	0.244	0.0186	0.08	0.0864
石头河子	0.08566	0.081	0.0632	0.198	0.488	0.0558	0.08	0.0864
土塔河子	0.04283	0.0405	0.0632	0.099	0.244	0.0186	0.02	0.0864
冷山	0.04283	0.0405	0.0632	0.198	0.488	0.0186	0.08	0.0864
洗马	0.04283	0.0405	0.0632	0.099	0.244	0.0186	0.08	0.0864
高岭子	0.04283	0.0405	0.0632	0.297	0.244	0.0372	0.08	0.0864
分岭河	0.04283	0.0405	0.0632	0.099	0.244	0.0186	0.08	0.0864
治山	0.04283	0.0405	0.0632	0.297	0.244	0.0186	0.04	0.0864
绿水	0.04283	0.0405	0.0632	0.396	0.244	0.0186	0.02	0.0864
横道河子	1.7132	0.162	0.1264	0.396	0.976	0.093	0.06	0.1728

结合各项评价指标的分值和权重进行计算,得到成高子至横道河子段站点层次价值评价的最终得分(见图5-6,表5-10)。进而,可以判断成高子至横道河子段

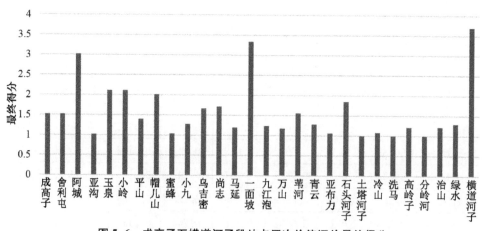

图5-6 成高子至横道河子段站点层次价值评价最终得分

站点层次价值评价的等级排序,这些站点的平均得分为1.5937。阿城、一面坡、横道河子的最终得分较高,因此这三个站点价值最高,为一级站点。玉泉、小岭、帽儿山、乌吉密、尚志、石头河子六个站点价值评价的综合得分次之,为二级站点。其余的站点均未达到平均值,为三级站点。通过计算所得到的结果,将作为城镇层次价值评价的基础数据。

表 5-10　成高子至横道河子段站点层次价值评价结果得分

站名	得分	站名	得分
成高子	1.5225	九江泡	1.2385
舍利屯	1.5225	万山	1.1795
阿城	3.0182	苇河	1.5611
亚沟	1.02	青云	1.284
玉泉	2.1096	亚布力	1.06
小岭	2.1089	石头河子	1.849
平山	1.3975	土塔河子	1
帽儿山	2.0099	冷山	1.079
蜜蜂	1.04	洗马	1
小九	1.2785	高岭子	1.2166
乌吉密	1.6642	分岭河	1
尚志	1.7142	治山	1.218
马延	1.198	绿水	1.297
一面坡	3.3374	横道河子	3.6994

5.1.3　城镇层次价值评价

城镇层次价值评价,是采用定量和定性相结合的方法,根据城镇内所含有的站点价值评价等级结果来进行综合分析,即根据单体层次和站点层次价值评价的结果,才能对城镇层次进行价值评价。结合中东铁路工业遗产廊道的目的性,城镇层次价值评价一方面需要依据上一层次即站点层次价值评价的结果,另一方面还需要考虑城镇的研究单元自身的价值高低,也就是自身的经济发展水平和基础条件等是否有利于将来的遗产廊道构建的实施。

(1) 中东铁路干线城镇构成　在中东铁路工业遗产廊道构建中,城镇层次分为"镇"与"市"两个部分。中东铁路干线所跨越的城市共六个,包括呼伦贝尔、齐齐哈尔、大庆、绥化、哈尔滨、牡丹江。城镇层次价值评价,经过对研究对象的确定,选取"区、乡、镇"为一层次。其原因在于中东铁路沿线地区的行政区划分别为副省级城市、地级市、县级市、县和镇,将镇作为研究的单元,使之成为遗产廊道构建的支撑点,其中包含多个站点。所以在站点的上一层次,也就是"区、乡、镇"层次进行研究,有利于后续遗产廊道构建的实施。对于哈尔滨这种副省级城市以及牡丹江、齐齐哈尔等大型城市,则选取中东铁路所穿越的分区作为与"镇"平齐的研究单元,如哈尔滨城区的南岗区、香坊区等。根据上述原则,中东铁路东线和西线的城镇层次的研究单元如表 5-11、表 5-12 所示。

表 5-11 中东铁路东线城镇层次研究单元及所包含站点——区、乡、镇

省	省级市	地级市、县、旗	区、乡、镇	火车站点	遗产数量
黑龙江省	哈尔滨市	哈尔滨市区	香坊区	王兆屯站	1
				香坊站	3
				成高子站	6
			阿城区	舍利屯站	8
				阿城站	13
				亚沟站	2
				玉泉站	10
				白帽子站	0
				小岭站	12
				平山站	5
		尚志市	帽儿山镇	帽儿山站	12
				蜜蜂站	2
				小九站	5
			乌吉密乡	乌吉密站	6
			尚志市区	尚志站	11
			马延乡	马延站	4
			一面坡镇	一面坡站	101
				九江泡站	6
			万山乡	万山站	5

续表

省	省级市	地级市、县、旗	区、乡、镇	火车站点	遗产数量
黑龙江省	哈尔滨市	尚志市	苇河镇	苇河站	9
				青云站	5
			亚布力镇	亚布力站	5
				石头河子站	16
				土塔河子站	1
				冷山站	7
				洗马站	1
				高岭子站	2
	牡丹江市	海林市	横道河子镇	分岭河站	3
				治山站	3
				绿水站	1
				横道河子站	129
				道林站	6
				青岭子站	4
			山市镇	山市站	9
				奇峰站	5
			石河乡	敖头站	5
			海林市区	海林站	8
			海南朝鲜族乡	拉古站	3
		牡丹江市辖区	西安区	黄花站	2
				牡丹江站	2
			铁岭镇	爱河站	5
		穆棱市	磨刀石镇	磨刀石站	13
				山底站	3
				大观岭站	8
				山洞站	3
				代马沟站	10
				北林站	7

续表

省	省级市	地级市、县、旗	区、乡、镇	火车站点	遗产数量
黑龙江省	绥芬河市	穆棱市	穆棱镇	穆棱站	41
			兴源镇	伊林站	5
			下城子镇	下城子站	10
			马桥河镇	马桥河站	12
				红房子站	6
		绥芬河市	东宁县*	太岭站	6
				细麟河站	11
				绥西站	4
			绥阳镇	绥阳站	3
			绥芬河城区	宽沟站	2
				绥芬河站	33

*：现为东宁市。表格数据调研时间为2013年，此处沿用当时的行政区划，下同。

表 5-12　中东铁路西线城镇层次研究单元及所包含站点——区、乡、镇

省	省级市	地级市、县、旗	区、乡、镇	火车站点	遗产数量
内蒙古	呼伦贝尔市	满洲里市	满洲里主城区	满洲里站	65
				胪滨站	0
				东壕站	0
			扎赉诺尔区	扎赉诺尔西站	0
				扎赉诺尔站	35
		新巴尔虎左旗	嵯岗镇	湖北站	0
				嵯岗站	6
			噶拉布尔苏木	豪门站	0
				皇德站	0
			赫尔洪得苏木	赫尔洪得站	13
				陵丘站	0
				都伦站	0
			完工镇	完工站	4
				东宫站	1
				乌兰丘站	0

续表

省	省级市	地级市、县、旗	区、乡、镇	火车站点	遗产数量
内蒙古	呼伦贝尔市	陈巴尔虎旗	完工镇	乌固诺尔站	7
				大良站	4
				安邑站	4
		海拉尔市	海拉尔市区	海拉尔站	3
			建设镇	海拉尔东站	0
			哈克镇	西哈站	2
				哈克站	12
				扎泥河站	3
				扎罗木得站	4
		鄂温克族自治旗	大雁镇	大雁站	0
		牙克石市	牧原镇	海满站	0
				牙克石站	2
				卓山站	0
				小北站	0
			免渡河镇	免渡河站	22
				北头河站	0
				乌川站	4
			乌奴耳镇	三根河站	2
				乌奴耳站	4
				哈拉沟站	0
				西岭口站	2
				伊列克得站	5
				兴安岭站	5
			博克图镇	新南沟(废弃)站	9
				沙力站	0
				博克图站	78
				沟口站	2
				旗山站	2
				雅鲁站	13

续表

省	省级市	地级市、县、旗	区、乡、镇	火车站点	遗产数量
内蒙古	呼伦贝尔市	扎兰屯市	巴林镇	紫沟站	1
				喇嘛山站	3
				巴林站	11
				富林站	1
			鄂伦春民族乡	南木站	2
			哈拉苏镇	哈拉苏站	14
				三道桥站	3
			卧牛河镇	卧牛河站	1
			扎兰屯市区	扎兰屯站	57
			高台子镇	高台子站	1
			古里金村	古里金站	1
			成吉思汗镇	成吉思汗站	9
黑龙江	齐齐哈尔市	碾子山区	丰荣村	丰荣站	1
			华安乡	吉新河站	0
			碾子山区	碾子山站	5
		龙江县	鲁河乡	鲁河站	1
			老道村	老道站	1
			龙江镇	龙江站	7
			白山乡	白山站	1
			黑岗乡	黑岗站	1
		齐齐哈尔市	富拉尔基区	虎尔虎拉站	13
				富拉尔基站	42
			昂昂溪区	五福站	1
				昂昂溪站	103
				榆树屯站	0
				红旗营站	0
	大庆市	杜尔伯特蒙古族自治县	烟筒子镇	烟筒屯站	12
			前后代村	前后代站	1
			泰康镇	泰康站	4
				高家站	1

第5章 中东铁路工业遗产价值评价应用研究

续表

省	省级市	地级市、县、旗	区、乡、镇	火车站点	遗产数量
黑龙江	大庆市	大庆市	让胡路区	喇嘛甸站	3
			让胡路区	让湖路站	0
			萨尔图区	大庆站	0
			龙凤区	龙凤站	0
			龙凤区	卧里屯站	0
	绥化市	安达市	安达镇	安达站	53
			羊草镇	羊草站	2
		肇东市	宋站镇	宋站	3
			尚家镇	尚家站	2
			肇东镇	肇东站	17
			姜家镇	姜家站	5
			四方镇	里木店站	5
	哈尔滨	哈尔滨市	松北区	对青山站	8
			呼兰区	万乐站	2
			松北区	庙台子站	5
			南岗区	哈尔滨站	84

(2) 城镇层次价值评价实证 中东铁路工业遗产城镇层次价值评价指标主要分为两个方面：一方面在于城镇所包含的站点价值高低，另一方面在于城镇自身的价值高低。结合中东铁路构建遗产廊道的需要，城镇层次的价值依靠站点价值评价的结果，在评价的同时，还需要考虑城镇的研究单元自身的价值高低，也就是自身的经济发展水平和基础条件等是否有利于将来的遗产廊道构建的实施。

在上面总结的城镇层次研究单元中，区、乡、镇为本书所述的城镇层次。在本部分应用中，选取的研究对象依旧为成高子至横道河子段，但是由于区、乡、镇包含了一些范围之外的站点，所以将研究范围缩小到舍利屯站至青岭子站，需要补充的是道林站和青岭子站的站点等级划分。在做了详细的计算之后，道林站和青岭子站的站点等级是三级。

最后，综合确定了研究对象为阿城区、帽儿山镇、乌吉密乡、尚志市区、马延乡、一面坡镇、万山乡、苇河镇、亚布力镇、横道河子镇。按照是否存在中东铁路工业遗产以及站点的标准,将城镇简单归纳为以下三种情况:第一种情况是城镇内部已经没有遗存的中东铁路工业遗产;第二种情况是城镇内部有保留至今的中东铁路工业遗产,但不能代表整个城镇的工业遗产状况;第三种情况是城镇内部有保留至今的中东铁路工业遗产分布,并能代表城镇(表 5-13)。

表 5-13　城镇层次价值评价实证研究对象以及遗产数量

城镇层次研究单元	包含站点	遗产数量
阿城区	舍利屯站	8
	阿城站	13
	亚沟站	2
	玉泉站	10
	白帽子站	0
	小岭站	12
	平山站	5
帽儿山镇	帽儿山站	12
	蜜蜂站	2
	小九站	5
乌吉密乡	乌吉密站	6
尚志市区	尚志站	11
马延乡	马延站	4
一面坡镇	一面坡站	101
	九江泡站	6
万山乡	万山站	5
苇河镇	苇河站	9
	青云站	5
亚布力镇	亚布力站	5
	石头河子站	16
	土塔河子站	1
	冷山站	7
	洗马站	1
	高岭子站	2

续表

城镇层次研究单元	包含站点	遗产数量
横道河子镇	分岭河站	3
	冶山站	3
	绿水站	1
	横道河子站	129
	道林站	6
	青岭子站	4

结合上一节的站点层次价值评价的实证,对每个城镇层次研究单元中所包含的站点数量和站点等级进行统计(见表5-14)。

表5-14 城镇层次研究单元统计

城镇层次单元	拥有遗产数量	站点数量	一级站点	二级站点	三级站点
阿城区	50	7	1	2	4
帽儿山镇	19	3	0	1	2
乌吉密乡	6	1	0	1	0
尚志市区	11	1	0	1	0
马延乡	4	1	0	0	1
一面坡镇	107	2	1	0	1
万山乡	5	1	0	0	1
苇河镇	14	2	0	0	2
亚布力镇	32	6	0	1	5
横道河子镇	146	6	1	0	5

综合表5-14所统计的城镇研究单元的相关信息,在其价值评价中采用了定性的方法进行分析。根据上述遗产数量和站点价值评价情况,可以将城镇层次研究单元分为：Ⅰ级的中东铁路工业遗产整体格局保存状况较好,风貌较完整,遗产数量多于50个,并且拥有典型的城镇单元,典型的城镇层次研究单元是一面坡镇、横道河子镇、阿城区;Ⅱ级的中东铁路工业遗产整体格局保存状况较为一般,工业遗产数量在15~50个之间,没有典型一级站点存在的城镇单元,但是有二级站点存在,典型的城镇是亚布力镇、帽儿山镇;Ⅲ级的中东铁路工业遗产数量稀少,基本不能形成整体的风貌与格局,或者只有三级站点存在,没有一级、二级站点的城镇单

元,典型城镇是乌吉密乡、尚志市区、马延乡、万山乡、苇河镇。具体的评价过程如表 5-15 所示。

表 5-15 城镇层次研究单元价值评价分级

级别	城镇层次单元名称	遗产数量评价	拥有最高站点等级	分布情况与特点
Ⅰ级	一面坡镇	数量≥50	一级	Ⅰ级城镇层次研究单元中遗产数量众多,景观演变符合遗产变化的规律,目前在其中中东铁路工业遗产保存较多,整体质量较高,拥有较多的代表性一级遗产点,整体风貌与格局保存良好
	横道河子镇	数量≥50	一级	
	阿城区	数量≥50	一级	
Ⅱ级	亚布力镇	50>数量≥15	二级	Ⅱ级城镇层次研究单元中中东铁路工业遗产数量较为一般,整体质量较高,没有代表性一级遗产点,在城镇局部有保存完好的区域,但整体风貌与格局保存一般
	帽儿山镇	50>数量≥15	二级	
Ⅲ级	乌吉密乡	15>数量≥0	二级	Ⅲ级城镇层次研究单元中中东铁路工业遗产数量较为稀少,整体质量一般,没有代表性一级遗产点,在城镇中整体和局部风貌和格局保存都较差
	尚志市区	15>数量≥0	二级	
	马延乡	15>数量≥0	三级	
	万山乡	15>数量≥0	三级	
	苇河镇	15>数量≥0	三级	

与城镇层次研究单元相同的是,在地级市、县、旗层次也采用定性的评价和分析。以中东铁路滨绥线为例,所选取的地级市、县、旗主要有哈尔滨市区、尚志市、海林市、牡丹江市区、穆棱市、绥芬河市。

对地级市层次价值评价的考虑,主要参考两方面:一方面是地级市在中东铁路工业遗产历史上所处的地位,另一方面则是该地级市内的遗产和站点分布的密集程度,并兼顾现存遗产保护状况。综上所述,结合上述城镇层次研究单元的价值评价结果和中东铁路工业遗产单体层次的价值评价结果,哈尔滨市区、尚志市、海林市、穆棱在价值评价过程中应该位列Ⅰ级;绥芬河市位列Ⅱ级;牡丹江市区位列Ⅲ级。而在省级市层次价值评价中,以中东铁路滨绥线为例,有哈尔滨市、牡丹江市、绥芬河市,将这三个城市按照价值评价分为三个等级。

Ⅰ级:哈尔滨 哈尔滨作为中心城市,其所包含的数量庞大的遗产以及特征明显的文化表象,使之成为中东铁路沿线最典型的案例。哈尔滨是在特殊政治背景之下产生的,其城市的政治、社会、生活发展都体现着中东铁路时期所遗留下的文化交流特征。并且,哈尔滨紧邻松花江,其地理区位的优势为其成为中东铁路交叉点的枢纽城市提供了良好的先天条件。哈尔滨在中东铁路沿线城市中处于中东铁路枢纽位置,汇集多种文化。所以,哈尔滨作为Ⅰ级,是中东铁路工业遗产发展的最佳见证。

Ⅱ级:牡丹江 牡丹江市在中东铁路修建之初,是作为牡丹江地区而存在的。中东铁路建设的时候,大量的外国各专业的人才和生意人不断涌入牡丹江地区,并且在当地修建了很多类型的建筑。例如横道河子站就位于遍布崇山峻岭的牡丹江地区,地处要冲、群山环抱,被誉为中东铁路的"乌镇"。作为向西穿越张广才岭加挂补机的车站,在此设立了中东铁路滨绥线最大的机务段,并且聚集了大量的俄国工程师,除去规模宏阔的机车库,还配套了东正教堂、机务人员公寓、医院和大量的俄式民居等,具有非常高的建筑艺术价值。所以牡丹江市在中东铁路工业遗产价值评价中,作为Ⅱ级,较好地体现了中东铁路历史发展过程。

Ⅲ级:绥芬河 绥芬河被称为"火车拉来的城市",多国商贾曾齐聚这里,带来了西方的商品和文化。绥芬河作为中东铁路跨境的第一站,拥有昔日使用年限最长的一处老车站和全国唯一的骑马式双道铁轨,其三号洞是国内唯一由陆军驻守的隧道(其余隧道皆由武警驻守)等。其作为Ⅲ级,保护地位也不言而喻。

5.2 中东铁路工业遗产整体价值评价

中东铁路工业遗产经由其物质载体的渗透,影响力的区域已经远远超越了其物质性的边界,进而延伸到整个沿线的城镇社会中,呈现出了极其明显的社会特征。所以,中东铁路工业遗产整体价值具备线性的空间、动态、社会等属性,从认知上看,与其他遗产的点、面形式有所不同。因具有清晰的空间轴线和动态的变化性,使得其特征十分鲜明。

中东铁路的修建和运营带有广泛综合的特质,不仅带来了中东铁路工业遗产,也促进了沿线的城镇空间形态的演化,形成了东西方文化的交流和贸易互动。从整体看,中东铁路工业遗产是中东铁路时期的工业技术成果、文化交流成果、社会发展成果所展示的物质载体。这些综合的因素使得中东铁路工业遗产不仅仅是空间上形态上的遗产,更是一种广义的社会概念的共同产物,不能单独剥离来看,而要从整体上进行价值的评判。中东铁路工业遗产整体是一个综合性的、具有生命力的、不断蔓延和发展的社会综合体系,其中所包含的一切都与铁路产生着关系。

5.2.1 国内外遗产领域整体价值认知体系

国外遗产领域对于整体价值认知,最常采用的是世界遗产理论体系。中东铁路工业遗产,目前没有被列入世界遗产理论体系,但是可以借鉴其理论和方法来对整体价值进行认知,寻求其在遗产之中的定位和保护目标。《实施〈世界遗产公约〉操作指南》第 77 条指定了六条价值判定标准,是在历史、科学、艺术三大价值的基础上,对遗产价值类型进行了更为深层的解释和补充;强调两点,其一是具有完整性、原真性,其二是有保护和管理机制来确定遗产能够得到保护。具体项目须综合起来看才能确认是否具有突出的普遍价值。世界遗产理论体系中对于整体价值的要求较高,并且在标准的指导下,根据遗产对不同地域范围的影响,划分为世界文化遗产、国家遗产、城市或社区遗产等。

我国现行的评价体系中虽然有相关历史名城、名村镇的评价指标体系的试行,但缺乏对整体价值评定的理论标准。而且,对于遗产的整体价值认知,长期使用历史、艺术、科学三大价值标准,根据价值的大小来进行文物定级。但我国目前的文物保护法以及相关的保护条例,缺乏明确的遗产类型,如中东铁路工业遗产这样巨系统的复合遗产。针对中东铁路工业遗产这类的近代遗产群体,单独从建筑年代和历史价值来判定,与其他类型的遗产相比往往没有太多优势。国外遗产领域根据遗产对不同地域范围的影响,对其划分了层级,分为世界文化遗产、国家遗产、城市或社区遗产等。对照我国的遗产等级,国家级、省级、市级文物保护单位对应的是后两者,而对于前者的整体价值,或者说,针对大型的集合遗产,缺乏整体价值的描述。综上所述,我国目前对于整体价值评定的理论标准不能完整地反映所有的遗产类型,就价值评价中涉及的事项而言,评价对象、标准、原则的确立,评价的程序,都是我国目前需要进一步完善的内容。所以,目前看来,借鉴国外遗产领域的方法对于整体价值评定的标准是比较可行的。

世界遗产的评价标准、评定理念、类型概念、评价方法可以在中东铁路工业遗产的整体价值评价上得到应用。具体程序如下:参考六条价值判定标准、真实性和完整性、保护机制来考察中东铁路工业遗产的整体价值;参考世界遗产主题中的六大类主题,结合中东铁路工业遗产建立起"主题""时序—区域""类型"的价值认知方法,如果和其相印证,就可以形成对中东铁路工业遗产较为完整和真实的整体价值认知。

根据世界遗产的六条判定标准,通过分析认为中东铁路工业遗产符合标准的(Ⅱ)、(Ⅴ)和(Ⅵ)。

(1) 标准(Ⅱ)交流价值 中东铁路穿越中国东北地域,代表了铁路建筑技史上的重大成果,同时也是人文和自然相结合的里程碑。中东铁路在长期运营过程中所产生的动态连锁效应和沿线工业遗产的多样性都促进了文化交流的丰富性,并且,其连接和贯穿多样的地理环境,清晰地展示了发生在不同文化地区的广泛交流作用。这些交互作用和影响还包括人类文明的价值交换,在沿线城镇建筑和城市规划发展、宗教和信仰、城市文化和生活模式、不同种族之间的关系方面表现得尤为明显。中东铁路是人类在世界历史上跨区域长途运输且在文明和文化之间交换较为持久的案例之一,所以满足标准(Ⅱ)。

中东铁路以其多样的文化交流、丰富的文化遗产、发达的运输作用来连接不同的文明和文化,成为区域内部的动态通道。其一,跨地区范围广泛并持续运营。从中国东北地区延伸至俄罗斯,线路连接距离超过 2 500 km。与世界其他文化线路相比,是传统铁路路线距离最长和规模最大的,并且在持续运营的状态中。其二,文化交流内容类型多样且呈现动态的特征。文化交流是中东铁路最显著的价值特点。大多数文化线路都满足这一标准,并且在某种程度上都促进了一些地区之间的沟通和交流,发展相关地区,从而实现全面的跨文化的意义。中东铁路的文化交流内容多种多样,涵盖管理系统、商业、宗教信仰、民族文化等多个主题,还包含如艺术、风俗习惯、物种、工艺等。从一开始,这条铁路就注定把沿线区域范围内的土地都拉进跨文化传播以及亚欧经济大循环的辐射范围。这些交流的内容促进了宗教信仰、城市文化、建筑规划、居住和生活模式等的交融与发展,各个地区呈现连锁和动态交互作用,这充分展示了中东铁路在亚欧地区人类价值的交换起到的作用。其三,多元化的遗产类型。中东铁路的文化囊括了多种,如俄罗斯文化、中国文化、日本书化等,遗产类型丰富。从形态上,包括铁路遗产,如桥隧建构筑物、水塔、站房、附属建筑、军事建筑等,展示了相对比较完善的运输系统以及防御设施;产业类遗产,如铁路产业、城镇产业、农牧业等;居住类遗产、公共服务类遗产等。这些都反映了当时文化、政治、经济的交流。

其四,地理地貌多样化和不同的沿途风光。中东铁路沿线经过多种地形地貌,如松嫩平原、张广才岭、大兴安岭等,从温带大陆气候到半干旱、干旱气候,且包含了草原、森林、农田、河流等多种生态环境(见图5-7),沿途的草原牧场、诸多湿地、山区风光,带来了独特的审美体验。

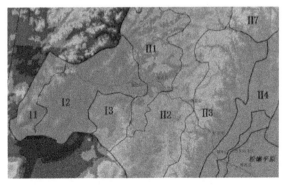

图5-7 满洲里至碾子山地貌区划示意图

(2) 标准(Ⅴ)环境价值　中东铁路是一个各领域技术相结合的产物,展示出中国东北地区铁路建设发展的重要阶段。在严寒地区开拓并且维持这样一个长距离的铁路,代表了人类对自然环境的适应和利用。为了实现中东铁路的远程运输,很多原本无人居住的土地通过开发、利用等逐渐变得繁荣起来,并且开始为中东铁路的运输提供后勤支持,提升了整个地区的生态、社会、文化、经济和政治发展。但是,现在随着铁路电气化与高铁的建设,沿线的站点已经变得非常脆弱、易于损坏。所以满足标准(Ⅴ)。

(3) 标准(Ⅵ)关联价值　中东铁路历史上曾经发生了很多重要事件,众多遗产和历史文件都记录了其曾经对中国东北地区产生了广泛深刻的影响的内容。其一,与重大历史事件有关。如发生于1929年的中东铁路事件。其二,与宗教信仰、贸易有关。宗教在中国东北部的传播中扮演了一个重要的角色,中东铁路沿线的一等站、二等站、三等站均配备教堂,如圣母进堂教堂、尼古拉耶夫基卡娅教堂、协达亚·尼古拉教堂等,都是宗教文化传播的代表案例(见表5-16)。贸易方面,诸多商家伴随中东铁路来到各个沿线的城市,如当时的哈尔滨拥有多个售卖外国商品的外国店铺,在1923年就有30家英国商铺。沿线的城市都可以看到来自莫斯科、圣彼得堡等地的产品,如皮衣、毡靴等。

表5-16　中东铁路沿线部分教堂

名称	协达亚·尼古拉教堂(绥芬河)	尼古拉耶夫基卡娅教堂(免渡河)	圣母进堂教堂(横道河子)	谢拉菲姆教堂(满洲里)
图片				
名称	圣索菲亚教堂(哈尔滨)	东正教堂旧址(德惠)	圣尼古拉教堂(哈尔滨)	圣伊维尔教堂(哈尔滨)
图片				

中东铁路与具有特殊意义的东北发展等历史事件有着直接或者间接的联系，对现行的传统以及思想有着关联性作用，所以中东铁路满足标准（Ⅵ）。

（4）中东铁路工业遗产的完整性 完整性的概念主要包含物质结构、视觉景观、社会功能三方面的完整性（见图5-8）。物质结构的完整性，指的是遗产实体和外部环境的完整性，是人类创造力的历史见证，也体现了地区发展和环境的延续性。遗产实体指的是遗产的物质要素和构成关系，外部环境则是在一定地域内对遗产产生影响的环境因素。不同类型的遗产，所体现的物质结构的完整性不同，如《下塔吉尔宪章》中规定产业遗产需要依赖于功能完整性的保护。视觉景观的完整性强调的是人所感知到的物质形态和精神氛围，包含地形、绿化等要素，还包括人为的活动和影响。遗产是借助视觉景观的完整性来定义景观特征的，包含空间特色、现代工程干预。如何协调影响遗产与视觉景观之间的矛盾，也是遗产保护领域需要关注的重大问题。社会功能的完整性，主要体现在延续遗产的社会功能特征上，社会功能是在与当前社会、人类活动、精神反应相联系的过程中所积淀下来的，遗产可以作为延续社会、文化、经济功能的载体，并且社会功能体现在人类活动的方方面面。

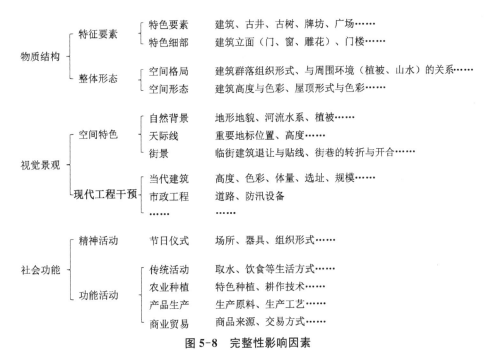

图 5-8　完整性影响因素

完整性在上述这三方面都各有偏重。物质结构完整性是遗产特征与地域联系方面的要求。社会功能是人类活动的表现，社会功能完整性受物质结构完整性的制约,物质结构完整性是社会功能的载体。视觉景观是社会功能完整性和物质结构完整性共同作用的成果。

中东铁路工业遗产整体的完整性。中东铁路作为西伯利亚大铁路的一部分,跨越超过2500 km,设有多处铁路支线,并且仍在正常使用中。再者沿途各站点遗存的大量铁路工业遗产,都曾经支持和确保铁路的正常运行,具有较高的整体完整性。

中东铁路工业遗产沿线区域的完整性。沿线区域的完整性包括视觉审美条件区域和周围环境两个指标,中东铁路工业遗产符合两项指标,具有良好的完整性。但是一等站哈尔滨由于城市建设过快,完整性保持较差。

中东铁路工业遗产的完整性评价指标是:整体性、完整性、视觉审美完整性、威胁或者负面因素的可控性(见表5-17)。

表5-17 中东铁路工业遗产的完整性评价

遗产类型	整体性	完整性	视觉审美完整性	威胁或者负面因素的可控性
铁路工业遗产	存在整体性	大部分存在整体性,如桥梁等	存在整体视觉审美完整性	城镇中威胁较大,由于城市建设较快,可控性较弱;技术发展带来的铁路设施的革新不可避免,但是这也算是文化传播的一个动态过程
城镇工业遗产	存在整体性	大部分存在整体性,部分拆除	存在视觉审美完整性	大部分目前已被保护,少部分在之前已经被拆除
相关区域	存在整体性	大部分存在整体性	存在视觉审美完整性	威胁还存在

(5) 中东铁路工业遗产的真实性 中东铁路价值的实体及其文化传播动态的特性,是以真实性为前提的。沿线的遗产证明了中东铁路与自然、与人类的相互发展,所以中东铁路具有真实性。真实性主要包括以下内容:形式和设计,材料和物质,使用和功能,传统、技术和管理系统,位置,语言和其他形式的非物质文化遗产,精神和感觉(见表5-18)。

表5-18 中东铁路工业遗产的真实性评价

遗产类型	形式和设计	材料和物质	使用和功能	传统、技术和管理系统	位置	语言和其他形式的非物质文化遗产	精神和感觉
铁路工业遗产	√	√	≈	√	○	○	○
城镇工业遗产	√	√	≈	√	√	√	√
相关区域	√	√	≈	√	√	√	≈

注:√——真实并有效传递价值;≈——真实性被轻微地、可逆地进行干预,但仍然可以如实并有效地传递价值;○——真实性在一定程度上被干预,并且可能影响真实性。

综上所述,中东铁路工业遗产是具有完整性和真实性的。铁路绝大部分的走线、布局、建筑、工程结构设施都几乎以其最原始状态保存下来,铁路也仍在运行。在历史建筑物的例子中,曾经有人就中东铁路是否具有真实性的问题进行过质疑。中东铁路工业遗产是一种技术系统,它的真实性首先由其功能完整性的程度来定义。也就是说,现在技术的发展替换了中东铁路工业遗产最原始的铁路形态,如更换过铁轨或者枕木等。但是为了完成它所具备的功能,中东铁路这个巨系统不断地显示出新的需求并进行自我结构调整,也同样是这一条历史线路所必不可少的。中东铁路工业遗产可以看作是一个"活着的纪念碑",像有机进化的文化景观一样,要保持可行性,它也必须经历不断进化的这个过程。国际古迹遗址理事会在真实性的具体问题上曾经给出评论:"从严格的历史观点来讲,没有正在运营的铁路是完全真实的;物件要磨损和更换,组织方法和运营要适应变化的环境。然而,可以说是变革后的连续性使得铁路成为景观或区位的一部分:铁路本质上都是不断发展的社会技术系统。"

中东铁路工业遗产保护的主要挑战就是明确怎样的一个定位才能使它成为名副其实的遗产。如果专注于纯粹的中东铁路工业遗产物理结构方面或者技术,并不能体现它的特殊性。但是如果用同样的精力考虑中东铁路的社会经济职能在历史上的连续性中,就可以使得它被视为"真实性"放入遗产的现代化收益中。虽然,在遗产保护的研究领域,没有论点说替代那些中东铁路工业遗产存在的历史特征是可以进行很好的管理的必要手段。遗产保护也应该致力于一个原则,那就是精心维护中东铁路工业遗产历史的原始状态并带着最大的敏感性适应现代遗产保护的需求。

中东铁路至今已运行超过百年,从建成的那天到现在持续履行着为旅客和货物运输服务的功能,从未改变过。在国内同类铁路工业遗产中,只有中东铁路工业遗产在冬季和高寒地区运行,所以沿线的铁路建筑与站点、桥梁、隧道、涵洞等工程结构都尽可能地以最原始的形式和材料被保存下来。然而,铁路技术的进步意味着它们不再是永久的配备。经过细致的走访,沿线的城镇仍然拥有高品质的建筑群。当铁路的技术提升开始的时候,这些在变化中逐渐失去原有的功能的中东铁路工业遗产——重要的铁路历史的见证者,将有新的用途。

5.2.2 时序—区域框架下的价值评价方法与过程

时序—区域研究的方法是基于 ICOMOS 的时序—区域框架进行分析的研究方法。从本质上说,是基于文化地理学的相关原则,用来识别遗产的文化语境,并在一个平等的框架下进行比较。该方法主要用来识别遗产的语境,即其属于什么样的文化区域、处于什么样的文化时代,以保证能够将其纳入世界历史中的所有文明体系中,找到它的定位。同时,可以审视其在同一年代、同一地区中是否具有较高的代表性。

对于每一个遗产,其整体价值是在某一个重要的时期或者阶段体现得比较好,譬如许多遗产的价值体现在他们设计和施工的时期。而许多遗产和区域是非常复杂的,它们包含着一个动态连续的历史时间轴线。根据 ICOMOS 时序—区域类型框架主要分为9大类,分别是人类早期进化(3 中类),近、中东和北非(15 中类 26 小类),欧洲(12 中类 21 小类),亚洲(4 中类 19 小类),澳大利亚和太平洋岛屿(5 中类 13 小类),撒哈拉以南的非洲(5 中类 16 小类),美洲(4 中类 19 小类),北极和南极地区,现代世界文化(2 中类)。

文化圈主要有两类比较符合中东铁路工业遗产。第一类时序—地域位于第 4 大类亚洲的第 3 中类亚洲东部(East Asia)中的 b 类历代中国王朝(Chinese Empire)中的清朝(Qing Dynasty 1644—1912)(见表 5-19)。所以在地域上进行对比的,要选择在清朝末期的同一时期的相似遗产进行比较分析。第二类时序—地域位于第 3 大类欧洲的第 12 中类法国大革命至 1914 年之间的欧洲(Europe from the French Revolution to the First World War 1789—1914),在这其中符合工业革命和科学技术革新的属性中(the Industrial Revolution and the Advance of Science and Technology),所以在比较的时候,应该选择同一时期的相似遗产进行比较分析。

表 5-19 中东铁路工业遗产的时序—区域类型

大类	中类	小类
Ⅳ亚洲	3. 东亚(远东)	a. 古代中国——早期的王朝(夏,商,西周,东周) b. 历代中国王朝[ⅰ.秦朝,汉朝重新统一中国;ⅱ.唐朝,五代十国,宋朝,蒙古统治下的元朝;ⅳ.明朝,清朝]

这个表格的目的在于从相同的文化圈中寻找类似的遗产案例进行研究,当前中国的与中东铁路同一时期的世界遗产中,没有其他的铁路类世界遗产。所以在对中东铁路工业遗产进行整体价值比较的时候,比较的对象并不仅仅局限在世界遗产中。根据上述描述,在中东铁路工业遗产整体价值的比较研究中,结合时序—区域和主题框架的研究平台,选取了两种角度:第一种为时序—区域框架下的同一时期国内铁路工业遗产选择,第二种为主题框架下的同一时期国际铁路工业遗产选择。和中东铁路同一时期建造的国内铁路整理如表 5-20 所示。

表 5-20　国内同一时期建设铁路(19 世纪 90 年代—20 世纪 10 年代)

连接区域	全长	修建时间
天津—山海关(津山铁路)	282.9 km	1890
上海—宁波(沪杭甬铁路)	77 km	1910—1914
北京—张家口(京张铁路)	200 km	1905—1909
北京—山海关(京榆铁路/京山铁路)	439 km	1894—1901
吉林—海城(吉海铁路)	183 km	1928—1929
山海关—林西镇(津榆铁路)	127 km	1890—1894
天津—芦沟桥(津芦铁路)	216 km	1895—1897
石家庄—太原(正太、石太铁路)	242.95 km	1904—1907
青岛—济南(胶济铁路)	384.2 km	1899—1904
广州—武昌(粤汉铁路)	1 096 km	1989—1936
安东(丹东)—苏家屯(安奉铁路)	261 km	1904—1905
江西萍乡—湖南株洲(株萍铁路)	89 km	1899—1905
北京—武汉(卢汉铁路)	1 214.49 km	1889—1906
潮州—汕头(潮汕铁路)	42.1 km	1906—1939
北京—沈阳(京奉铁路)	842 km	1881—1912
京苑铁路	不详	清末
道口—山西泽州(道泽/道清铁路)	150 km	1902—1907
天津—南京浦口(津浦铁路) (1968 年更名为京沪铁路)	1 009.48 km	1908—1912
石家庄—太原(正太铁路,石太铁路)	243 km	1904—1907
香港—广州(九广铁路) (1941 年炸毁,1949 年停驶)	35.4 km	1906—1910
上海—南京(沪宁铁路)	307 km	1905—1908
京张铁路京门支线(门头沟—西直门) (1971 年西直门—五路段拆除)	53.363 km	1906
沪宁铁路与南京市区(京市铁路/江宁铁路/宁省铁路)	11.1 km	1907—1908(已拆除)
汴梁(开封)—洛阳(汴洛铁路)	183 km	1904—1909
齐齐哈尔—昂昂溪(齐昂轻便铁路)	29 km	1902—1909(1936 拆除)
北京丰台—绥远(平绥铁路)	817.9 km	1911—1923
成都—汉口(川汉铁路)	2 000 km	1904—至今未通
昆明—河口(滇越滇段/昆河铁路) (2003 年客运停止,修建新线)	468 km	1903—1910
漳州—厦门(漳厦铁路) (1930 年拆除)	45 km	1907—1911
台儿庄—枣庄(台枣铁路)	41.5 km	1908—1912

续表

连接区域	全长	修建时间
新宁(台山)—新会 (1939年被日本人拆除)	133 km	1906—1909
宁波—上海(沪杭铁路)	77 km	1910—1914
北京—张家口(京绥铁路/平绥铁路)	817.9 km	1916年合至京包线
九江—南昌(南浔铁路)	128 km	1904—1916

根据中东铁路的特质,需要对上述的国内铁路研究对象进行筛选,筛选的标准主要有以下几点:长度要求(至少超过400 km)、是否还在运营。根据这几点对国内同一时期的铁路进行筛选(见图5-9)。

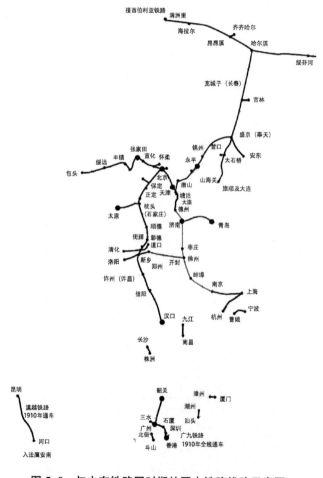

图5-9 与中东铁路同时期的国内铁路线路示意图

经过长度的筛选,有如下铁路符合线路标准:北京—山海关(京榆铁路/京山铁路)、广州—武昌(粤汉铁路)、北京—武汉(卢汉铁路)、北京—沈阳(京奉铁路)、天津—南京浦口(津浦铁路)、北京丰台—绥远(平绥铁路)、成都—汉口(川汉铁路)、昆明—河口(滇越滇段/昆河铁路)、北京—张家口(京绥铁路/平绥铁路)(见表5-21)。

表5-21 铁路长度统计和运营情况统计

连接区域	全长	线路长度是否符合标准
天津—山海关(津山铁路)	282.9 km	线路较短,不符合标准
上海—宁波(沪杭甬铁路)	77 km	线路较短,不符合标准
北京—张家口(京张铁路)	200 km	线路较短,不符合标准
北京—山海关(京榆铁路/京山铁路)	439 km	符合标准
吉林—海城(吉海铁路)	183 km	线路较短,不符合标准
山海关—林西镇(津榆铁路)	127 km	线路较短,不符合标准
天津—芦沟桥(津芦铁路)	216 km	线路较短,不符合标准
石家庄—太原(正太、石太铁路)	242.95 km	线路较短,不符合标准
青岛—济南(胶济铁路)	384.2 km	线路较短,不符合标准
广州—武昌(粤汉铁路)	1 096 km	符合标准
安东(丹东)—苏家屯(安奉铁路)	261 km	线路较短,不符合标准
江西萍乡—湖南株洲(株萍铁路)	89 km	线路较短,不符合标准
北京—武汉(卢汉铁路)	1 214.49 km	符合标准
潮州—汕头(潮汕铁路)	42.1 km	线路较短,不符合标准
北京—沈阳(京奉铁路)	842 km	符合标准
京苑铁路	不详	线路较短,不符合标准
道口-山西泽州(道泽/道清铁路)	150 km	线路较短,不符合标准
天津—南京浦口(津浦铁路)	1 009.48 km	符合标准
石家庄—太原(正太铁路,石太铁路)	243 km	线路较短,不符合标准
香港—广州(九广铁路)	35.4 km	线路较短,不符合标准
上海—南京(沪宁铁路)	307 km	线路较短,不符合标准
京张铁路京门支线(门头沟—西直门)	53.363 km	线路较短,不符合标准
沪宁铁路与南京市区(京市铁路/江宁铁路/宁省铁路)	11.1 km	线路较短,不符合标准
汴梁(开封)—洛阳(汴洛铁路)	183 km	线路较短,不符合标准

续表

连接区域	全长	线路长度是否符合标准
齐齐哈尔—昂昂溪(齐昂轻便铁路)	29 km	线路较短,不符合标准
北京丰台—绥远(平绥铁路)	817.9 km	符合标准
成都—汉口(川汉铁路)	2 000 km	符合标准
昆明—河口(滇越滇段/昆河铁路)	468 km	符合标准
漳州—厦门(漳厦铁路)	45 km	线路较短,不符合标准
台儿庄—枣庄(台枣铁路)	41.5 km	线路较短,不符合标准
新宁(台山)—新会	133 km	线路较短,不符合标准
宁波—上海(沪杭铁路)	77 km	线路较短,不符合标准
北京—张家口(京绥铁路/平绥铁路)	817.9 km	符合标准
九江—南昌(南浔铁路)	128 km	线路较短,不符合标准

经过运营情况的筛选,有如下铁路符合线路标准:北京—武汉(卢汉铁路)、北京—沈阳(京奉铁路)、天津—南京浦口(津浦铁路)、昆明—河口(滇越滇段/昆河铁路)、北京—张家口(京绥铁路/平绥铁路)(见表 5-22)。

表 5-22 最终筛选与中东铁路进行比较的铁路

连接区域	全长	是否还在运营
北京—武汉(卢汉铁路)	1 214.49 km	还在运营(现称京汉铁路)
北京—沈阳(京奉铁路)	842 km	还在运营
天津—南京浦口(津浦铁路)	1 009.48 km	1908—1912 (1968 年更名为京沪铁路)
昆明—河口(滇越滇段/昆河铁路)	465 km	2003 年客运停止,修建新线,但还在运营,遗留货运功能
北京—张家口(京绥铁路/平绥铁路)	817.9 km	1916 年合并至京包铁路

5.2.3 时序—区域框架下的整体价值评价结果

与国内同一时期的铁路工业遗产进行比较研究,主要侧重于其建设历史、遗产分布等方面。

(1)卢汉铁路 卢汉铁路于 1897 年开始修建,1906 年通车,连接北京和汉口,现改称京汉铁路。由于建造时拨款不足,因此施工质量较低、设计水平比较落后。但是卢汉铁路打破了武汉依赖水运运输的现状,使武汉跨入了陆运、航运齐发的时期。

现在,卢汉铁路和京哈铁路一样作为铁路大动脉,担负着重要的交通运输作用。但目前工业遗产遗存较少,沿线城市风格趋同。卢汉铁路遗存较重要的车站有大智门站(我国第一条长距离准轨铁路的大型车站,已停用,2011年被列为全国重点文保单位)、刘家庙站(今江岸站)、谌家矶站(见图5-10)。

图 5-10 卢汉铁路大智门站和循礼门站(已拆除)

(2)京奉铁路 京奉铁路连接北京和沈阳,1877年开始修建,1930年全线通车,铁路全长842 km。1901年为方便驻华使节进出北京,京奉铁路起点改为正阳门车站。

京奉铁路沿线遗存的工业遗产较多,如天津北站、天津东站、滦河大桥、皇姑屯车站、沈阳老北站、正阳门东站(现北京铁路博物馆)现存建筑群、东便门信号房、马家堡车站、永定门车站、北京南站、杨村站等(见图5-11)。但是很多老站在20世纪70年代的铁路扩充改造中重新整修,难觅最初面貌,如胥各庄站、老唐山站等。

图 5-11 京奉铁路工业遗存:正阳门东站和老承德站

(3)津浦铁路 津浦铁路修建于1908年,1912年通车,全长1 009.48 km,连接天津和南京浦口,沿途共设德州、济南、泰安、蚌埠、滁州等车站85个(见图5-12)。

津浦铁路仅用四年多就修建完毕,在清代铁路中是建设速度最快、效率最高的铁路,并且施工质量也远超卢汉铁路。究其原因是平坦的铁路选址、中国工程师的建造热情、英德两国提供的先进技术。津浦铁路的通车,极大地促进了沿海各省的运输发展,尤其是对南部江苏一带的发展起了重要的作用。

a) 泰安老火车站　　　　　b) 老上海站　　　　　c) 枣庄站(现枣庄东站)

图 5-12　津浦铁路工业遗产

津浦铁路是英德两国分段修筑而成的,因而工业遗产风貌独特,不同的区段遗产的风格也不尽相同(见图 5-13)。重要的铁路工业遗产有赵家场车站、杨柳青火车站、静海站、津浦黄河大桥、津浦铁道公司、济南站东侧德式别墅、津浦铁路济南机车厂、泰安站、枣庄站、浦口站等。

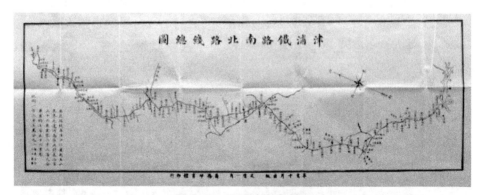

图 5-13　津浦铁路路线图

(4)滇越铁路　滇越铁路连接中国昆明(滇段)和越南海防(越段),全长 859 km。越段修建于 1901—1903 年,从海防经由河内到达老街,滇段修建于 1904—1910 年,从碧色寨经开远、宜良到昆明。滇越铁路地形复杂,修建难度极高,沿途桥梁四百余座,隧道总长 17 km,沿线的五家寨人字桥、碧色寨车站等工业遗产已经成为著名旅游景点。

重要的车站有昆明站(已拆除)、昆明北站(现云南铁路博物馆)、西庄站、呈贡站、水塘站、碧色寨站、个碧临屏铁路公司旧址、个旧站、建水站、石屏站、鸡街站(留有中国仅存的寸轨铁路和 29 号寸轨机车)等(见图 5-14)。

a) 五家寨人字桥　　　　b) 碧色寨车站　　　　　　c) 石屏站

图 5-14　滇越铁路工业遗产

滇越铁路在修建之初有不同等级的 34 个车站,每个站点根据严格的等级制度,配备不同的建筑进而形成不同的布局。站点内功能完备,主要原因是修建之初站与站之间都有着一定的距离,交通不便利,为了保证车站区域正常的运营和工作,需要车站区域自身成为一个独立的社区,可以尽可能少地依赖外界。滇越铁路工业遗产类型主要有站舍、仓库、供水站等铁路运营所需的建筑,由这些建筑组合成供铁路运营的特殊建筑群体,功能完备、规模大小不一、等级高低不同,同时还具有标准化设计、综合管理等特征。一般说来,站舍等工作用房均为砖混和砖木结构。站舍多为两层或者三层,其附属建筑多为平房。从整体上看站舍的地位较明显,非常突出,并且站舍具有标准的图纸,结构形式非常和谐,颜色对比明显,平面规则,通常以矩形、长条形等方式来进行组合。其余还有一些提供生活、居住、娱乐功能的建筑分布在车站区域周围,融合较为完善的市政基础设施,自成体系。

滇越铁路工业遗产的分布特征是以铁路为轴线,通过各种站舍、仓库等将影响向外蔓延,呈现从轴线开始两侧向外逐渐递减的分布。在建筑形态特点上,站舍等铁路运营建筑与住宅等生活建筑标准都不相同。比如机车库为石棉瓦屋顶,站舍是砖木结构等,沿线建筑都具有人字形屋架,其上附有红瓦,外墙淡黄色,门窗红色或者绿色,墙面禺石和装饰券为白色,整体建筑呈现红、黄、绿、白几色对比,相异于当地的黄褐色建筑。建筑之上的装饰具有浓烈的西式风格,如砖石砌成的券、宝瓶样式的栏杆、精美的构件等。比如子母钟等构件非常有特色,是法国制造之后运来的。相对来说,法国籍职工居住的住宅级别、面积等都要比中国籍、越南籍职工高一些。例如开远站的法国工作人员住宅为三层,其余站点为二层,而其他国籍员工的住宅多为平房。

滇越铁路工业遗产的主要风格分为单纯对法国建筑风格的移植以及对文艺复兴风格的简化,并且在其建造的过程中融入云南当地本土建筑的特色,所以相当于法国建筑风格在中国的异地融合和重构。中国收回路权后,对沿线原有的工业遗产陆续进行了拆除或改造。原有的滇越铁路工业遗产是拉毛式粉刷处理,可以让墙面变得较为毛糙,但是在毛糙中又存在一种韵律的特殊感。在改造的过程中,这种拉毛式墙面被抹平成为平滑的水泥纹理。整体上来看,滇越铁路与中东铁路相似,拥有多个不同的历史时期,并且每个历史时期都有工业遗产分布。整体以铁路交通运输建筑为遗产主体,类型丰富,功能多样。目前大多数建筑的原有功能都已经改变,仅有少数还在持续工作着。

(5) **京绥铁路** 京绥铁路包括京张铁路和张绥铁路两段。1905年动工,1914年修至大同,1921年修至绥远,后修至包头,合并至京包铁路。京绥铁路完全由以詹天佑为代表的中国铁路工人匠心独用,大胆创新地建造实施,他们将铁路技术与当地实际情况紧密结合,在用料、管理、施工等方面都取得了成功。京张铁路全线共设车站25个,远没有中东铁路站点数量庞大。典型的工业遗产有卓资山站、西直门站、清华园站、青龙桥站、张家口站、宣化府站等(如图5-15所示)。

a) 清华园站　　　　　　　　b) 西直门站

图 5-15　京张铁路工业遗存

结合上述同一时期国内铁路的建设历史、建筑和遗产、运输线路三个方面进行总结,得出的分析见表5-23。

表 5-23　国内同一时期铁路工业遗产比较

铁路名称	建设历史	工业遗产分布特征
中东铁路	1897—1903	沿线遗产遗存较多,中东铁路干线满洲里—绥芬河区间,大约有上千座遗产。较出名的遗产有中东铁路管理局(现哈尔滨铁路局)、横道河子机车库、绥芬河大白楼等
卢汉铁路	1897—1906	工业遗产遗留较少,总车站设在武汉大智门,另在循礼门、刘家庙(今江岸车站)、谌家矶设有车站
京奉铁路	1877—1930	沿线的遗产有较多遗存,包括天津北站现存建筑群、天津东站、滦河大桥、皇姑屯车站、沈阳老北站、正阳门东站(现北京铁路博物馆)、马家堡车站、永定门车站、北京南站等
津浦铁路	1908—1912	沿线遗留的建筑主要有赵家场车站、杨柳青火车站、静海站、津浦黄河大桥、津浦铁道公司、济南站东侧德式别墅、津浦铁路济南机车厂、泰安站、枣庄站、台儿庄站、浦口站
滇越铁路	越段1901—1903,滇段1904—1910	滇越铁路有34个车站,按照不同的级别进行修筑,同时配备相应的站房、宿舍等设施,现在存留昆明北站(现云南铁路博物馆)、西庄站、呈贡站、水塘站、宜良站、五家寨人字桥、碧色寨站等
京绥铁路	1905年动工,1914年修至大同,1923年展修至包头	尽管好多小站被遗弃,好多大站扩建重建,但仍然有一些站房被较好地保存了下来。目前整条路线遗留的遗产有卓资山站、西直门站、清华园站、青龙桥站、张家口站、宣化府站、南口站

通过比较,中东铁路工业遗产具有一定的优势,主要体现在以下几个方面：

技术创新性　技术创新性主要是指铁路的技术的创新性,也是技术成熟的体现。如兴安岭隧道和展线,在当时的技术条件下具有非常高的技术创新性。

沿线独特和完整的建筑风貌　中东铁路工业遗产具有艺术审美特征,且同时具有真实性和完整性。并且沿线铁路附属建筑都由沙俄等国进行设计,具有多重风格,至今仍然保持着较为完整的建筑风貌。

稀缺性和典型性　中东铁路沿线工业遗产虽然大部分采用了标准化设计,但是一些特殊的、少量的遗产并没有遵循定型的设计图纸,而是进行了特殊设计。如尚志站(2016年拆毁),是中西合璧风格,在沿途的俄式风貌基调中独具特色。

5.2.4　主题框架下的价值评价方法与过程

在1994年和2000年的分析报告中,ICOMOS使用了单一类型的方法,将每个世界文化遗产或者混合遗产都分配到单一类型的遗产类型中。但是往往遗产都包含多个类型属性,例如罗马属于单一类型的历史城镇,但是其内部又同时拥有世界遗产级别的宗教纪念物等。根据 2013 版的《实施〈世界遗产公约〉操作指南》，世界遗产体系中各类文化遗产的基本定义主要分为传统类型和特殊类型。类型的认定与研究在世界遗产理论发展的前端被认为是价值评价的前提和基础。在之前单一遗产类型的研究框架下，使用类型研究是具有可行性和合理性的。

伴随着现在遗产的发展，人们开始挖掘出了复合遗产的类型，在这种情况下，单一的类型研究并不能够支撑价值评价研究。在朱卡·朱可托（Jokilehto J.）的著作中明确表示，遗产必须通过主题研究和比较分析进行价值研究。

主题研究方法是动态的、持续的、非单一的研究思路。它改进了原来类型研究方法的局限，增加了一些新型内容如文化线路、遗产运河等来补充遗产类型。主题研究的框架拥有一个普遍性问题的列表，这个列表适用于所有的主题。主题研究中包含了社会中的文化联系、建筑环境设计的创造性表达、精神需求的回馈、自然资料的利用、人类运动和技术的革新等，包括来自全球战略过程中的各种讨论内容的整合。主题研究是一个开放式的结构，在未来发展的基础上将会被不断细化和整理，从而增加新的主题。显然，现有的主题也可以进一步明确其子主题。一些主题已经变成了 ICOMOS 的具体专题研究。一个遗产可以与多个主题相关，并在每一个主题下都进行比较分析，关键问题是如何衡量一个或者多个主题。在主题框架下，有 6 个主要的主题，包括社会的表达（3 中类 11 小类）、创造性的回馈和持续性（纪念物，建筑群和区域）（18 中类 20 小类）、精神回应（8 中类 22 小类）、自然资源的利用（3 中类 3 小类）、人类的运动（5 中类 9 小类）、技术的革新（3 中类 10 小类）。

结合上述的时序—区域和主题框架，基本上可以确定比较研究方法的模式如下：第一，时序—区域框架主张在同一时期或同一区域内比较同一类型遗产；第二，主题框架主张在国际范围内进行同一主题遗产的比较。两个模式均是进行广泛的比较分析，旨在发现中东铁路工业遗产的整体价值及其定位，来证明其具有其他遗产所没有的特质。

主题框架与时序—区域框架的研究方法有着同样的作用，就是在甄别中东铁路所属主题的同时，可以从世界范围内寻找具有相似主题的案例，在这些案例中对中东铁路工业遗产进行整体价值比较。如果中东铁路比同主题的其他工业遗产更具有特色，那么就证明在此范围内具有突出的价值，这种比较需要通过广泛的比较研究而得出。在全球战略以后，朱卡·朱可托的著作中对主题研究和文化遗产的标准进行了比对，他认为这两者之间存在着逻辑上的联系。当一个遗产符合某个主题的时候，意味着它可以通过这个主题找到对应的标准。结

● 第5章　中东铁路工业遗产价值评价应用研究

合各大类、各中类、各小类的主题分析，可以得出中东铁路所符合的主题。

在比较范围内，中东铁路工业遗产符合的主题框架较多，结合之前的各大类、中类、小类的主题分析，其符合的主题有第Ⅰ大类"社会表达"中的 A 中类"互动和交流"中的 2 小类"社会系统"，以及 B 中类"文化和政治联系"中的第 1 小类身份和第 2 小类重要历史人物；第Ⅱ大类"创造性的回馈和持续性"中的第 12 中类"交通设施"和第 20 中类"文化景观"中的 f 小类"工业景观"，同时还有第Ⅴ大类"人类的运动"中的 D 中类"文化线路"中的第 1 小类"朝圣的路线、商业和贸易路线、遗产线路"和 E 中类"运输和贸易系统"中的第 5 小类"铁路和火车站、隧道、高架桥"等。所以在对比的时候，可以根据以上主题来进行对比。根据整理出的主题，本书重点选择两个可比较的主题，一是Ⅱ大类第 12 中类交通设施，二是Ⅴ大类中的 D 中类文化线路。由于世界范围内文化线路的类型复杂，所以本书选择了同类铁路，也就是国际同一时期的铁路来作为比较对象，尝试得出在主题框架下的中东铁路工业遗产整体价值定位(见表5-24)。

表 5-24　中东铁路工业遗产所对应的主题

大类	中类	小类
Ⅰ. 社会表达	A. 互动和交流	2. 社会系统
	B. 文化和政治联系	1. 身份 2. 重要历史人物
Ⅱ. 创造性的回馈和持续性	12. 交通设施	道路、港口、运河、桥梁等
	20. 文化景观	f. 工业景观
Ⅴ. 人类的运动	D. 文化线路	1. 朝圣的路线、商业和贸易路线、遗产路线
	E. 运输和贸易系统	5. 铁路和火车站、隧道、高架桥
Ⅳ. 技术的革新	3. 城市社区的技术发展	b. 城市交通系统

和中东铁路工业遗产进行比较的铁路工业遗产是在《铁路作为世界遗产地》(*Railways as World Heritage Sites*)这个报告中筛选的。在这个报告中，铁路被分为干线铁路、殖民铁路、山区铁路、窄轨距铁路共四类。UNESCO 的世界遗产会议曾经使用过上述分类，常用的类型为干线铁路和山区铁路。印度的大吉岭铁路和尼尔吉里铁路属于殖民铁路、山区铁路和窄轨距铁路。中东铁路依据其特点可以视为山区铁路、干线铁路，因此从满足这些特质的铁路中选择并进行对比分析。其中，山区铁路有两种类型：第一种类型是在一些交通不够便利的地区，用来连接山区与山外的经济发达地区，起到如旅游、农业或者采矿业的利用等作用。同时，

这些铁路由于旅游的性质经常会带有一些季节性运营的特性。第二种类型的特点是贯通山脉,这种铁路对文化景观有着重要的意义,它代表了因地形原因而形成的不同区域的文化整合,并且会融入发达地区的铁路网中。这种类型的山区铁路具有长陡坡、多拐角、在谷底或者陡峭的山坡上的布局设计、极限高度、防止山区灾害的各种保护措施、需要穿过河流等特点,同时需要克服以下的一些问题:安全设计线、绕过山道、开辟隧道、穿过河谷、螺旋隧道。中东铁路沿途穿越张广才岭和大兴安岭山脉,拥有较多隧道和大量的石拱桥,中东铁路几乎在所有时间内都在运行,并不存在季节性运营的情况,所以中东铁路并不属于第一种类型山区线路,其可以被定义为第二种类型。所以,选取同一时期内的国际铁路工业遗产的比较对象,要在相同的类别中进行选取。

为了进行横向比较,在主题框架下筛选出与中东铁路修建时间相近的铁路。与时序—区域框架不同,不需要限制于同一时期的,所以本书选取一些国外知名的铁路来进行比较,主要选取的铁路见表5-25。进行比较分析的目的是证实中东铁路具有与其他国际铁路相比不同的特殊价值,比较分析将在透明的原则上系统进行。

表 5-25　与中东铁路进行比较的铁路选择

国家	名称	开建年份
美国	丹佛格兰德大铁路	1870
法国	黄色列车铁路	1903
奥地利	塞默林铁路	1848
瑞士	圣哥达铁路	1872

5.2.5　主题框架下的整体价值评价结果

(1) **圣哥达铁路**　圣哥达铁路始建于19世纪,起点和终点分别为哥达(Gottardo)和基亚索(Chiasso),从阿尔卑斯山的北部直到东南部边缘,穿越不同的高山和峡谷,最长隧道为15 km(如图5-16所示)。圣哥达铁路从北部文化区运行到南方文化区,从德国阿勒曼尼文化到意大利浪漫文化,这两个区域的文化结构截然不同。沿线修建的圣哥达铁路工业遗产,包含数量众多的酒店、城堡、教堂等,如2000年被列入世遗的贝林佐纳城堡(Bellinzona),都见证了圣哥达在当时的地区作为运输廊道的重要性。

圣哥达铁路工业遗产还包含了一些沿线的铁路设施,如桥梁或展线系统等,共

● 第5章　中东铁路工业遗产价值评价应用研究

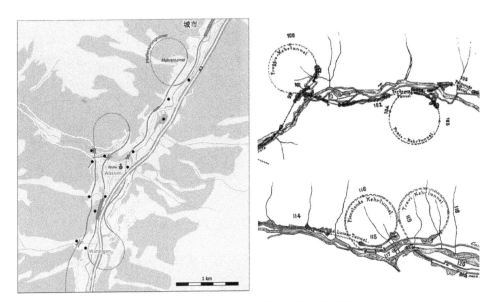

图 5-16　圣哥达铁路展线群工业遗产示意

有四个展线群。最为著名的展线是瓦森展线和比亚斯恰纳展线,在很小的区域内铁路爬升了三层,瓦森展线爬升200 m,比亚斯恰纳展线为双圆展线,海拔降低200 m。格申恩(Göschenen)地区的舍伦嫩(Schöllenen)峡谷也一直是铁路沿线的重要节点。魔鬼(Devil)桥让铁路直接穿越峡谷,同时圣哥达铁路用隧道、桥梁改变了罗伊斯(Reuss)河和提契诺(Ticino)河流的山谷布局。瓦森(Wassen)教堂被圣哥达铁路的展线所包围的景象让人感觉尤为深刻(见图 5-17)。圣哥达铁路与塞默林铁路早期的线性全景不同,它呈现的为横向全景。同时,圣哥达铁路带动了埃斯特菲尔德(Erstfeld)和比亚斯卡(Biasca)之间的中部地区的旅游业的发展,建设了诸多酒店等,但并没有塞默林铁路沿线那种奢华的酒店类型。沿线诸多的圣哥达铁路工业遗产,使圣哥达铁路成为一个技术结构与自然环境完美融合的象征。

(2)丹佛格兰德大铁路　1870—1929年,丹佛里约大铁路公司在美国落基山脉地区修建了长约2 500 km的窄轨铁路。1950年铁路停止运营之后多个部分都已关闭,仅留存安东尼托(Antonito)到查马(Chama)段长约112 km的旅游观光铁路。世界观光线路成了铁路公司的招牌,并成为丹佛观光铁路的标志。丹佛格兰德大铁路沿线体现了景观的美学意义,可以看到壮观的岩石、随季节改变颜色的植物等。同样,矿井和农田也是景观感知的一部分。

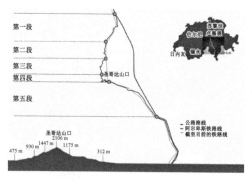

a) 圣哥达隧道通车前的铁路与公路　　　　b) 瓦森的周边地区

图5-17　圣哥达隧道和展线类工业遗产

丹佛铁路工业遗产,多采用当地石材或木材建造,沿线有大量的矿井(主要是铀矿)和加工厂。由于1850年发现了温泉,随之建设了很多比较完善的洗浴设施。阿拉莫萨至杜兰戈地区铁路对文化景观的影响主要是沿线类型丰富的建筑风格,还有昆布雷拉斯(Cumbres)山附近的铁路桥和纪念性建筑等。

(3) 黄色列车铁路　黄色列车铁路位于法国比利牛斯山脉东部,连接维勒弗朗什(Villefranche)和拉图德卡洛勒(La Tour de Carol),于1910年通车。铁路自南向北连接图卢兹(Toulouse)到巴塞罗那(Barcelona)和蒙彼利埃(Montpellier)到巴塞罗那两条跨国长途线路。黄色列车铁路串联了从地中海到山区的不同气候带。全程距离仅有63 km,沿线拥有22个小站。火车经过65处景点,其中包括19条隧道,还有几座非常著名的桥,如塞儒尔内旱桥(Viaduc Séjourné)、吉斯科拉尔悬索桥(Pont suspendu Gisclard)、拉卡萨涅(La Cassagne)吊桥等。

黄色列车铁路工业遗产反映了不同时代的特点,比较典型的有丰特佩德鲁兹(Fontpédrouse)的双层高架桥,是整条铁路线的独特象征;再如位于泰古山的中世纪的防御工事遗址蒙路易(Mont Louis)城堡,强调了这个边境地区对于国家的重要性;建设于20世纪初的铁路沿线的丰罗穆(Font Romeu)豪华酒店,表现了当时激增的旅游需求。黄色列车铁路拥有的桥梁与沿线的技术装置与今天的普通铁路相比较来说,十分不同。由于导电轨地势低洼,出于安全考虑,铁路通道必须在其周围由金属丝网栅栏隔离,这种隔离带也是一条独特的风景线。还有初步电气化所需要的设施,如长高压管道、水库、电力站和设备房等。

(4) 塞默林铁路　塞默林(Semmering)铁路位于奥地利的阿尔卑斯山脉,海拔从898 m降至681 m的米尔茨楚施拉格(Mürzzuschlag)。沿线共有16座高架桥和15条隧道(最长的一座为1431 m)以及多个石桥、小型铁桥等。铁路跨越险峻的塞默林山口,全部手工开凿,是铁路工业遗产的典范(如图5-18所示)。塞默林沿线景观重要的特征是山谷的铁路布局和崎岖的岩石,这也是山区铁路旅行的来源之一。

a) 圣家族教区教堂　　　　b) 诺伊曼别墅　　　　c) 卡尔特林纳高架

图5-18　塞默林铁路工业遗产

塞默林铁路沿线有较多工业遗产,修建时间从19世纪末到20世纪初不等,包括大型旅馆、私人住宅、宗教建筑等多种类型。塞默林铁路工业遗产对该地的文化景观产生了重要的影响。比较典型的有卡尔特林纳高架桥(Kalte Rinne Viaduct),在修桥的时候,建造者们创新性地采用了搭建双层拱桥的办法解决高架桥高度过高的难题,即先架设一座石拱桥作为平台,在此之上再架设一座石拱桥以供通行的方法来建设此桥。该桥建成后成为当时世界上最大的双层拱桥,目前已成为该地的地标。

中东铁路与其他比较铁路的概况见表5-26。

表5-26　中东铁路及与之比较的铁路概况

铁路名称	开通运行年份、轨距、隧道和桥梁的数量、安全结构	连接区域	初始和当前运营	铁路类型	铁路工业遗产	技术创新
丹佛格兰德大铁路	-1929年,蒸汽运营 -窄轨/950 mm -30条隧道 -532座桥梁和立交桥 -少数安全结构	连接马萨瓦(Massaua)港和阿斯马拉(Asmara)	最初的客运和货运根据时间表,现在只有客运	-殖民铁路 -干线 -窄轨 的铁路 -山区铁路	丹佛大铁路工业遗产多用当地石材或木材建造,如矿井(主要是铀矿)、加工厂、温泉洗浴设施、铁路桥和纪念性建筑等	山区铁路到达省会城市,结构性支出处于低到中等水平

续表

铁路名称	开通运行年份、轨距、隧道和桥梁的数量、安全结构	连接区域	初始和当前运营	铁路类型	铁路工业遗产	技术创新
黄色列车铁路	-1910年，电力运营 -窄轨/1 000 mm -19条隧道 -106座桥梁，包括14座大型桥梁 -少数安全结构	连接比利牛斯(Pyrenees)山脉的主要铁路	最初的客运和货运根据时间表，今天只有适度的旅游交通	-窄轨铁路 -山区铁路	遗产类型较为丰富，如隧道、桥梁、防御工事遗址等	轨道调整适应电气运营（比蒸汽运营高级）
塞默林铁路	-1854年，蒸汽运营 -标准轨距/1 435 mm -15条隧道 -16座高架桥 -范围广泛的安全结构	连接维也纳(Imperial Vienna)和塞默林	最初和现在客运量和货运量根据时间表，自1989年以来规划基地隧道将向主流交通转移	-干线 -山区铁路	重点是一些桥梁，尤其是双层石拱桥，另外还包括一些大型旅馆、私人住宅、宗教建筑等	第一个穿越高山的干线铁路例子
圣哥达铁路	-1882年，蒸汽运营 -标准轨距/1 435 mm -80条隧道 -79座大型桥梁 -范围广泛的安全结构	连接欧洲南部和北部	初始和现在的客运量和货运量根据时间表，基地隧道将向主流交通建设转移	-干线 -山区铁路	以展线群和隧道为主要工业遗产，还有酒店等建筑类型	铁路干线与螺旋隧道和长顶隧道通过阿尔卑斯山的一个案例
中东铁路	-1903年，蒸汽运营 -标准轨距/1 435 mm -7条隧道 -超过120 m的大桥有6座（干线） -无安全结构	连接俄罗斯和中国东北地区	初始和现在的客运及货运都根据时间表，兼顾沿线的旅游路线，目前在修建哈齐、哈牡高速铁路	-干线 -山区铁路	沿线工业遗产按照站点等级进行建设，类型较为丰富，包含站舍、水塔、机车库等	低结构成本修建铁路的范例

中东铁路与同一时期国际铁路进行比较的方面主要为"建设历史""技术创新""沿线工业遗产"。中东铁路作为山区铁路的建设当时处于研究阶段，但是其他铁路已经有了较为创新的技术成果，欧洲在这些技术创新中发挥了先锋作用。如圣哥达铁路的特殊类型隧道等。

这些铁路所带来的政治、经济（采矿）、军事利益为铁路的建设提供了主要动力。在20世纪初，包括中东铁路在内的铁路建设依靠的是蒸汽技术。而在欧洲的其他铁路电力牵引已经开始实施。从连接地上看,中东铁路可以访问港口腹地和城镇(如大连、满洲里、旅顺口、绥芬河等)。丹佛格兰德大铁路是为方便矿产资源(银、铁和无烟煤)的运输而专门建设的。黄色列车铁路则被建成一个旅游铁路,实现了旅游业增加值。中东铁路现在也连接众多旅游地。这样看来,中东铁路与黄色列车铁路在经济方面具有一定的相似性,都是由铁路首次访问现有的或新兴的旅游区域,并连接到一个更大的跨地区跨国铁路网中去。

技术层面,塞默林铁路应用双层石拱桥和分岔峡谷来克服爬坡的困难;圣哥达铁路通过设置螺旋隧道或环顶隧道来跨越狭窄陡峭的峡谷,技术巧妙且造价昂贵。铁路参数上,蒸汽机车上升坡度不可以超过 35‰~50‰。中东铁路森林支线博林线,最高的坡度为 42.5‰。受山区铁路轨道的影响,在多山的地形上电力操作拉伸的坡度可提高到 70‰,所以中东铁路工业遗产只能作为蒸汽时代的典型。

综上所述,针对同一时期国家铁路工业遗产的比较,在技术创新和遗产保护管理上,中东铁路工业遗产不具有特别的优势。在现行的相关遗产规划中,中东铁路工业遗产还欠缺很多,沿线能够构成景区并且设施齐全的地方寥寥无几。但是中东铁路工业遗产的优势在于其数量的庞大、种类的丰富,在比较对象中具有独特性,所以中东铁路工业遗产需要进行系统性保护,用以保护其整体的特殊价值。

5.3 中东铁路工业遗产廊道构建

中东铁路工业遗产廊道构建这部分主要研究的内容是如何将价值评价与遗产廊道构建相关联。中东铁路工业遗产廊道构建的设想,是从景观学科入手,以遗产廊道理论为支撑点,从文化、生态的角度,通过区域发展策略和空间规划,实现中东铁路资源的有效利用。中东铁路工业遗产,分布在整个铁路沿线,而遗产廊道的优势在于通过区域化、整体化的角度来对所有的遗产进行整体的调控,并且跨区域进行联动发展,激活中东铁路沿线社会要素的流转和扩散(见图5-19)。

中东铁路工业遗产廊道构建,涉及的是线性的遗产景观区域,是由遗产系统、支持系统、自然系统共同交叉结合而成的复合廊道空间。其主要以中东铁路这条交通干线为轴线,通过协调廊道内部各个系统之间的相互关系和作用,达到和谐发展空间结构的目的。经过价值评价的过程后,在中东铁路工业遗产廊道内,各个层次中价值较高的将得到优先发展,而遗产的主要组合方式取决于它们之间的区位

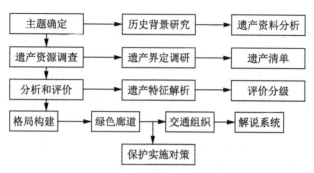

图 5-19 中东铁路工业遗产廊道构建基本程序

特征等。中东铁路工业遗产廊道目前是线状的，但是在未来会由铁路扩展到更广阔的合作空间，如高速公路、国道、省道等公路干线，在以后的发展中，线性关联通道就会发展成网状，进而形成工业遗产廊道网络（见图 5-20）。

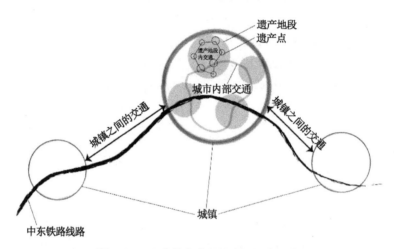

图 5-20 未来扩张成网状交通型资源廊道

5.3.1 整体层次构建

中东铁路工业遗产廊道中的资源整合过程，是以中东铁路工业遗产为主要轴线，集合其他风景资源、自然资源、游憩资源等而形成的。需要确定不同层次的支持系统、遗产系统、自然系统的规划和设计，并且结合不同层次的政府、开发商等利益相关者的合作管理方案，进而深入到资金筹划、旅游规划、相关政策的制定等。

（1）主题确定 中东铁路工业遗产廊道构建可以提炼出一个或者多个主题。主题的确定是比较重要的环节，可以通过调研问卷等方式对目标进行分析。主题需要充分表现出所有遗产的核心文化特征,还要考虑后续支持系统中的解说、娱乐项目的设计可行性以及当地民众的接受程度。中东铁路工业遗产廊道核心关注点是中东铁路工业遗产与东北地区的整体联系。通过主题的确定,可以建立它们之间的联系,进而合理安排解说系统,改善廊道环境,让参与到其中的人们可以更好地了解中东铁路工业遗产的历史。一般说来,主题可以从多个角度进行确定,如时间、类型等。可以说,自中东铁路修建之日起,中东铁路见证了中国东北地域的工业文化发展全过程,其解说主题可以从以下主题中进行选择(见表5-27)。

表5-27 中东铁路工业遗产廊道主题选择

主题一: 中东铁路修建时序 及重大历史人物或事件	主题二: 工业遗产风貌	主题三: 工业遗产技术
1. 1896年中东铁路修建之前的踏勘以及发生的故事 2. 1903年中东铁路全线竣工开始运营 3. 修建时发生的人或事件,如伊林、沙力等	1. 传统俄式建筑风格 2. 新艺术运动风格 3. 中西合璧风格 4. 古典主义风格	1. 中东铁路工业遗产标准等级化设计展示 2. 当时比较先进的技术展示

一是以中东铁路工业文化为主题,其中包含修建过程中所发生的著名事件,如沙力的故事等,都体现出了中东铁路修建的整个历史过程以及中东铁路工业文化的演进等。中东铁路在其形成、建设和利用的漫长历史进程中,孕育了丰富的铁路工业文化,铁路沿线留下了大量的历史文化遗存,这些都是中东铁路不可缺少的重要组成部分。在中东铁路形成至今百年的时间里,铁路本身也随着时代发生着重大的变化。如今,大部分区段的铁路仍然为人们所使用,而少部分带有展线的区段铁路已经废弃,如高岭子展线、新南沟展线等。在以铁路运输为主导的工业时代,铁路运输工程设施以及管理、运行机构等是确保铁路运输功能的基本要素,也是中东铁路的完整构成体系。伴随着中东铁路的发展,铁路沿线地区的城镇、乡村也日渐繁荣。大量的铁路附属建筑、工业厂房、商业街区、戏剧歌舞、民俗传说等应运而生,从而使中东铁路成为中华大地上一条重要的自然与文化遗产廊道,并引发了形式多样的节日庆典、礼仪风俗、人物事件等社会现象。二是以中东铁路时期的工业遗产风貌为主题,展现出中东铁路工业遗产中所蕴含的文化进程,体现多种文化交融所展现出来的遗产风貌。三是以中东铁路工业遗产的技术为主题,表现出中东铁路工业遗产的等级化标准设计以及当时所采用的技术的发展水平。中东铁路工业遗产为我国与国外的先进铁路技术接轨创造了优越的条件,即使现行的技术系统已经淘汰了当时的技术,但仍然是技术史上的珍贵成果。工业技

术作为中东铁路为人们提供的一种重要的无形的工业遗产,也发扬着中东铁路独有的文化内涵。

在确定主题之后,需要对解说系统进行规划。解说系统包含不同形式的解说形式,如实物和模型展览、多媒体 VR 等手段的介入、口述型解说员解说、沿途导向性游步道规划等。

(2) 遗产调查和价值评价　　中东铁路工业遗产廊道构建,需要进行深入的遗产调查,并且整理出相应的清单。在深入而又细致的调研基础上,对其进行价值评价,以确定中东铁路工业遗产的价值等级,其价值等级越高,那么由其构成的遗产廊道层次就越高。遗产廊道是不同尺度、不同层次的,那么需要针对相应的层次,对其内部遗产进行价值评价。中东铁路的修建,使其沿线的城市快速发展,至今遗存大量的中东铁路工业遗产,汇集了俄罗斯田园风格、新艺术运动风格、中西合璧式风格的多种建筑艺术风格,呈线性地分布在中东铁路沿线。

依据遗产的调查和价值评价结果,哈尔滨作为中东铁路交叉点的核心城市,势必成为工业遗产廊道构建的核心重点城市。以哈尔滨为中心,向西的昂昂溪、扎兰屯、博克图等地,向东的一面坡镇、横道河子镇、绥芬河等地都是中东铁路工业遗产的主要聚集地,也将成为遗产廊道中重点的点域空间。在做资源整合的时候,可以考虑与其他遗产资源的结合,如哈尔滨锅炉厂、电机厂、轴承厂等后现代工业文化遗产资源。

(3) 格局建构和实施对策　　中东铁路工业遗产廊道,在强调空间整体性的基础上,需要对各类遗产进行整合,并且确定遗产廊道的边界,进而制定整体利用格局。廊道格局建构包括绿道、游步道、解说系统等几个方面,要优先选择已经存在的路径,如中东铁路干线等。在未来,可以融合其他的路径,如江河等水路、高速和国道等公路作为潜在路径,来进行合理有序的开发(见图 5-21)。

中东铁路工业遗产廊道构建的主要目标,是对承载中东铁路时期的时代记忆的物质载体加以保护,并且使中东铁路工业遗产的再利用与原功能进行适应性调整,使中东铁路工业遗产廊道达到整体和谐,适应时代和社会可持续发展的需求。所包含的内容有:整体层次上,对中东铁路工业遗产的整体格局进行建构,传承历史记忆,恢复遗产历史风貌和内涵;城镇层次上,根据城镇层次的价值评价结果,对其进行分层级绿色廊道、游步道、解说系统的构建;站点层次上,根据价值评价结果对其进行保护区域的划分,提出保护性导则,激活其社会、经济等持续发展的生命力;单体层次上,结合价值评价结果,对遗产进行分等级的保护。

中东铁路工业遗产廊道的格局建构主要采用多层次的建构手法,按照站点层

● 第5章 中东铁路工业遗产价值评价应用研究

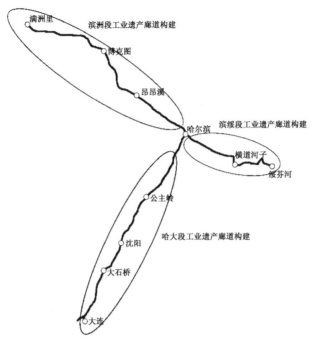

图 5-21 中东铁路工业遗产廊道区域层级构建示意图

次、城镇层次、区域层次的途径进行多层级整合。不同层级之间,需要根据价值评价的不同等级来进行整合。如站点层次分为一级站点、二级站点、三级站点、四级站点等,每一层级的站点之间相互联系,形成线性的结构。城镇层级和区域层级依此类推。

区域层级,以中东铁路干线和支线为例进行工业遗产廊道建构,在作为轴线的铁路干线上,区域上可以分为滨绥线、滨洲线、哈大线三段廊道。对各个廊道的关键性节点建立遗产廊道统一标识,并且在现有铁路线路的基础上,继续不断地开发新的游憩路线,补充潜在的交通线路(如图 5-22 所示)。针对细化的部分区域,如哈尔滨段,整体的概念和遗产廊道构建图也是依据层级来建立。

(4)绿色廊道、游步道、解说系统的组织 对于中东铁路工业遗产廊道来说,连续的绿地可以为散点式分布的遗产提供一致的基质。绿地对工业遗产廊道的构建是极为重要的,因为任何有历史的工业遗产,没有良好的环境作为支撑,是不可能对游客构成吸引力的。在绿色廊道的组织中,植物应该尽可能选取当地物种,有利于保持廊道的活力,而且植物配置可以有效控制污染的发生。结合中东铁路工业遗产对于环境的需求,绿色廊道组织分为几种方式:对于具有重要历史意义的名

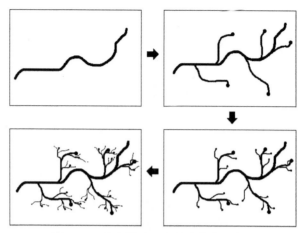

图 5-22　中东铁路工业遗产廊道形成过程

木名树等,采取保护的方式;对原状态保存较好的自然生态群落,采取减少人工干预的形式;对于破坏环境整体和谐的杂草等,采取去除的措施来保证生态环境的稳步发展。

游步道的组织方面,主要采取规划铁路、自行车道、景观徒步道等多种利用方式,用来体验中东铁路工业遗产廊道的历史文化内涵。在组织游步道的时候,可以规划一个闭合路线,设置半日、一日、多日等路线,结合分段廊道的不同主题,对中东铁路工业遗产廊道进行选择式体验。设置关键性遗产点和游步道的连接,尽可能做得醒目,在利用现有路线的基础上,结合每段情况进行线路的补充。以哈尔滨段为例,规划交通路线的构建分层级来进行。

铁路是体验中东铁路工业遗产廊道最好的方式之一,具体布置上可以选取铁路主线可以到达的站点,以火车站为中心进行游览线路的布局。在现有的站点中,遴选出能够反映中东铁路工业遗产特征的典型遗产作为重要的集散中心点,方便游客进行参观。同时,在其中设置整条遗产廊道以及分段遗产廊道的解说系统。对于部分已经废弃的铁路,可以重新规划成小火车线路,设置成供游人使用的轨道交通,如高岭子展线、新南沟展线等,这两个展线由于风景靓丽,坐小火车等轨道交通,在体验山间风情的同时感受中东铁路工业遗产,也是不错的选择,其中的设计可以参考大吉岭火车观光旅游路线等。

自行车道、景观徒步线路等,可以设计成短距离的路线。10~20 km 是游客可以接受的自行车和徒步等的体能限度距离,在这个区间内设置一个环路或者是方便去往火车站的路线,并在其中同时设计穿越景色优美宜人的铁路工业遗产区域的路线。设置游步道时应考虑各种交通换乘方式的连通性,同时在交通游览的过程中需要与公共开放空间相连,在固定的地点设置标识,增加各个廊道区域的可达性。

5.3.2 城镇层次构建

城镇层次中的城市层,以滨绥线为例,城市方面确定哈尔滨市(核心城市)、牡丹江市(重点城市)、绥芬河市(次重点城市)三个等级。哈尔滨市作为中东铁路工业遗产代表性城市,遗产资源较为丰富,可以申请成为中东铁路工业遗产廊道保护的典型城市;牡丹江市遗产较为丰富,可以结合其中的站点,配合中东铁路工业遗产保存现状,对其作出相应的管理和规划;绥芬河市主要考虑对其重点地段的中东铁路工业遗产进行保护和利用,并且由于其地处边境,需要做好遗产廊道的有利宣传工作(如表5-28所示)。

表5-28 中东铁路工业遗产廊道哈尔滨市、绥芬河市格局构建

城市	总体功能定位	中东铁路工业遗产廊道格局构建			
哈尔滨	廊道整体解说中心	绿道设计		交通组织	
		解说策略	● 针对中东铁路核心城市哈尔滨的历史进行解说 ● 对中东铁路工业遗产廊道整体进行解说,解说点可以设立在著名景点,如中央大街等 ● 对哈尔滨市区内典型的遗产单体和遗产地段进行解说	重要节点	● 哈尔滨霁虹桥 ● 中东铁路管理局大楼 ● 中东铁路花园街区 ● 哈尔滨铁路文化宫 ● 高级官员住宅 ● 哈尔滨车辆厂 ● 哈尔滨滨洲铁路桥

续表

城市	总体功能定位	中东铁路工业遗产廊道格局构建			
绥芬河市	次级解说中心,边境互动体验中心	绿道设计	（卫星影像图）	交通组织	（卫星影像图）
		解说策略	● 针对中东铁路的历史进行解说 ● 对绥芬河市的分段遗产廊道进行解说 ● 对绥芬河市区内典型的遗产单体和遗产地段进行解说	重要节点	● 绥芬河火车站 ● 绥芬河大白楼 ● 绥芬河教堂 ● 绥芬河人头楼

城镇中的乡镇层,以成高子至横道河子段为例,阿城区、一面坡镇、横道河子镇为第一个级别,亚布力镇、帽儿山镇为第二个级别,乌吉密乡、尚志市区、马延乡、万山乡、苇河镇为第三个级别。交通组织包括游步道、自行车道、机动车道等,局部地域可以发展废弃轨道交通再利用。游览路线应尽可能靠近工业遗产区域,并且同时减少重复路线,尽可能多地联系内部各个典型遗产点。并且,交通路线应与城镇周边交通所连接,加强中东铁路工业遗产廊道与中心城市和社区之间的联系。机动车道和自行车道可以并排设立,但两者之间需要设立隔离栏杆等。依据级别的不同,解说的重点也不同,具体见表5-29。

表5-29 中东铁路工业遗产廊道重点遗产乡镇层构建导则

乡镇名称	定位	绿道与交通组织	主要遗产点
横道河子镇	中东铁路文化典型代表城镇	（卫星影像图）	● 横道河子机车库 ● 横道河子大白楼 ● 横道河子圣母进堂教堂

续表

乡镇名称	定位	绿道与交通组织	主要遗产点
帽儿山镇	中东铁路工业遗产廊道次级城镇		● 帽儿山火车站 ● 铁路工区 ● 官员局宅 ● 俄式住宅
尚志市区	中东铁路工业遗产廊道第三级城镇		● 铁路浴池 ● 铁路工区 ● 俄式住宅

5.3.3 站点层次构建

站点是中东铁路的基本组成单位。站点层次也是中东铁路工业遗产廊道的构成单元。以成高子至横道河子段为例，根据价值评价结果，站点层次价值最高的阿城、横道河子、一面坡为一级站点。玉泉、小岭、帽儿山、乌吉密、尚志、石头河子六个站点价值评价的综合得分较高，在平均值以上，作为二级站点。其余的站点均未达到平均值，作为三级站点。依据站点价值评价级别的不同，采取不同的中东铁路工业遗产廊道构建导则(见表5-30)。

在站点内部，为了便于遗产廊道的构建，将站点内部分为三个部分：核心保护区，这个区域是中东铁路工业遗产的核心展现区，一级的中东铁路工业遗产单体位于其中，整个区域内的标识、设施设计，应当与遗产的整体风貌和历史氛围相适应；控制保护区，这个区域是保持中东铁路工业遗产真实性和完整性的区域，在其内部允许少量做一些如加固等措施，并且适度开放周围的游憩参观活动；控制发展区，这个区域主要是中东铁路工业遗产廊道外围展示地区，在其内部可以适当开发部分与中东铁路工业遗产相关的活动,并且增建一些不破坏遗产风貌的建构筑物等,对遗产进行适度的整修和维护,可以更加有效地保护中东铁路工业遗产。

表 5-30 中东铁路工业遗产廊道站点层次构建导则

乡镇名称	定位	绿道与交通组织	主要遗产点
一面坡	中东铁路工业遗产廊道一级站点		● 一面坡火车站 ● 一面坡医院 ● 一面坡兵营
玉泉	中东铁路工业遗产廊道二级站点		● 铁路工区 ● 瞭望塔 ● 集合兵营 ● 俄式住宅
蜜蜂	中东铁路工业遗产廊道三级站点		● 铁路工区

5.3.4 单体层次保护措施

对于中东铁路工业遗产廊道单体层次的保护措施,主要采取分级保护。对于一级价值的中东铁路工业遗产,不应该对主体结构进行改变,只允许进行一定程度的维护和保养;二级价值的中东铁路工业遗产可以根据功能的需要进行必要的加固和修缮等措施,用来适应新功能;三级价值的中东铁路工业遗产可以进行整体的改善,但基本的构件需要保留,可以局部进行重建;四级价值的中东铁路工业遗产不能进行拆除行为,可以在允许的范围内进行加建等措施。

对于单体层次而言,可以有几种功能更新模式。博物馆、纪念馆模式,适用于空间、跨度较大的中东铁路工业遗产。如位于扎兰屯火车站西侧的沙俄森林警察大队旧址,被改造为中国现今唯一的以中东铁路为题材的博物馆;公共游憩模式,适用于原有周边空间较为开阔的中东铁路工业遗产,如绥芬河的大白楼,周边视野开阔,视线良好,在周边开辟了一个小场地,并将真实的蒸汽火车模型放置其中,供人们游憩和参观;作为重要旅游景点开发模式,适用于遗产价值非常高、在中东铁路沿线区域具有极强吸引力的单体遗产,如横道河子机车库,在现有改造的基础上,结合横道河子历史文化名镇的吸引力,很好地利用了其原有构架,改造成横道河子旅游知名景点,并在去往机车库的必经之路上可以设置步行商业街等,很好地利用机车库的影响力;特色休闲商业模式,主要可以考虑将一些工业遗产单体改为餐饮、酒吧、剧场等,或者改为一些休闲设施等,还可以将其改为游乐设施和微型公园等。

附 录

附录1 中东铁路站点清单(截止到2016年)

省	地级市	区、镇	火车站点	距离哈尔滨里程/km	站点现状/历史等级	曾用名	站址	建站时间
黑龙江省	哈尔滨市	哈尔滨主城区						
		南岗区	哈尔滨站	0	一等站/特等站	秦家岗站,松花江站	铁路街	1899
		香坊区	王兆屯站	5	—/四等站	木柴厂站	文政街	1899
			香坊站	7	会让站/一等站	哈尔滨站	通站街	1898
			成高子站	20	会让站/四等站	—	成高子镇	1899
		阿城区	舍利屯站	30	会让站/四等站	程站	舍利屯	1899
			阿城站	41	四等站/二等站	阿什河站	阿城区	1899
			亚沟站	52	会让站/乘降所	133号小站/大亚沟站	亚沟镇	1899
			玉泉站	62	五等站/二等站	二层甸子站	玉泉街道	1899
			白帽子站	68	会让站/已撤销	白帽站	白帽子村	1899
			小岭站	79	五等站/四等站	—	小岭镇	1899
			平山站	89	会让站/三等站	二道河子站	平山镇	1899
		尚志市	帽儿山站	100	五等站/四等站	—	帽儿山镇	1899
		帽儿山镇	蜜蜂站	110	会让站/四等站	蜜蜂山站	蜜蜂村	1899
			小九站	122	会让站/四等站	红胡子站	小九村	1900

续表

省	省级市	地级市、县、旗名称	区、镇	火车站点	距离哈尔滨里程/km	站点现状/历史等级	曾用名	站址	建站时间
黑龙江省	哈尔滨市	尚志市	乌吉密乡	乌吉密站	131	四等站/四等站	—	乌吉密乡	1899
			尚志市区	尚志站	141	会让站/三等站	珠河站	尚志镇	1899
			马延乡	马延站	151	会让站/已撤销	亚库尼站	马延乡	1901
			一面坡镇	一面坡站	161	三等站/二等站	五卡斯站	一面坡镇	1899
				九江泡站	169	会让站/已撤销	鲁卡邵窝	九江泡村	1899
			万山乡	万山站	181	会让站/四等站	萨莫哈瓦洛夫	万山乡	1899
			苇河镇	苇河站	192	五等站/三等站	苇沙河站	苇河镇	1899
				青云站	202	会让站/四等站	喀赞才窝站	青云村	1899
			亚布力镇	亚布力站	212	会让站/三等站	亚布洛尼站	亚布力镇	1899
				石头河子站	226	四等站/已撤销	亮子岭	石头河子乡	1901
				土塔河子站	230	会让站/已撤销	—	石头河子乡	1901
				冷山站	234	会让站/已撤销	六道河子站	冷山村	1900
				洗马站	241	会让站/已撤销	—	洗马村	1900
				高岭子站	248	五等站/已撤销	—	高岭子屯	1900
	牡丹江市	海林	横道河子镇	分岭河站	253	会让站/已撤销	维拉站	高岭子屯	1900
				治山站	261	会让站/乘降所	萨拉河子站	治山村	1900
				横道河子站	272	二等站/三等站	—	横道河子镇	1901
				道林站	282	会让站/四等站	三道窝集站	道林村	1901
				青岭子站	294	会让站/乘降所	长岭子站	青岭子村	1901
			山市镇	山市站	304	五等站/四等站	山石站	山市镇	1901
				奇峰站	314	会让站/四等站	石河站	奇峰村	1901
			石河乡	敖头站	323	会让站/乘降所	柏山站	石河乡	1901
			海林市区	海林站	333	四等站/三等站	—	海林镇	1901
			海南朝鲜族乡	拉古站	339	会让站/四等站	—	海南朝鲜族乡	1901

续表

省	省级市	地级市、县、旗名称	区、镇	火车站点	距离哈尔滨里程/km	站点现状/历史等级	曾用名	站址	建站时间
黑龙江省	牡丹江市	牡丹江市区	牡丹江市区	黄花站	349	—/信号所	—	爱民区	1942
				牡丹江站	355	四等站/特等站	—	西安区	1901
			铁岭镇	爱河站	362	会让站/乘降所	乜河火车站	铁岭镇	1901
		穆棱市	磨刀石镇	磨刀石站	378	四等站/四等站	十站	磨刀石镇	1901
				山底站	383	会让站/乘降所	—	山底村	1901
				大观岭站	388	会让站/已撤销	山顶站	大观岭村	1901
				山洞站	380	会让站/已撤销	—	穆棱市境内	1901
				代马沟站	404	五等站/四等站	抬马沟站	代马沟村	1901
				北林站	417	会让站/四等站	北林河站	北林村	1901
			穆棱镇	穆棱站	430	三等站/四等站	—	穆棱镇	1899
			兴源镇	伊林站	442	会让站/四等站	—	兴源镇	1900
			下城子镇	下城子站	453	会让站/四等站	小城子站	下城子镇	1899
			马桥河镇	马桥河站	462	四等站/四等站	马桥河子站	马河桥镇	1900
				红房子站	475	会让站/五等站	虎力密河站	红房子村	1900
	绥芬河市	绥芬河市	东宁县	太岭站	485	五等站/四等站	太平岭站	太岭村	1899
				细麟河站	501	四等站/四等站	七站	细麟河乡	1899
				绥西站	511	会让站/四等站	三岔沟站	绥西村	1899
			绥阳镇	绥阳站	523	五等站/三等站	六站,小绥芬站	绥阳镇	1899
			绥芬河主城区	宽沟站	541	会让站/四等站	八道河子站	宽沟村	1898
				绥芬河站	544	二等站/一等站	五站,边境站	绥芬河市	1898

附录2 中东铁路工业遗产类型统计(截止到2016年)

站点	遗产数量及分类
哈尔滨	铁路总工厂1,护路军兵营1,俱乐部4,工区1,桥2,住宅69,电话局1,旅馆1,督办公署1,会办公馆1,管理局1,医院1,学校2
王兆屯	住宅1
香坊	老站舍1,住宅1,水塔1
成高子	住宅2,工区1,浴池1,石拱桥1,涵洞1
舍利屯	疗养处1,卫生所1,住宅3,马厩1,浴池1,工区1
阿城	住宅8,兵营1,医院1,糖厂管理处1,工区1
亚沟	工区2
玉泉	玉泉滑雪场办公楼1,瞭望塔1,工区1,住宅5,学校1,老站舍1
小岭	老站舍1,住宅5,马厩2,车站运转室1,水泵房1,石拱桥1
平山	老站舍1,住宅3,石拱桥1
帽儿山	老站舍1,工区1,住宅8,卫生所1,马厩1
蜜蜂	工区1
铃兰	石拱桥1
小九	住宅1,马厩1,浴池1,工区1,老站舍1
乌吉密	住宅4,仓库1,调度室1
尚志	住宅5,老站舍1,浴池1,工区1,石拱桥1
红房子工区	工区1
马延	工区1,浴池1,住宅2
一面坡	住宅74,面包房1,弹药库2,粮仓1,马厩1,车站俱乐部1,房产段建筑2,乘务员公寓1,配电所1,兵营2,铁路疗养院1,站内工房1,货运段办公室1,木仓房5,车站附属1,火车站1,机务段办公室1,机车库1,机务段石头房1,石拱桥1
九江泡	老站舍1,住宅2,浴池1,工区1,厕所1
万山	浴池1,马厩1,住宅1,工区1,老站舍1
苇河	兵营1,住宅4,铁路职工宿舍1,老站舍1,车站附属建筑1,供水泵房1

续表

站点	遗产数量及分类
青云	工区1,浴池1,住宅3
亚布力	住宅3,工区1,碉堡1
石头河子	水泵房1,住宅11,老站舍1,仓房1
土塔河子工区	工区1
冷山	老站舍1,住宅5,浴池1
洗马工区	工区1
高岭子	工区1,老站舍1,石拱桥3
治山	石拱桥1,老站舍1,住宅1
绿水工区	工区1
横道河子	马厩2,兵营3,弹药库1,住宅104,兵工厂1,木仓房3,水泵房1,医院4,教堂1,老站舍1,车务段1,机车库1,机务段公寓1,锅炉房1,水牢1,铁路治安所1,宪兵队办公室1,专家公寓1
小五官工区	工区1
道林	住宅4,浴池1,车站办公1
柳树工区	工区1
青岭子	住宅2,浴池1,工区1
山市	住宅6,工区2,水泵房守卫院落1
奇峰	住宅4,浴池1
石河工区	工区1
敖头	车站1,工区2,住宅1,隧道1
海林	铁路给水所1,工区1,木仓房1,老站舍1,住宅4
拉古	工区1,马厩1,住宅1
黄花	老站舍1,工区1
牡丹江	废弃桥墩1,碉堡1
爱河	工区1,老站舍1,住宅3
磨刀石	供水所1,工区1,厕所1,老站舍1,住宅6,马厩1,兵营1,石拱桥1
山底	石拱桥1,工区1,住宅1
大观岭	住宅5,马厩2,老站舍1
山洞	隧道3

续表

站点	遗产数量及分类
代马沟	工区2,住宅5,供水泵房1,石头仓库1,石拱桥1
北林	油库1,住宅3,马厩1,老站舍1,石拱桥1
穆棱	冰窖1,卫生所1,老站舍1,住宅31,桥头堡1,马厩1,兵营2,车辆段1,铁路俱乐部1,石拱桥1
伊林	老站舍1,住宅2,马厩1,高级住宅1
石硝屯工区	住宅废墟1
下城子	住宅8,老站舍1,工区1
马桥河	住宅6,高级住宅1,矩形机车库1,马厩1,兵营1,老站舍1,石拱桥1
红房子	工区1,老站舍1,住宅2,马厩1,浴池1
拉面河村工区	工区废墟1
太岭	住宅5,老站舍1
细岭工区	浴池1,住宅2
细麟河	铁路给水所1,老站舍1,住宅8,石拱桥1
绥西	住宅3,大桥1
绥阳	老站舍1,住宅2
宽沟	住宅2
绥芬河	石拱桥1,涵洞1,隧道3,机车库1,交涉总署及附属建筑2,老站舍1,住宅19,旅馆1,领事馆2,学校1,教堂1,房产段办公室1,站内建筑1

注:1. 无遗产的车站不列入此表。
2. 工区一般为三栋,兵营包含兵营、马厩、食堂、禁闭室等。

附录3　指标体系正式分析调研问卷

中东铁路工业遗产价值评价体系指标正式分析调查问卷

编号_____

您好！非常感谢您参与本次调查，本次问卷调查严格按照《中华人民共和国统计法》的要求进行，所有调查结果仅用于中东铁路工业遗产价值评价体系指标的优化，不公开发表，亦不作为社会政治分析的依据。您只需根据自己的实际感受情况填写。

中东铁路沿线拥有上千座百年历史的工业遗产。我们所进行的就是关于中东铁路工业遗产价值评价指标体系指标优化的正式分析调研问卷，期望找到适合于中东铁路工业遗产价值评价指标体系的各项指标。在第一轮的预分析调研问卷中，我们综合了专家、学者和利益相关者的意见，并结合中东铁路工业遗产的特征，对指标进行了严格的筛选和归纳，最终得到18个指标，如下所示：1）历史价值：完整性、真实性、遗产的稀有程度、与历史人物和事件的联系；2）艺术价值：建筑工程美学、反映中东铁路时期建筑艺术特点、是否是标志性景观、与街区和周围环境的和谐度；3）科技价值：建构筑物的结构与材料对建筑史研究的重要程度、设计的特殊性、反映中东铁路时期科学的发展水平；4）社会文化价值：社会责任与社会情感、对城市形象的影响力、社会的记忆程度；5）利用价值：保护利用潜力、所处城镇的保护现状、交通区位可达性、使用现状。

我们期望这一轮调研问卷，可以为中东铁路工业遗产价值评价指标体系的正式分析提供参考，相信您的答案将会为研究提供极大的帮助，希望您对这些初步筛选指标的重要程度进行打分，衷心感谢您的支持与帮助！

第一部分：个人信息部分（我们保证不会透漏您的个人资料，请在合适的答案前标记●）

1. 您的性别［单选题］［必答题］
   ○ 男　　○ 女

2. 您的年龄？［单选题］［必答题］
   ○ 30岁以下　　○ 30—40岁　　○ 41—50岁　　○ 51—60岁　　○ 60岁以上

3. 您工作的时间？［单选题］［必答题］

○ 5年以下　　○ 5—10年　　○ 11—15年　　○ 15年以上

4. 您从事的工作？［单选题］［必答题］

○ 学校以及科研机构　　○ 政府部门　　○ 建筑相关行业（如设计院等）　　○ 其他

5. 您关注过中东铁路工业遗产价值评价吗？［单选题］［必答题］

○ 经常　　○ 偶尔关注　　○ 从来没关注

第二部分：指标重要性判断部分（需要根据指标的重要程度进行判断，选择合适的请在前标记●）

6. 在中东铁路工业遗产价值评价中，完整性的评价指标重要程度是多少？［单选题］［必答题］

○ 几乎没有　　○ 很小　　○ 一般　　○ 较大　　○ 极大

7. 在中东铁路工业遗产价值评价中，真实性的评价指标重要程度是多少？［单选题］［必答题］

○ 几乎没有　　○ 很小　　○ 一般　　○ 较大　　○ 极大

8. 在中东铁路工业遗产价值评价中，遗产的稀有程度的评价指标重要程度是多少？［单选题］［必答题］

○ 几乎没有　　○ 很小　　○ 一般　　○ 较大　　○ 极大

9. 在中东铁路工业遗产价值评价中，与历史人物和事件的联系的评价指标重要程度是多少？［单选题］［必答题］

○ 几乎没有　　○ 很小　　○ 一般　　○ 较大　　○ 极大

10. 在中东铁路工业遗产价值评价中，与街区和周围环境的和谐度的评价指标重要程度是多少？［单选题］［必答题］

○ 几乎没有　　○ 很小　　○ 一般　　○ 较大　　○ 极大

11. 在中东铁路工业遗产价值评价中，建筑工程美学的评价指标重要程度是多少？［单选题］［必答题］

○ 几乎没有　　○ 很小　　○ 一般　　○ 较大　　○ 极大

12. 在中东铁路工业遗产价值评价中，反映中东铁路时期建筑艺术特点的评价指标重要程度是多少？［单选题］［必答题］

○ 几乎没有　　○ 很小　　○ 一般　　○ 较大　　○ 极大

13. 在中东铁路工业遗产价值评价中，是否是标志性景观的评价指标重要程度是多少？［单选题］［必答题］

○ 几乎没有　　○ 很小　　○ 一般　　○ 较大　　○ 极大

14. 在中东铁路工业遗产价值评价中，建构筑物的结构与材料对建筑史研究的重要程度的评价指标重要程度是多少？［单选题］［必答题］

○ 几乎没有　　○ 很小　　○ 一般　　○ 较大　　○ 极大

15. 在中东铁路工业遗产价值评价中，设计的特殊性的评价指标重要程度是多少？［单选题］［必答题］

○ 几乎没有　　○ 很小　　○ 一般　　○ 较大　　○ 极大

16. 在中东铁路工业遗产价值评价中，反映中东铁路时期科学的发展水平的评价指标重要程度是多少？［单选题］［必答题］

○ 几乎没有　　○ 很小　　○ 一般　　○ 较大　　○ 极大

17. 在中东铁路工业遗产价值评价中，社会责任与社会情感的评价指标重要程度是多少？［单选题］［必答题］

○ 几乎没有　　○ 很小　　○ 一般　　○ 较大　　○ 极大

18. 在中东铁路工业遗产价值评价中，对城市形象的影响力的评价指标重要程度是多少？［单选题］［必答题］

○ 几乎没有　　○ 很小　　○ 一般　　○ 较大　　○ 极大

19. 在中东铁路工业遗产价值评价中，社会的记忆程度的评价指标重要程度是多少？［单选题］［必答题］

○ 几乎没有　　○ 很小　　○ 一般　　○ 较大　　○ 极大

20. 在中东铁路工业遗产价值评价中，保护利用潜力的评价指标重要程度是多少？［单选题］［必答题］

○ 几乎没有　　○ 很小　　○ 一般　　○ 较大　　○ 极大

21. 在中东铁路工业遗产价值评价中，所处城镇的保护现状的评价指标重要程度是多少？［单选题］［必答题］

○ 几乎没有　　○ 很小　　○ 一般　　○ 较大　　○ 极大

22. 在中东铁路工业遗产价值评价中，交通区位可达性的评价指标重要程度是多少？［单选题］［必答题］

○ 几乎没有　　○ 很小　　○ 一般　　○ 较大　　○ 极大

23. 在中东铁路工业遗产价值评价中，使用现状的评价指标重要程度是多少？［单选题］［必答题］

○ 几乎没有　　○ 很小　　○ 一般　　○ 较大　　○ 极大

感谢您填写这份问卷，如果您对上述评价指标体系有任何意见建议，请填写在下页空白处，衷心感谢您的支持！

参考文献

[1] 陈怡,吕舟. 京杭大运河突出普遍价值的认知与保护[M]. 北京:电子工业出版社,2014.

[2] 陈志华. 介绍几份关于文物建筑和历史性城市保护的国际性文件(二)[J]. 世界建筑,1989(4):73-76.

[3] 黄明玉. 文化遗产的价值评估及记录建档[D]. 上海:复旦大学,2009.

[4] 刘洁. 中东铁路:历史串出的那条岁月项链[N]. 中华工商时报,2010-05-20(8).

[5] 单霁翔. 大型线性文化遗产保护初论:突破与压力[J]. 南方文物,2006(3):2-5.

[6] 王景慧. 历史文化名城保护理论与规划[M]. 上海:同济大学出版社,1999.

[7] 宋蜀华,白振声. 民族学理论与方法[M]. 北京:中央民族大学出版社,1998.

[8] 单霁翔. 保护参与共享[EB/OL]. (2009-05-22)[2013-04-06]. http://www.sach.gov.cn/tabid/911/InfoID/18920/Default.aspx.

[9] 吴晓,王承慧,王艳红. 大运河遗产保护规划(市一级)的总体思路探析[J]. 城市规划,2010,24(9):49-56.

[10] 王玏. 北京河道遗产廊道构建研究[D]. 北京:北京林业大学,2012.

[11] 吕舟. 文化遗产保护100[M]. 北京:清华大学出版社,2011.

[12] 于海广,王巨山. 中国文化遗产保护概论[M]. 济南:山东大学出版社,2008.

[13] 李楚赤. 从线性文化遗产角度看长江沿江码头[J]. 长江文明,2013(1):77-83.

[14] 王志芳,孙鹏. 遗产廊道:一种较新的遗产保护方法[J]. 中国园林,2001,17(5):85-88.

[15] 国家文物局. 全国重点文物保护单位保护规划编制要求[J]. 文物工作,2004(18):38-43.

[16] 阙维民. 国际工业遗产的保护与管理[J]. 北京大学学报(自然科学版),2007,43(4):523-534.

[17] Feilden B M, Jokilehto J. Management Guidelines for World Cultural Heritage Sites[M]. Rome: ICCROM Rome(International Centre for the Study of the Preservation and Restoration of Cultural Property, Rome), 1993.

[18] 费尔登·贝纳德,朱卡·朱可托. 世界文化遗产地管理指南[M]. 刘永孜,刘迪等,译. 上海:同济大学出版社,2008.

[19] Clark K. Capture the Public Value of Heritage[C]//The Proceedings of the London Con-

ference,2006:25-26.

[20] Gillman D. The Idea of Cultural Heritage[M]. Cambridge: Cambridge University Press,2010.

[21] 普鲁金.建筑与历史环境[M].韩林飞,译.北京:社会科学文献出版社,1997.

[22] Cristina Heras V, Wijffels A, Cardoso F, et al. A Value-based Monitoring System to Support Heritage Conservation Planning[J]. Journal of Cultural Heritage Management and Sustainable Development,2013,3(2):130-147.

[23] Feilden B. Conservation and Sustainability in Historic Cities[M]. Princeton: Architectural Press,2013.

[24] 张柔然.建立世界遗产价值评估与监测体系的探讨[J].城市规划,2011,35(S1):36-42.

[25] Robert R P. A Guide to Cultural Landscape Reports: Contents, Process, and Techniques[R],1998.

[26] Alberini A, Longo A. Combining the Travel Cost and Contingent Behavior Methods to Value Cultural Heritage Sites: Evidence from Armenia[J]. Journal of Cultural Economics,2006,30(4):287-304.

[27] Doherty O R. The Contingent Valuation Method: Measuring the Value of Culture[M]. Berlin: Springer Heidelberg,2008:77-130.

[28] Alberini A, Riganti P, Longo A. Can People Value the Aesthetic and Use Services of Urban Sites? Evidence from a Survey of Belfast Residents[J]. Journal of Cultural Economics,2003,27(3):193-213.

[29] Alberini A, Longo A. The Effects of Contamination and Clean-up on Commercial and Industrial Properties: A Hedonic Pricing Model of Maryland and Baltimore City[J]. Anna Alberini,2006,49(5):713-737.

[30] Alberini A, Longo A. The Value of Cultural Heritage Sites in Armenia: Evidence from a Travel Cost Method Study[J]. SSRN Electronic Journal,2005:4-22.

[31] Rosenberger R S, Loomis J B. The Value of Ranch Open Space to Tourists: Combining Observed and Contingent Behavior Data[J]. Growth and Change,2006,30(3):366-383.

[32] Salazar S D S, Marque J M. Valuing Cultural heritage: the social benefits of restoring and old Arab tower[J]. Journal of Cultural Heritage,2005,6(1):69-77.

[33] Riganti P, Alberini A, Longo A. Public Preferences for Land Uses' Changes—Valuing Urban Regeneration Projects at the Venice Arsenale[J]. Anna Alberini,2005:5-7.

[34] Jewell B, Crotts J C. Adding Psychological Value to Heritage Tourism Experiences Revisited[J]. Journal of Travel & Tourism Marketing,2009,26(3):244-263.

[35] Dalmas L, Geronimi V, et al. Economic Evaluation of Urban Heritage: An Inclusive Approach under a Sustainability Perspective[J]. Journal of Cultural Heritage,2015,16(5):

681-687.

[36] Santagata W, Signorello G. Contingent Valuation of a Cultural Public Good and Policy Design: The Case of Napoli Musei Aperti[J]. Journal of Cultural Economics, 2000, 24(3): 181-204.

[37] Bedate A M, Herrero L C, Sanz J Á. Economic Valuation of a Contemporary Art Museum: Correction of Hypothetical Bias Using a Certainty Question[J]. Journal of Cultural Economics, 2009, 33(3): 185-199.

[38] Bedate A M. Economic Valuation of the Cultural Heritage: Application to Four Case Studies in Spain[J]. Journal of Cultural Heritage, 2004, 5(1): 101-111.

[39] Montenegro A, Bedate A M, Herrero L C, et al. Inhabitants' Willingness to Pay for Cultural Heritage: a Case Study in Valdivia, Chile, Using Contingent Valuation[J]. Journal of Applied Economics, 2012, 15(2): 235-258.

[40] Poor P J, Smith J M. Travel Cost Analysis of a Cultural Heritage Site: The Case of Historic St. Mary's City of Maryland[J]. Journal of Cultural Economics, 2004, 28(3): 217-229.

[41] Boxall P, Englin J, Adamowicz W. The Contribution of Aboriginal Rock Paintings to Wilderness Recreation Values in North America[M]//Navrud S, Ready R C. Valuing Cultural Heritage. [S.l.]: Edward Elgar Publishing Ltd., 2002.

[42] 凯·米尔顿. 环境决定论与文化理论:对环境话语中的人类学角色的探讨[M]. 袁同凯,周建新,译. 北京:民族出版社,2007.

[43] 陈同滨. 文化遗产保护总体规划的制定:案例研究:莫高窟[C]//中国古迹遗址保护协会秘书处. 古迹遗址保护的理论与实践探索:《中国文物古迹保护准则》培训班成果实录. 北京:科学出版社,2008:52.

[44] 方遒. 我国非文物建筑遗产的评估[D]. 南京:东南大学,1998.

[45] 赵勇,张捷,李娜等. 历史文化村镇保护评价体系及方法研究:以中国首批历史文化名镇(村)为例[J]. 地理科学,2006,26(4):4497-4505.

[46] 戴林琳,吕斌,盖世杰. 京郊历史文化村落的评价遴选及保护策略探析:以北京东郊地区为例[J]. 城市规划,2009,33(9):64-69.

[47] 胡永宏,贺思辉. 综合评价方法[M]. 北京:科学出版社,2000.

[48] 梁雪春,达庆利,朱光亚. 我国城乡历史地段综合价值的模糊综合评判[J]. 东南大学学报(哲学社会科学版),2002,4(2):44-46.

[49] 汪清蓉,李凡. 古村落综合价值的定量评价方法及实证研究:以大旗头古村为例[J]. 旅游学刊,2006,21(1):19-24.

[50] 祁雷. 村镇历史文化要素综合价值评价及保护研究[D]. 保定:河北农业大学,2010:27-28.

[51] 马勇,李莉. 文化遗产地旅游资源价值评估体系研究[C]//旅游学研究(第二辑):文化遗产

保护与旅游发展国际研讨会论文集. 南京,2006:137-141.

[52] 黄晓燕. 历史地段综合价值定量评价方法探讨[J]. 四川建筑科学研究,2009,35(5):237-239.

[53] 张艳玲. 历史文化村镇评价体系研究[D]. 广州:华南理工大学,2011.

[54] 王世仁. 文化的叠晕:古迹保护十议[M]. 天津:天津古籍出版社,2004.

[55] 李伟,俞孔坚. 世界文化遗产保护的新动向:文化线路[J]. 城市问题,2005(4):7-12.

[56] Conservation of Heritage Places:Guiding Principles[R]. The Getty Conservation Institute,2007.

[57] Jokilehto J,Cleere H,Denyer S,et al. The World Heritage List:Filling the Gaps—An Action Plan for the Future[J]. Cheminform,2005,25(25):421-423.

[58] Jokilehto J. What is OUV? Defining the Outstanding Universal Value of Cultural World Heritage Properties[M]. Berlin:Hendrik Blerverlag,2008.

[59] 李国友. 文化线路视野下的中东铁路建筑文化解读[D]. 哈尔滨:哈尔滨工业大学,2013.

[60] 王雪萍. 文化线路视域下江苏淮盐文化遗产的保护[J]. 南京农业大学学报(社会科学版),2012,12(1):134-139.

[61] 奚雪松. 实现整体保护与可持续利用的大运河遗产廊道构建:概念、途径与设想[M]. 北京:电子工业出版社,2012.

[62] 朱强. 京杭大运河江南段工业遗产廊道构建[D]. 北京:北京大学,2007.

[63] 朱强,袁剑华. 遗产廊道评价方法:以大运河工业遗产为例[C]//城市规划和科学发展——2009中国城市规划年会. 天津:天津电子出版社,2009:2995-3007.

[64] 中东铁路建设图集 1896-1903[M]. 俄罗斯:中东铁路管理局,1904.

[65] 吴杰. 基于城市文化的铁路遗产转型研究:以南京为例[J]. 广西社会科学,2013(12):71-74.

[66] 武国庆. 建筑艺术长廊:中东铁路老建筑寻踪[M]. 哈尔滨:黑龙江人民出版社,2008.

[67] 刘松茯,陈思. 昂昂溪中东铁路建筑遗产的冻害与机理研究[J]. 南方建筑,2016(2):26-32.

[68] 李国友,刘大平. "绿色建筑"理念的人文拓展:兼谈中东铁路沿线历史建筑的文化生态学特质[J]. 哈尔滨工业大学学报(社会科学版),2010,12(2):14-19.

[69] 唐岳兴,邵龙,曹弯. 遗产廊道城镇旅游开发潜力评价:以中东铁路滨绥线为例[J]. 规划师,2016,32(2):96-101.

[70] 张军,刘大平,张雨婷. 视觉词袋模型理论方法在历史街区特色评价中的应用:以中东铁路沿线历史街区为例[J]. 规划师,2015,31(9):91-96.

[71] 吕舟. 罗哲文先生的精神遗产[N]. 文汇报,2012-06-25(6).

[72] Masser I,Svidén O,Wegener M,et al. What New Heritage for which New Europe? Some Contextual Considerations[J]. Building A New Heritage Tourism Culture and Identity in the New Europe,1994:31.

参考文献

[73] 刘伯英,李匡. 工业遗产的构成与价值评价方法[J]. 建筑创作,2006(9):24-30.

[74] 陈淳. 文物学、考古学与文化遗产保护[M]//复旦大学文物与博物馆学系. 文化遗产研究集刊第二辑. 上海:上海古籍出版社,2001.

[75] 李醒民. 价值的定义及其特性[J]. 哲学动态,2006(1):13-18.

[76] 刘洋. 小三线工业遗产价值评价体系研究:以鲁中南地区为例[D]. 济南:山东建筑大学,2012.

[77] 冯平. 评价论[M]. 北京:东方出版社,1997.

[78] Uskokovic S. The Concept of Modern Heritage Values:An Important Aspect of Urban Heritage Management[DB/OL], 2003. http://bib.irb.hr/datoteka/297035.TOKYO_5.doc.

[79] 沈珊珊. 我国传统与现代乡村景观语汇的比较研究:从江西农村建设谈起[D]. 杭州:中国美术学院,2009.

[80] Faludi A. Planning Theory[M]. Oxford:Pergamon Press, 1973.

[81] 汪丽君,舒平. 类型学建筑[M]. 天津:天津大学出版社,2004.

[82] Low S M. Anthropological-ethnographic Methods for Assessment of Cultural Values in Heritage Conservation[R]//Assessing the Values of Cultural Heritage. Los Angeles:The Getty Institute,2002:31-50.

[83] 美国特拉华遗产廊道[EB/OL]. (2016-03-16)[2017-04-09]. https://image.baidu.com/search/detail?ct=503316480&z=0&ipn=d&word=特拉华国家遗产廊道.

[84] 何中华. 论作为哲学概念的价值[J]. 哲学研究,1993(9):29-36.

[85] 冯平. 现代西方价值哲学经典——经验主义路向[M]. 北京:北京师范大学出版社,2009.

[86] 陈忠,盛毅华. 现代系统科学学[M]. 上海:上海科学技术文献出版社,2005.

[87] 顾基发,唐锡晋. 物理-事理-人理系统方法论:理论与应用[M]. 上海:上海科技教育出版社,2006:18-19.

[88] 杜书瀛. 价值与审美[J]. 江西社会科学,2004(1):38-46.

[89] 凌波. 文物价值简论[J]. 中国博物馆,2002,19(2):2-8.

[90] 吴美萍. 文化遗产的价值评价研究[D]. 南京:东南大学,2006.

[91] 李占才. 中国铁路史:1876—1949[M]. 汕头:汕头大学出版社,1994.

[92] 孙毓棠. 中国近代工业史资料——第一辑,1840—1895年[M]. 北京:科学出版社,1957.

[93] 罗曼诺夫. 帝俄侵略满洲史[M]. 影印本. 民耿,译. 台北:台湾学生书局,1973.

[94] 尼罗斯. 东省铁路沿革史:民国十二年[M]. 朱与忱,译. 台北:文海出版社,1987.

[95] 李秀金,李文莉. 几经变故的中东铁路名称[J]. 中国地名,2010(8):34-35.

[96] 程维荣. 近代东北铁路附属地[M]. 上海:上海社会科学院出版社,2008.

[97] 中东铁路历史照片[EB/OL]. (2016-05-15)[2016-05-15]. http://amuseum.cds-tm.cn/AMuseum/railway/tlsh/120403715.html

[98] 安德鲁·马洛泽莫夫. 俄国的远东政策 1881—1904[M]. 商务印书馆翻译组,译. 北京:商务印书馆,1977.

[99] 黎德扬,孙兆刚. 论文化生态系统的演化[J]. 武汉理工大学学报(社会科学版),2003,16(2):97-101.

[100] 周尚意. 文化地理学研究方法及学科影响[J]. 中国科学院院刊,2011,26(4):415-422.

[101] Berry B J I, Baskin C W, Christaller W. Central Places in Southern Germany[J]. Economic Geography,1967,43(3):275.

[102] 彭丽君,肖大威,陶金. 核心文化圈层中民居形态文化分异初探[J]. 南方建筑,2016(1):51-55.

[103] 沙永杰. "西化"的历程:中日建筑近代化过程比较研究[M]. 上海:上海科学技术出版社,2001.

[104] 汤晔峥. 论大运河遗产价值的制度特性[J]. 中国名城,2010(8):50-58.

[105] 周葆华. 大众传播效果研究的历史考察[D]. 上海:复旦大学,2005.

[106] 程晓喜. 中国当代建筑评论的开展及传播研究[D]. 北京:清华大学,2005.

[107] 朱良文. 传统民居价值与传承[M]. 北京:中国建筑工业出版社,2011.

[108] 刘凤凌. 三线建设时期工业遗产廊道的价值评估研究:以长江沿岸重庆段船舶工业为例[D]. 重庆:重庆大学,2012.

[109] 季宏. 近代工业遗产的真实性探析:从《关于真实性的奈良文件》《圣安东尼奥宣言》谈起[J]. 新建筑,2015(3):94-97.

[110] 陈耀华. 中国自然文化遗产的价值体系及其保护利用[M]. 北京:北京大学出版社,2014:24.

[111] 何军. 辽宁沿海经济带工业遗产保护与旅游利用模式[J]. 城市发展研究,2011,18(3):99-104.

[112] 张毅杉,夏健. 城市工业遗产的价值评价方法[J]. 苏州科技学院学报(工程技术版),2008,21(1):41-44.

[113] 张健,隋倩婧,吕元. 工业遗产价值标准及适宜性再利用模式初探[J]. 建筑学报,2011(S1):88-92.

[114] 李和平,郑圣峰,张毅. 重庆工业遗产的价值评价与保护利用梯度研究[J]. 建筑学报,2012(1):24-29.

[115] 刘伯英,李匡. 北京工业遗产评价办法初探[J]. 建筑学报,2008(12):10-13.

[116] 徐嵩龄. 第三国策:论中国文化与自然遗产保护[M]. 北京:科学出版社,2005:5.

[117] 张文涛. 共时性与历时性:中国传统史学与西方近代史学的分途[J]. 北方论丛,2011(4):91-95.

[118] 苏琨. 文化遗产旅游资源价值评估研究[D]. 西安:西北大学,2014.

[119] 喻学才,王健民. 文化遗产保护与风景名胜区建设[M]. 北京:科学出版社,2010.

[120] 许抄军,刘沛林,王良健,等. 历史文化古城的非利用价值评估研究:以凤凰古城为例[J].

经济地理,2005,25(2):240-243.

[121] 蔡建辉. 城市森林的环境价值评价及其政策[D]. 北京:北京林业大学,2001.

[122] 彭兆荣,李春霞. 遗产认知的共时向度与维度[J]. 贵州社会科学,2012(1):5-11.

[123] 吴良镛. 世纪之交的凝思:建筑学的未来[M]. 北京:清华大学出版社,1999.

[124] 王信. 美国旧建筑再利用制度安排及对上海的借鉴[D]. 上海:同济大学,2007.

[125] 殷瑞钰,汪应洛,李伯聪,等. 工程哲学[M]. 北京:高等教育出版社,2007.

[126] 沈珠江. 工程哲学就是发展哲学:一个工程师眼中的工程哲学[J]. 清华大学学报(哲学社会科学版),2006,21(2):115-119.

[127] 于冰. 工程遗产初探[J]. 东南文化,2011(2):14-18.

[128] 卢永毅. 历史保护与原真性的困惑[J]. 同济大学学报(社会科学版),2006,17(5):24-29.

[129] 陈平. 李格尔与艺术科学[M]. 杭州:中国美术学院出版社,2002:324-332.

[130] Lamprakos M. Riegl's "Modern Cult of Monuments" and The Problem of Value[J]. Change Over Time,2014,4(2):418-435.

[131] Mason R. Theoretical and Practical Arguments for Values-centered Preservation[J]. The Journal of Heritage,2006(3):21-48.

[132] Rolfe J,Windle J. Valuing the Protection of Aboriginal Cultural Heritage Sites[J]. Economic Record. 2003,79(Special Issue):S85-S95.

[133] Poor P J,Smith J M. Travel Cost Analysis of a Cultural Heritage Site:The Case of Historic St. Mary's City of Maryland[J]. Journal of Cultural Economics,2004,28(3):217-229.

[134] 彭兆荣,李春霞. 遗产认知的共时向度与维度[J]. 贵州社会科学,2012(1):5-11.

[135] 童时中. 模块化原理设计方法及应用[M]. 北京:中国标准出版社,2000.

[136] 武国庆. 建筑艺术长廊:中东铁路老建筑寻踪[M]. 哈尔滨:黑龙江人民出版社,2008.

[137] 陈海娇. 中东铁路附属建筑中木材构筑形态的表征与组合方式研究[D]. 哈尔滨:哈尔滨工业大学,2012.

[138] 司道光. 中东铁路建筑保温与采暖技术研究[D]. 哈尔滨:哈尔滨工业大学,2013.

[139] 张虎,田茂峰. 信度分析在调查问卷设计中的应用[J]. 统计与决策,2007(21):25-27.

[140] 伍跃辉. 开展社会影响评价的SWOT分析[J]. 环境科学与管理,2005,30(4):109-110.

[141] 陈阿江. 社会评价:社会学在项目中的应用[J]. 学海,2002(6):81-85.

[142] 侯杰泰,温忠麟,成子娟,等. 结构方程模型及其应用[M]. 北京:教育科学出版社,2004.

[143] Zientek L R. Exploratory and Confirmatory Factor Analysis:Understanding Concepts and Applications[J]. Structural Equation Modeling A Multidisciplinary Journal,2008,15(4):729-734.

[144] Anderson R E,Tatham R L. SEM:An Introduction. Multivariate Data Analysis:A Global Perspective[J]. Upper Saddle River,2010(1):629-686.

[145] 纪凤辉. 哈尔滨寻根[M]. 哈尔滨:哈尔滨出版社,1996.

［146］张正.中东铁路的修筑与"中俄文化交流"[J].东北史地,2012(3):75-77.

［147］金士宣.中国铁路发展史:1876—1949[M].北京:中国铁道出版社,1986.

［148］行云流水.卢汉铁路前世今生:一个世纪的繁华剪影[EB/OL].(2009-04-16)[2017-04-12].http://blog.sina.com.cn/s/blog_517cfdf40100cyby.html.

［149］黄城根下.北京老火车站之变迁(一)正阳门东车站、前门站、北京站[EB/OL].(2012-07-14)[2017-04-12].http://blog.sina.com.cn/s/blog_91c2c009010147ol.html.

［150］孙凯.传说中的"蓝钢快车"(二)[EB/OL].(2011-09-19)[2017-04-12].http://blog.sina.com.cn/s/blog_6-43d9f1b0100y7ur.html.

［151］孙胡木.滇越铁路探秘[EB/OL].(2014-07-19)[2017-04-12].http://www.yododo.com/area/guide/014700AB09E14543FF808081470091CC.

［152］段海龙.京绥铁路研究(1905—1937)[D].呼和浩特:内蒙古师范大学,2011.

后 记

目前中东铁路工业遗产的价值评价研究严重滞后于实际保护规划工作的需要，其价值认知和评价尚不完整。在此背景下，本书对焦于中东铁路工业遗产的价值评价进行了尝试和探索。遗产廊道理论作为本书的出发点，以中东铁路工业遗产为主要研究对象，对遗产廊道构建的程序和脉络进行整理，寻找其中价值评价的定位，由此建立了多层次、系统性的价值评价理论框架。鉴于中东铁路工业遗产价值评价的复杂性，采用多种跨学科方法，使研究更为科学、合理和准确。

主要的研究成果如下：

（1）本书建立了遗产廊道视野下的中东铁路工业遗产价值评价理论框架。价值评价是遗产廊道构建中的重要步骤之一。中东铁路工业遗产廊道是一个多层级的系统，在每个层级之间相互影响和衔接的作用下才能够充分发挥中东铁路工业遗产的效用。本书在此基础上，建立了遗产廊道视野下的中东铁路工业遗产价值评价的理论框架，多维度、多层次、多角度地呼应遗产廊道的层级，对中东铁路工业遗产价值评价进行系统性阐释。

（2）本书阐释了遗产廊道视野下的中东铁路工业遗产的价值构成。首先，本书阐述了中东铁路工业遗产价值形成的语境，按照中东铁路的产生、修筑过程以及其内在所深含的文化传播过程的逻辑进行论述。其次，本书分析了作为价值载体的中东铁路工业遗产的属性和特征。在这个过程中，本书利用两年的时间开展实地调研工作，对中东铁路工业遗产进行细致的统计分析，并依据遗产廊道理论和从遗产理论的角度，论述中东铁路工业遗产空间分布的线性化、遗产文化的多元性、遗产类型的多样化、遗产功能的活态性、遗产技术的地域性、遗产审美的艺术性等特征。并且，从价值主体的需求出发，结合国内外相关价值构成的共性基础研究，从其价值的基本属性、多维价值构成、各类不同价值之间的关系以及整体价值关联等方面展开论述，对中东铁路工业遗产价值构成进行细致剖析和详细的解读，分析其价值构成由本体价值、衍生价值、特征价值、经济价值等组成，并且探讨了各类价值之间的关系。最后,对中东铁路工业遗产整体价值关联进行论述,为第五章的整体价值评价打下基础。

(3)建立了遗产廊道视野下的中东铁路工业遗产价值评价模型。在建立模型的过程中,引入交叉学科中的结构方程模型方法,表现不同利益相关价值主体对中东铁路工业遗产价值的倾向与追求,降低了以前传统分析法的主观性,使结果更为可信和有说服力。并且,模型融合了多个利益相关价值主体对价值的判断,再结合这些判断的相似度和差异性对模型进行不断的优化和调整。

(4)对遗产廊道视野下的中东铁路工业遗产价值评价模型进行了应用。针对建立的模型,选取中东铁路的成高子至横道河子段来进行模型应用研究,根据价值评价的不同层次给出价值评价的结果。并且,在模型应用的过程中针对整体层次价值评价,选择了在世界遗产理论的时序—区域和主题框架下来开展中东铁路工业遗产在同类型遗产中的对比分析研究,对其整体价值评价进行阐释。然后,分别从整体、城镇、站点、单体四个层次,基于价值评价的结果对中东铁路工业遗产廊道构建的实证研究进行论述。

本书的工作有如下创新点:

(1)构建了遗产廊道视野下的中东铁路工业遗产价值评价理论框架 本书在遗产廊道视野的指导下,对遗产廊道等相关基础理论进行了修正,使其得以应用于中东铁路工业遗产,并在此基础上首次建立了遗产廊道视野下的中东铁路工业遗产价值评价的理论框架,多维度地、弹性地、多层级性地系统阐释价值。本书融合了遗产廊道和文化线路思想,建立了适用于中东铁路工业遗产的多层次价值评价理论框架,每一层次的价值评价结果依次成为下一层次价值评价的基础数据,环环相扣,层层递进。

(2)构建了遗产廊道视野下的中东铁路工业遗产价值构成体系 本书对作为价值载体的中东铁路工业遗产的构成和特征等进行深入阐述,同时细致地分析了其价值主体的需求。并且,通过两年时间所调研的中东铁路工业遗产的基础数据,论述中东铁路工业遗产空间分布的线性化、遗产文化的多元性、遗产类型的多样化、遗产功能的活态性、遗产技术的地域性、遗产审美的艺术性等特征。进而结合遗产廊道构建的目标和价值主体的需求,结合国内外相关价值构成的共性基础研究,从其价值的基本属性、多维价值构成、各类不同价值之间的关系以及整体价值关联等方面展开论述,对中东铁路工业遗产价值构成进行细致剖析。

(3)建立了中东铁路工业遗产价值评价结构方程模型,并进行实证研究 本书在建立模型的过程中,在指标的选取、优化步骤中引入了管理学和社会学的研究方法。与以往研究者确定指标和权重的主观性不同,本研究通过科学的调研方法来验证价值评价指标体系的指标是否合理,并基于此来确定指标的权重,以此表现不同的价值主体对中东铁路工业遗产价值的倾向与追求,使价值评价模型更具有科学性和客观性。以往的研究之中,少有涉及整体价值评价的研究内容。本书在遗产廊道构建的整体目标和遗产廊道的理论视野之下,通过进行分层次的价值评价来应用模型,并在其中首次对中东铁路工业遗产的整体价值进行阐释。本书基于世界遗产理论的时序—区域和主题框架,将中东铁路工业遗产整体引申到其他类型巨系统遗产中进行比较分析,将对中东铁路工业遗产的价值认识提升到一个新的高度,为人们理解中东铁路工业遗产的整体价值提供新的视角和理论参考。

虽然本书已经达到了预期研究的目的,但是由于时间和个人研究视野的限制,本书仍然存在着一些不足,具体展望如下:

(1) 遗产廊道视野下的中东铁路工业遗产价值评价研究是一个复杂而又难以研究的课题,本书虽然已对中东铁路工业遗产进行了详细深入的研究,并且也对价值评价指标体系的指标选取和优化等过程设立了详细的调研问卷,但受限于中东铁路工业遗产复杂的价值构成,在实际的操作中,对于调研问卷在被调查对象的具体构成比例等内容,本书尚未进行深入的思考,也可能导致本书所研究的中东铁路工业遗产价值评价指标体系并不完美,有待进一步的研究。并且,在完成中东铁路工业遗产价值评价之后,还需要结合保存现状和管理条件才能使价值评价结果完善地应用于后续的实际保护工作之中,本书只给出了参考性的价值评价结果,后续的研究还需要进一步深入。

(2) 本研究是从遗产廊道理论的角度来对中东铁路工业遗产的价值评价进行探讨,但是中东铁路沿线并没有与本书相同的价值评价研究内容进行对比论证。并且,中东铁路工业遗产价值评价研究,目前仅仅是一个理论的雏形,除课题组所提供的小范围内的保护更新设计,还缺乏大量的实践支持。在今后的研究中,需要将本书的研究理论实际应用到中东铁路的项目中,将中东铁路工业遗产的保护项目的实施情况不断反馈到研究理论,通过理论与实践充分的互动,才能建立一个真正适合中东铁路的遗产价值评价体系,这也是一个持续性的研究过程。同时,有关中东铁路工业遗产保护层面的政策和具体实施涉及社会、政治、经济等问题,不仅仅是单纯的技术问题,所以还需要通过深入的研究才可以保障中东铁路工业遗产研究工作的有序进展。

(3) 本研究将研究对象的时间范围限制在1896—1931年之间,已经在尽可能的范围内对中东铁路工业遗产进行调查,基本上能够反映其整体构成、分布等情况，但是沿线还有较多正在使用的遗产，如桥梁、涵洞等难以进行全面的考察，所以不可避免会有遗产点的遗漏，后续的研究也需要与如政府、社会及个人等利益相关者进行合作，这也是中东铁路工业遗产保护所设想的目标。另外，本书的研究对象并没有将1931年之后的遗产以及其他类型遗产纳入研究的范畴，因为中东铁路工业遗产廊道构成部分非常庞大，自然资源和遗产资源数量众多，在有限的时间和精力条件下，难以对全部的廊道构成要素进行全面的调查，所以本研究仅限于遗产系统中的中东铁路工业遗产。中东铁路沿线还遗留有大量的具有价值的遗产，后续工业遗产与其他类型遗产如何进行整合，如何进行价值评价以及如何与遗产廊道的结合问题等，还需要展开深入的研究和讨论。

（4）针对中东铁路工业遗产价值，还需要进行历时性维度的考察。中东铁路的价值要从动态和纵向的角度来研究，不同时期的中东铁路工业遗产价值的变化规律和动态构成都是不同的。在中东铁路历史演进的时间轴上，中东铁路工业遗产是具有过去、现在和未来三种时态的。例如过去价值，中东铁路工业遗产在当时的修建对一些人们来说并不算作好的回忆。然而对于现在来说，人们感受到的中东铁路工业遗产是过去无数历史事件的见证者。在今天的时期，中东铁路工业遗产的价值是好几代的价值主体所叠加之后甄选的成果，所以这种规律是无法认知和选择的，只能通过观察来总结过往的规律。而对于未来，现在的中东铁路工业遗产价值则作为一种机会价值，如何对其进行保护和评价还需要进行认真和审慎的思考。